バックカントリースキー&スノーボード

藤川 健・旭 立太 監修

ヤマケイ登山学校

山と溪谷社

JN095953

Contents

ヤマケイ登山学校

バックカントリースキー＆スノーボード

バックカントリー Q&A

バックカントリーに出かけたいけど
疑問や不安がいっぱい……。
そんなBCビギナーの疑問に答えます！

杉村 航＝写真

厳冬期のパウダー滑走。ターンのたびに舞い上がるスプレーに心も躍る（スキーヤー＝深沢祐介、ロケーション＝栂池BC）

Q1 装備は何が必要ですか？

厳しい雪山の環境で身を守り、快適に行動するために、バックカントリー向きの装備があります。まずは日帰りツアー装備からそろえましょう。

Part 2
P16「基本のツアー装備」

Q2 未経験です。何から始めればよいですか？

滑りと登りの両方で、ある程度の体力・技術・知識が必要です。身構える必要はありませんが、最初の1年くらいは準備期間と捉えましょう。

Part 3
P52「必要な技術と体力」
P53「バックカントリーを始める」

Q3 シール歩行が苦手。上手に登れません……。

シール歩行、最初は難しいですよね。慣れもありますが、ちょっとしたコツをつかめばぐんと上手に、楽になりますよ！

Part 4
P72「シールで歩く」
P78「スプリットボードで歩く」

Q4

ゲレンデと滑り方は違いますか？

バックカントリーではゲレンデよりも雪質や地形が多様です。「状況に合わせて安全に滑る」というのがバックカントリーの滑りです。

Part 5
P95「さまざまな状況と滑り方」

Q5

雪山は怖いです……。

雪山に限らず、山に入る以上リスクはあります。リスク対策をし、的確な行動判断をしましょう。そのための勉強に終わりはありません。

Part 6
P108「雪山に潜む危険」
P110「リスクに備える」

Q6

初心者向けのフィールドはどこ？

日本にはバックカントリー向けの山がたくさんあります。地域による違いも魅力のひとつ。スキルに合わせて各地の雪山を楽しんでください。

Part 7
P139「全国バックカントリーエリアガイド」

長いハイクアップの後に斜面へドロップ！　これぞバックカントリーの醍醐味

春、自然地形と戯れるひととき。自分らしい滑りの表現も楽しみのひとつ

Part 1

バックカントリースキー・スノーボードとは

バックカントリーの世界

美しく厳しい白銀の山に遊ぶ

濃紺の空、白い雪、舞い上がるスプレー。バックカントリーは自由で美しい

大自然のなかの自由

白銀の雪山を登り、滑走する。それがバックカントリーだ。バックカントリーは、「裏山」というようなニュアンスをもつ英語で、もともとはスキー場の裏にある山や、人家の裏にあるような身近な里山に入り、滑りを楽しむという意味合いが含まれているといわれる。最近では、管理されていない自然の雪山を登って滑るアクティビティを指して使われることが多い。

バックカントリーにはいろいろな魅力があり、山へ向かう理由は人によってもさまざまだろう。美しく気高い雪山の景色、山頂に立ったときの達成感、雪と戯れる滑走のひととき……。

しかし、バックカントリーの最大の魅力は「自由」ということではないかと思う。広大な雪山のどこを登り、どこを滑るかは自分次第。バックカントリーにおける「ルート」の定義はかなり曖昧なもので、コンディションにもよるが基本的に自分の好きなラインを選ぶことができる。創造力によって無限の可能性を秘めているのがバックカントリーなのである。

日本の豊かなフィールド

日本は世界のなかでもバックカントリーのフィールドに恵まれているといわれる。海外ではスキーができるエリアが都市からかなり離れていることが多いようだが、日本ではスキーのできる山が都市圏から数時間でたどり着ける距離にあり、場所によっては一晩で数メートル積もるような大量の雪が降ることもある。

そんな日本の雪山の魅力は、インターネットによって海外にも伝わり、近年、インバウンドの需要が増えてきた。ニセコや白馬といった有名エリアだけでなく、最近はローカルな雪山にも外国人の姿を見かけるようになっている。日本の雪に魅せられ、何度も滑りに訪れる外国人が増えたことも、日本の雪山の価値を物語っているといえるだろう。

ゲレンデスキー・ボードとの違い

行動するフィールドは管理外

バックカントリーは、安全が管理されていない自然のフィールドが舞台だ。ゲレンデのように、雪崩や滑落が起きないよう滑走コースが管理されていることも、ケガをしたときにすぐに担架を持ったパトロールが救助にきてくれることもない。

リスク管理と自己責任

ゲレンデでは管理者であるスキー場がやってくれているリスク管理を、バックカントリーでは自分たちで行なわなくてはならない。悪天候や雪崩、ルートミスなどのリスクに備え、フィールドでは適切に行動判断する。トラブルにも、極力自分たちで対処するというのが原則である。

雪山の厳しさとリスクについて知る

バックカントリーは、安全管理されていない自然の山をフィールドとしている。そこで行動するうえで、雪山の厳しい面を知っておくことは非常に大切なことだ。吹雪や雪崩、ケガ、ルートミスなど、想定しうるリスクに備えることが、バックカントリーを安全に楽しめることにつながるからである。

雪山に限らず自然のなかに入る以上、リスクはつきものだ。特にバックカントリーの場合、一般の雪山登山ではタブーとされる沢地形などに入るようなこともある。リスクに対して高い意識が必要ということを心にとどめておきたい。

リスクに備えるうえで大切なポイントのひとつに、自然は人間側の都合を聞いてくれないということがある。「せっかく休みが取れたから」「寝不足で疲れているから」といった事情は、自然相手には通用しない。そして山は誰に対しても平等だ。人によって雪崩や滑落などの危険がなくなるようなことはない。あくまで、人間側の備えによって、リスクが増えたり減ったりするのである。その平等さは、山の厳しさであるとともに、魅力でもある。

自由と責任は表裏一体

自由というのは、言い方を変えれば、「自分ですべてを判断し、その判断に対する結果もすべて自分で引き受ける」ということを意味する。たとえば、ルート選択は自由だが、もしルートを間違えたときは自分の足で戻らなくてはならない。

山に入るときは、計画・装備・知識・体力など、あらゆる面で準備を整える必要がある。そしてフィールドに出れば判断の連続だ。総合力を駆使して目いっぱい楽しむのがバックカントリーの世界なのである。

リスクや責任ばかりを言及すると、「そんな危険な場所に行かなければよいではないか」という結論になってしまう。だが、リスクを判断できる知識をもち、対処するスキルがあれば、その範囲内で自由に行動できるということでもある。

「自己責任」という言葉は、時に冷たい響きで聞こえることもあるが、自分の力のみを使って道を切り開くことは醍醐味のひとつでもある。

道具とその進化

道具の進化がフィールドを広げる

ファットスキーの登場でパウダースノーも積極的に滑れるようになった

急斜面や沢地形もフィールドの一部に

近年のバックカントリー人気の高まりの背景として、道具の進化と、それによるフィールドの広がりが挙げられるだろう。

スキーの場合、昔は主にラッセル用の登山の道具として使われていたが、今では「滑る」ことを目的に山に入るようになってきた。それは、技術の進歩によりさまざまな状況に対応できるスキーが登場したからである。今では、雪山登山では一般的に立ち入らない急斜面や沢地形もフィールドの一部となっている。

滑走用具の変遷

かつては重量があったアルパインツーリングスキーだが、90年代初めに軽量なテックビンディングが登場した。これにより、長い距離を早く移動できるようになり、フィールドでの可能性は大きく広がった。

テレマークスキーは、従来の75㎜規格に加え、剛性の高いNTN規格が出現した。その結果、滑走場所や滑走スタイルの選択肢が増えた。

スノーボードの場合は、スプリットボードが出現したことで、行動の選択肢が大きく広がったといえる。シール歩行は、雪山での機動力を向上させ、それまでにないルート選択を可能にしている。

これまで新しいシステムが登場すると、最初のうちは不具合や使いづらさなどが話題になることも多かった。しかし年月を経るごとに改良が進んで、多くの人が使えるようになり、結果としてフィールドでの可能性が大きく広がったケースも多いと考えられる。

スタイルや状況に応じた選択が可能に

スキーやスノーボードの板についても、硬いアイスバーンに耐えられる剛性の高い板、パウダースノーの滑走に向いた板など、ある目的に特化したモデルも増えてきた。どんな

スキー・スノーボードの類型

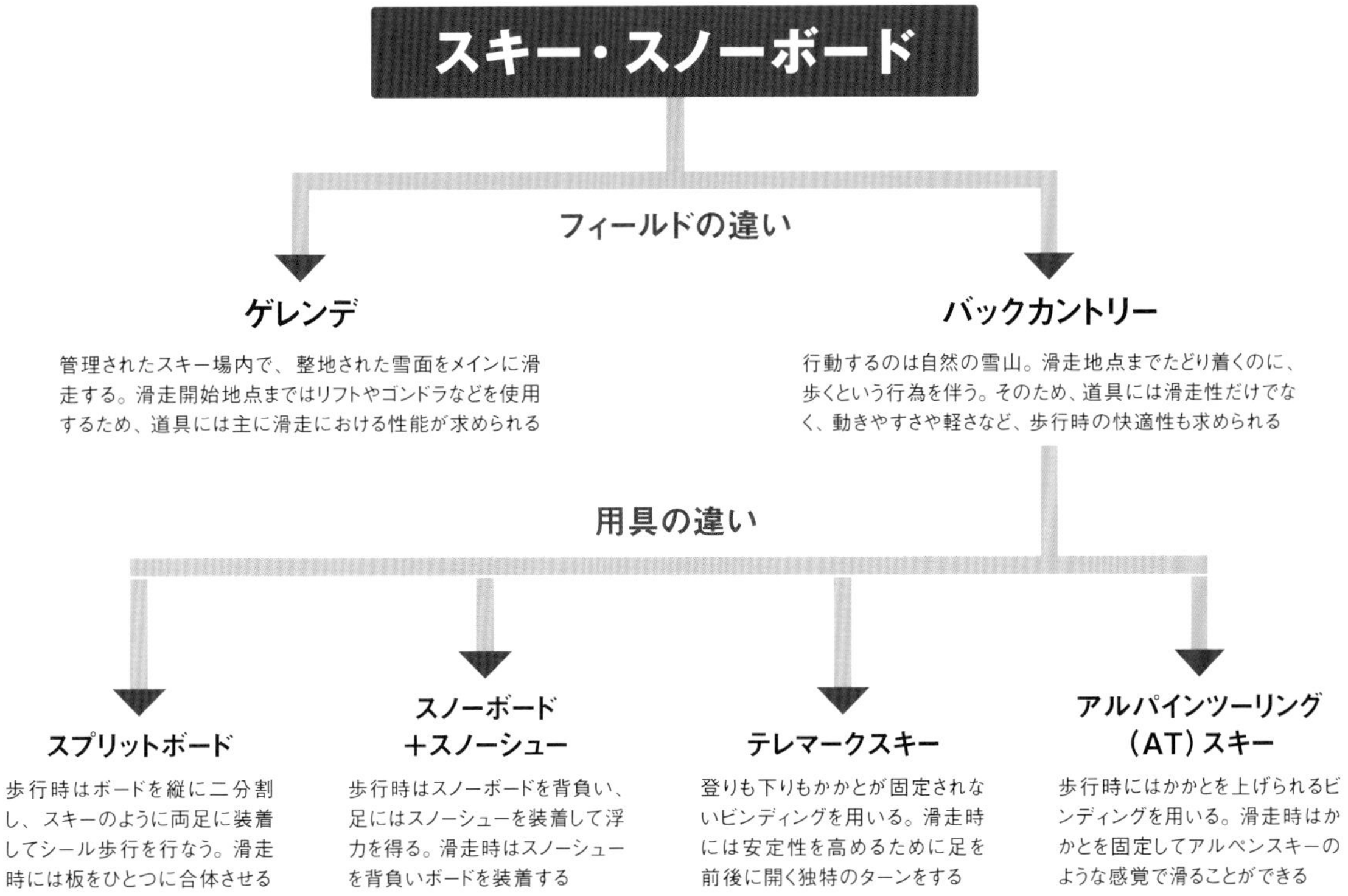
スキー・スノーボード
フィールドの違い
ゲレンデ
管理されたスキー場内で、整地された雪面をメインに滑走する。滑走開始地点まではリフトやゴンドラなどを使用するため、道具には主に滑走における性能が求められる
バックカントリー
行動するのは自然の雪山。滑走地点までたどり着くのに、歩くという行為を伴う。そのため、道具には滑走性だけでなく、動きやすさや軽さなど、歩行時の快適性も求められる
用具の違い
スプリットボード
歩行時はボードを縦に二分割し、スキーのように両足に装着してシール歩行を行なう。滑走時には板をひとつに合体させる
スノーボード
＋スノーシュー
歩行時はスノーボードを背負い、足にはスノーシューを装着して浮力を得る。滑走時はスノーシューを背負いボードを装着する
テレマークスキー
登りも下りもかかとが固定されないビンディングを用いる。滑走時には安定性を高めるために足を前後に開く独特のターンをする
アルパインツーリング
（AT）スキー
歩行時にはかかとを上げられるビンディングを用いる。滑走時はかかとを固定してアルペンスキーのような感覚で滑ることができる

場所、どんな雪を滑りたいかなど、自分が理想とするスタイルに沿って道具を選ぶことができるようになってきている。

　これは言い方を変えれば、バックカントリーを楽しむうえで、道具の選択というのは非常に大きなウエイトを占めているということである。滑走用具の選択ひとつで、雪山でのツアーが楽しいものになるか、苦労するかの分かれ道となることもある。その日の雪質などのコンディションによって板を変えることは、日常的に行なわれていることである。

歩行・滑走用具の特徴とその違い

　バックカントリーを楽しんでいる人たちを、歩行・滑走用具の違いでざっくりと大別すると、だいたい上の図のように示すことができるだろう。アルパインツーリング（ＡＴ）スキー、テレマークスキー、スノーボードとスノーシュー、スプリットボードである。一部の愛好家の間では、クロスカントリースキーやスノースクートなどでバックカントリーに入ることもあるようだが、かなりマニアックな世界である。

　4つの用具ともに、「歩行」ができるというのはゲレンデ用と大きく違う点である。ＡＴスキーは、歩行時にかかとの固定を外せるウォークモードを搭載。テレマークスキーにおいてはもともとかかとが固定されていない。スノーボードだけは歩く機能がないので、スノーシューを併用する。スプリットボードはボードを二分割しシール歩行ができる。

　どの道具を使うかは、個人の志向によるところが大きい。なかには複数の道具を使って楽しんでいる人もいる。

道具の進化と可能性

　用具にはそれぞれ特徴があり、その特徴によって得意・不得意とするシチュエーションが出てくる。そして、不得意とする状況にも対応するために、道具はさらに進化を遂げてきた。たとえば、ＡＴスキーでフレームビンディングしかなかった時代は、その重さがネックだった。だが軽いテックシステムビンディングが登場し、今では登高も快適そのものである。

　私たちの可能性を広げてくれる道具の進化。それは今も続いている。

バックカントリーの楽しみ

山を滑る目的は人それぞれ

用具の多様化に伴い、バックカントリーにも、それだけ多種多様な目的をもつ人たちが集まるようになっている。

滑走の瞬間がなによりも楽しみな人、雪山をのんびりハイクすることが好きな人など、志向はさまざま。しかし、雪との触れあいや、雪山の景色などに対する心の欲求は、多くの人に共通するものだろう。今後もスタイルを異にする人たちはさらに増えるかもしれないが、フィールドや感動を分かち合う同士として、お互いを理解し、思いやりながら文化を育んでいきたいものである。

登攀などを含む冒険的な滑降は誰にでもできるものではないが、私たちにバックカントリーの未知の可能性を提示してくれる。以前は5日間ほどかけて縦走するようなルートを、1日で駆け抜けるようなスピードツーリングというジャンルも出てきた。登りを含むルートで速さを競う山岳スキー競技も近年注目されている。

雪との触れあい

滑走することで雪質の違いをダイレクトに感じ取れるバックカントリーは、雪との触れあいを強く実感できる。雪山との一体感を得られる、バックカントリーの醍醐味だ

雪山を旅する

雪山を移動することで、変わりゆく景色を楽しむ。これも多くの人に共通する楽しみだろう。時には山小屋やテントで泊まり、雪山の世界にどっぷり浸かるのも魅力的だ

冒険的滑降・スピードツーリング

エクストリームな冒険的滑降には、三浦雄一郎氏をはじめ、児玉毅、佐々木大輔、加藤直之などの活躍が知られる。長距離を短時間で踏破するスピードツーリングは、本書の監修者・藤川健もパイオニアのひとり。

スポーツとしての「山岳スキー競技」

山岳スキー競技とは、決められたルートをシール登高やつぼ足登高、滑走しながら速さを競う競技である。いわばバックカントリースキーのスポーツ版だ。ヨーロッパでは冬になるといくつも大会が開かれ、非常に人気があるという。なお、2026年のミラノ・コルチナ冬季五輪で正式種目に採用された。

日本ではまだ競技人口は少ないようだが、大会数も徐々に増えていて、今後の発展に注目される。

国際大会・ワールドカップも開催されている

日本の山岳滑走の歴史

先人たちの歩みをたどる

日本のスキーの歴史は、明治44年、オーストリアのテオドール・エードラー・フォン・レルヒ少佐が、日本陸軍にスキーを指導したところから始まるとされることが多い。

もともと山を登り滑る道具

そのころはスキー場というものはなく、もちろんリフトもなかった。適当な雪山の斜面を登って滑りの練習をしたのである。練習をしたあとは、山にも足を延ばしてスキーを楽しんでいた。つまりスキーはもともと登って滑るものだった。

登山家たちのスキー

大正時代になると、登山家や大学山岳部の学生たちが、積極的に登山にスキーを用いるようになる。日本のクラシックルートには、戦前に開拓されたものも多い。

戦後の復興期を経て高度経済成長期に入ると、スキーブームが到来。主にゲレンデスキーが大流行する。一部の富裕層の遊びだったスキーが、一気に多くの人に広まり、それと同時に山に入る人も増えた。そしてこのころから、登山のための道具というより、滑走を楽しむ方向に目的が変化し始める。

多様化の時代が到来

60年代にアメリカで起きた自然回帰運動は、スキーの世界にもバックカントリーブームやモダンテレマークスキーブームを引き起こした。またスノーボードの原型ともいえるスノーサーフィンが誕生したのもアメリカだといわれる。

その波は日本にも伝わり、それぞれアメリカに少し遅れてテレマークスキーやスノーボードが盛んになる。

その後、道具やバックカントリーのスタイルは多様化が進んだ。インターネットの普及によって日本のフィールド情報が海外にも伝わり、日本の山に訪れる外国人も増加している。

■年表

1902年	青森・八甲田山で、 日本陸軍による雪中行軍遭難事件が起きる
1911年	明治44年、オーストリアのレルヒ少佐が 高田でリリエンフェルトスキー術を伝授 同年、レルヒ少佐が 富士山、妙高山をスキー登山
1911年	日本初のスキー場、 五色温泉スキー場が山形県に開設
1920年	大正9年、登山家・大島亮吉が スキーを使って杓子尾根から白馬岳登頂 このころから大学山岳部による スキー登山が本格化
1923年	登山家・板倉勝宣が立山へスキー登山、 下山時に松尾峠で遭難死
1923年	第1回冬季オリンピック大会開催 （フランス・シャモニー）
1925年	全日本スキー連盟創設
1935年	昭和10年、アッテン・ホーファーが カンダハー式締め具を開発
1946年	進駐軍が藻岩山に日本初のリフトを架設
1960年代	このころアメリカのミシガン州で スノーボードが誕生したといわれる 最初は「スノーサーフィン」などと呼ばれた
1966年	三浦雄一郎氏による富士山直滑降 （パラシュートブレーキを使用）
1970年代	日本でもサーフボードで 雪山を滑って遊ぶ人が出現 スキー同様の材料を使ったスノーボードが 開発され、急速に改良が進む
1975年	このころアメリカで バックカントリースキーが盛んになる 同時期にモダンテレマークスキーブームが到来
1980年	このころ日本でもテレマークスキーが盛んに
1982年	日本スノーボード協会が発足
1984年	日本テレマークスキー協会が発足
1990年	Dynafit社がテックシステムビンディングを開発
1990年	平成2年、このころから日本で バックカントリーがブームに
1992年	スカルパ社から初のプラスチック製 テレマークスキーブーツが発売
1998年	長野冬季オリンピック開催。 スノーボードが正式種目に
2015年	このころスキー・スノーボードを目的にした 訪日外国人が急増
2017年	フリーライドスキー・スノーボードの 世界大会「Freeride World Tour」が 白馬で開催（アジア初）

Column 1

バックカントリーに魅せられたきっかけ

〜これから扉を開くみなさんへ〜

現在は山岳ガイドとしてバックカントリーはもちろん、通年で活動を行ない、登山や雪崩に関する講師なども やらせてもらっている私であるが、20代はスノーボード一色。オフシーズンは資金づくりにさまざまな仕事をこなし、オンシーズンは山にこもって、毎日と言っていいほど滑り込んだ。日本に雪がなくなれば海外へと滑りに行く、いわゆる「スノーバム」であった。

メディアで見るプロボーダーの影響を受け、仲間とともに大会に出たりするようになると、「滑ることを続けていたい」という思いから職業とスノーボードとの関わりを考えるようになる。その後、仲間たちは競技でプロ資格を取得していったが、私にはそういったセンスがないことや、何か違和感を少し覚えていた。競技とは違う「自分を表現できる場所」として、バックカントリーに足を運び、その魅力にすでに引き込まれてはいたものの、自分たちだけでできる範囲では「怖さ」ばかり。そんななか、フィールドをより広げるきっかけとなる機会に恵まれた。

当時、働いていたボードスクールに、元プロライダーでヘリスキーガイドをしているロイがNZからやってきた。彼に連れられ山に入った際、ハイク中に樹林帯のなかの開けた疎林に出た。彼は立ち止まり、「間隔を空けて通過しよう」と声を発した。今では当然のように理解している【雪崩走路の通過のためのスペーシング】だが、当時の私はそんなことも知らなかった。ゲレンデでは縦横無人、野生生物のように滑るロイが、山に対し謙虚なのがなにより“カッコよかった”。それがきっかけで、山に合わせた滑りや行動などのさまざまな原則や、知識と経験の両立の必要性を学んでいくことになる。

山に同じシチュエーションは2度とない。経験を重ねれば、滑りたい斜面や行きたいフィールドも増えていく。そのためにスキルを上げ、知識をアップデートする。山を知らなければと思い、始めた登山が今の職業につながり、滑るために学び始めた雪崩業務も人に教えるようになるとは思いもしなかったが、いつからか人生をかけ探求すべき世界がここにはあると確信していた。

この書籍では、主にスノーボード全般と第6章の雪崩について監修させていただいた。何がきっかけか、「カッコいい」かは人それぞれかもしれないが、ガイドや熟達者たちから、そしてこの書籍から、よいきっかけをつくってもらえればと思う。そして、知識だらけの頭でっかちにならず、フィールド経験をバランスよく積んで楽しんでほしい。

この本を読まれた皆さんと、いつかフィールドでお会いできることを楽しみにしていますね。

写真・文／旭 立太

一期一会。それがバックカントリーの世界

スプリットボードで北米のデナリへ

Part 2

用具とウェア

※本書ではBindingを、スキーは「ビンディング」、スノーボードは「バインディング」と表記する。

基本の装備

これだけはそろえておこう

日帰りツアーの持ち物

不要なものは省き軽量・コンパクトに

上に示したのは、初級者向けの日帰りバックカントリーツアーに出かけることを想定した一般的な装備である。これらは、どんなツアーでも必要となる最低限の装備と考えたい。

実際にツアーの準備をすると、これもあれもと装備は増えていきがちだ。装備はあればあるほど安心かもしれないが、登山では不要なものは持たないことが原則。負担が増えると余裕がなくなり、安全性にも関わってくる。荷物は極力、軽量・コンパクトに収めよう。

季節・行程・山行形態に合わせてそろえる

装備を用意する際の考え方として、「この装備をそろえればよい」というものはない。行きたい山やルートの特性、積雪や天候の状況、季節などによって装備は変わってくる。持っていく装備にはそれぞれ機能が

身につけるもの

厳しい自然環境から身を守るため、専用のアウタージャケットとボトムスは必須。中間着や下着も行動に適したものを着用したい。詳細はP44〜45を参照

■基本の持ち物一覧

1	**滑走用具**（スキーまたはスノーボード・スプリットボード）
2	**ブーツ**
3	**登高用具**（シールまたはスノーシュー）
4	**ポール**
5	**バックパック**
6	**インサレーション**（防寒着）
7	**ヘルメット**
8	**ゴーグル**
9	**サングラス**
10	**グローブ**（行程に合わせ複数）
11	**ビーニー、バラクラバ**
12	**ショベル**
13	**ビーコン**
14	**プローブ**
15	**保温ボトル**（水筒）
16	**ヘッドランプ**
17	**リペアキット**（予備電池なども）
18	**ファーストエイドキット**
19	**ツエルト、エマージェンシーシート**
20	**時計**
21	**コンパス**
22	**行動食**
23	**地形図**
24	**登山計画書**
25	**現金、保険証など**
26	**携帯電話**（緊急連絡用）

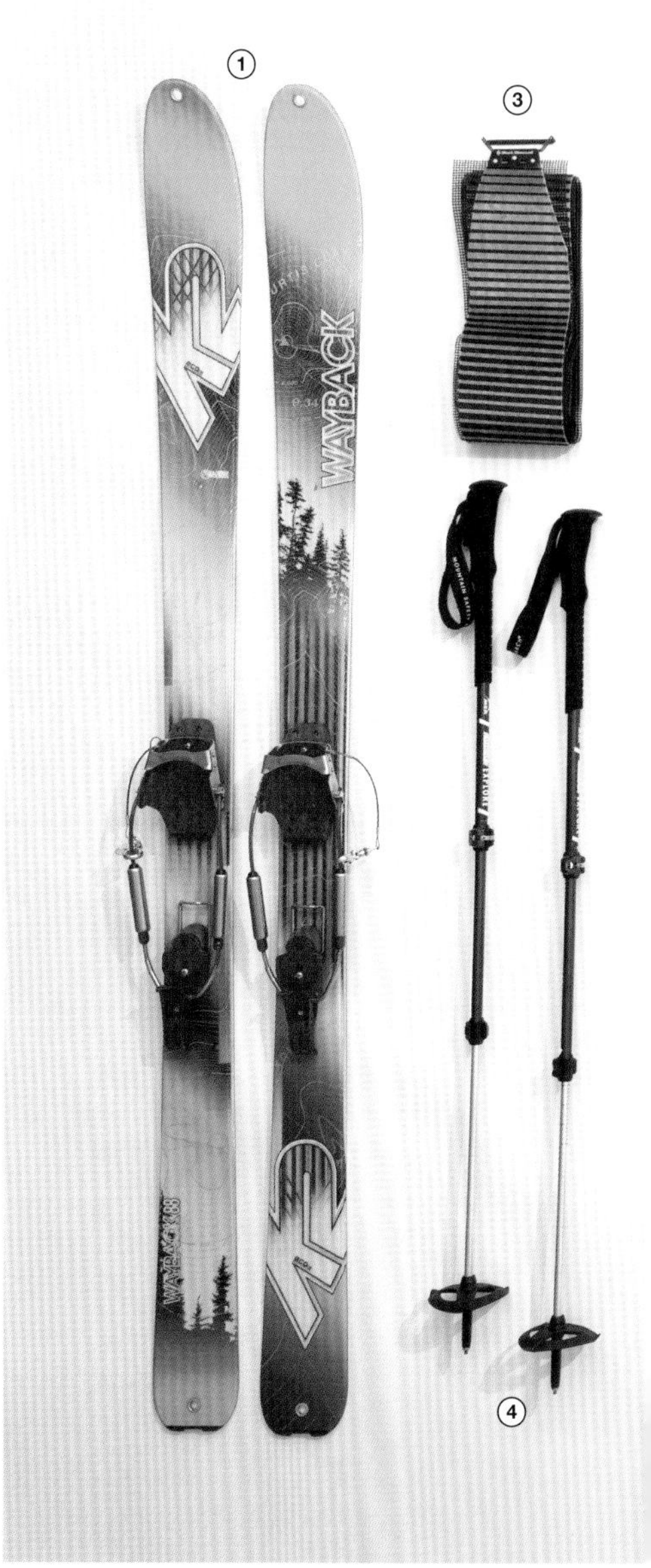

あり、必要に応じて使用する。個々の用具にはどんな機能があり、どんな状況で必要になるかを、しっかりイメージしながら選ぶようにしたい。

とはいえ、初心者のうちは経験が少ないため、よくわからないというのが普通かもしれない。最初はガイドツアーに参加し、ガイドに必要装備を確認したり、機能については購入の際に専門店のスタッフにアドバイスを受けたりするのがよいだろう。

滑走用具の選び方

求めるスタイルに合わせて

これからバックカントリーを始めようと専門店に出かけると、さまざまなタイプの滑走用具が並び、どれが自分の望むものなのか迷ってしまうだろう。

滑走用具を選ぶ際に基準としたいのが、どのようなスタイルでバックカントリーを楽しみたいかということ。滑走用具に「初心者用」というものはなく、あくまで用途・目的によってつくりが異なっている。さまざまな状況で楽しむためには、結局1本では満足できず、2本、3本とそろえてしまうことも多いものである。

滑りと登りの比重

理想の滑走スタイルについて考えるとき、最初にバックカントリースキー・スノーボードの主な行動要素である、「歩き」と「滑り」の比重について考えるとよいだろう。

歩行の快適性を重視する場合は、第一に軽量性を求めることが多い。しかしそういう用具は比較的剛性は低めで、高い負荷をかけて急斜面を滑ったりすると不安定さを感じることもある。

逆に急斜面やパウダーなどでの滑走性を重視する場合は、滑走用具の剛性や浮力が大切な要素となる。そういうモデルは硬く重い傾向があり、長時間の歩行をするときはストレスが大きい。

もちろん、登りと滑りの特性の中間を狙ったオールラウンドなタイプというのもある。最近はメーカーも工夫して、剛性と軽量性をある程度両立させるようなモデルも出てきてはいる。しかし、基本的には軽量性と剛性は比例しないものと覚えておきたい。

滑る雪質や場所を考える

もうひとつの視点として、滑る際の雪質はどうか、また、どんな場所を滑るかというのも、道具選びのポイントだ。

厳冬期のフカフカのパウダースノーなのか、アイスバーンなどの硬い雪なのか。残雪期の雪を滑るのか。急斜面を滑走するのか、緩斜面なのか。オープンバーンか樹林帯か。そもそも滑るよりも歩く時間のほうが長いのか。雪質、斜面の特徴によって、ふさわしい滑走用具の形状や性能が変わってくる。目的をよく考えて、適した用具を選びたい。

最初の一台は

これからバックカントリーを始めようとする人の場合、自分のスタイルがまだよくわからないということもある。そんなときは、登りや滑りのどちらの用途にも偏っていないオールラウンドな滑走用具を選択するのもひとつの方法だろう。

ただ、そういう用具は、長い歩きのときに「もう少し軽いといいなぁ」と思い、硬い雪面の急斜面では「もう少し強さや安定感があるといいなぁ」などと思う可能性が高い。経験を積んでいくうちに自分の求めるスタイルがわかってきたら、次は希望のスタイルに合う道具を選んでいこう。

ミスマッチを避ける

スタイルに合った用具選びは、スキー（スノーボード）だけでなく、ビンディングとブーツも併せて考えることが大切。たとえば、滑走性重視の剛性の高いスキーに、歩行性重視の柔らかいブーツ、というのはミスマッチな組み合わせだ。道具の機構としては使用できたとしても、それではスキー、ビンディングともに本来の性能を発揮できない。

特にブーツを買い替えたり、2台目のスキーを購入したりしたときには要注意。購入時に、専門店のスタッフに用具の相性を相談してみるとよいだろう。

体格・体力・技術に合うか

自分の体格や体力、技術に適したものを選ぶという点も大切だ。身長や体重、脚力、滑走技術などによって同じ用具でも扱えるかどうかは変わってくる。自分にふさわしいかどうかを考えて購入しよう。

滑走スタイルと用具の選択

歩きと滑りのバランスを考えよう

歩き重視　　滑り重視

登山の延長で、冬山での移動をメインに楽しみたい人。スキーの機動力を生かして、長い距離を歩いて滑り、行動範囲を広げたい。雪山の「旅」をまるごと楽しむことを追求。

歩きも滑りも両方楽しみたいオールラウンド派。どんな斜面もほどほどに滑れて、長時間の歩行を想定しないならアリ。最初の一台はこのタイプを選ぶ人も多い。

ゲレンデで身につけたスキー技術を生かして、自然の雪山の斜面を「滑る」ことを楽しみたい人。パウダーに飛び込んだり、アグレッシブに急斜面を滑ったりと、滑走を満喫！

どんな雪、どんな場所を滑るか

例3

歩きがメインの春のロングツアー

軽量性、歩きやすさを重視

長距離・長時間の歩行でもストレスが少ない、軽量で動きやすい用具を選ぼう。歩きだけを考えれば道具は軽いに越したことはない。ただ、春は雪質などのコンディションもさまざま。悪雪にも対応できるモデルを選びたい。

例2

アルパインエリアで急斜面を滑走

剛性の高さを重視

雪が硬いアルパインエリアで、急斜面の滑走をするような場合は、力強いターンにしっかりと応えてくれるような剛性の高い滑走用具が適している。剛性は重さにつながるが、ハイクアップを考えると軽さもある程度重視したい。

例1

ゲレンデの近くでパウダーハント

浮力を重視

パウダーを滑るときは浮力を得やすいロッカー形状の板がおすすめ。スキーならファットタイプを選ぶとよいが、太いぶん重くなる。滑走場所がゲレンデの近くなら、歩行時間も短く、重い板でもストレスを感じにくいだろう。

滑走用具①　AT《アルパインツーリング》スキー

まずは用具の特性を知ろう

スキー

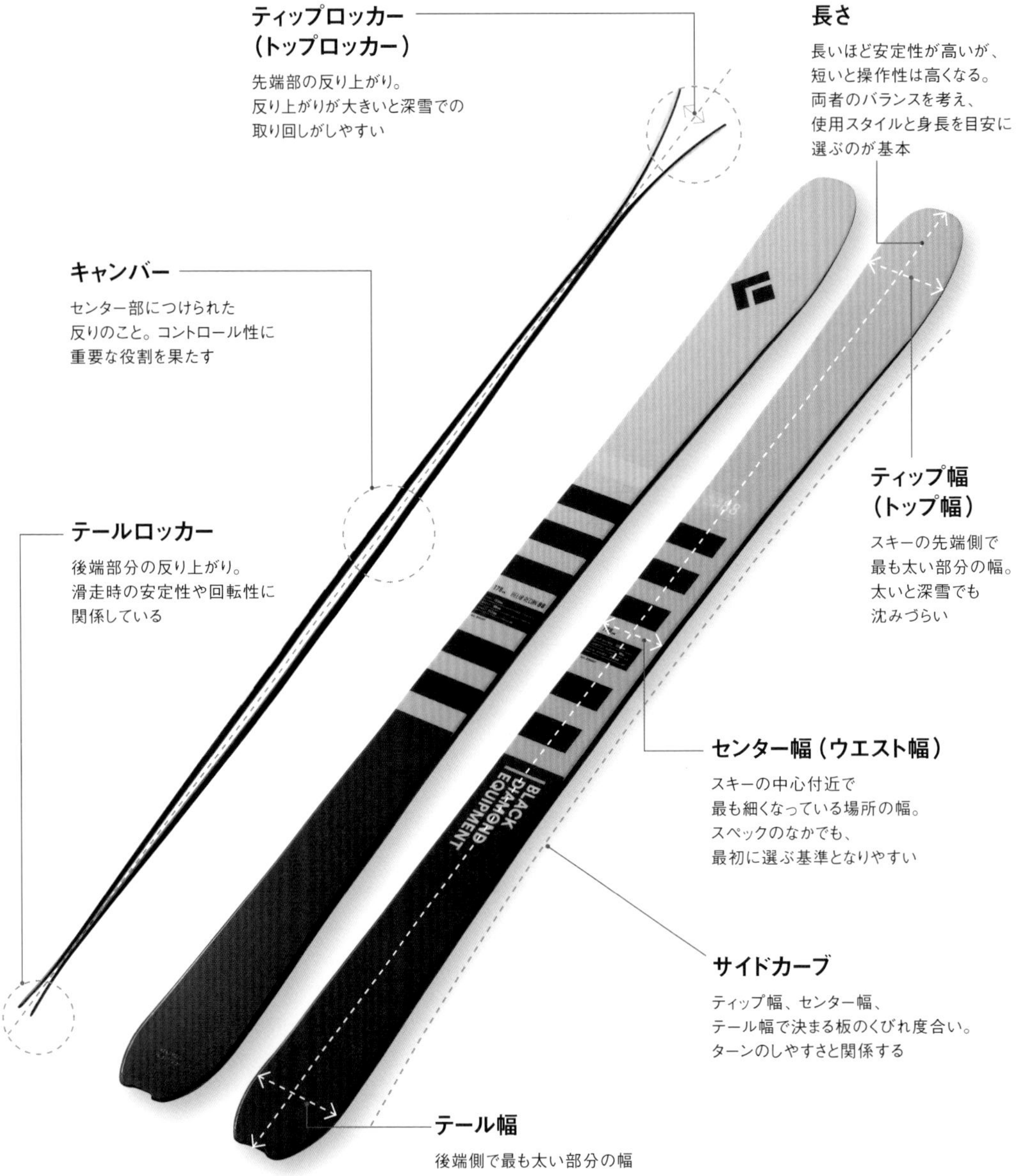

ティップロッカー（トップロッカー）
先端部の反り上がり。
反り上がりが大きいと深雪での
取り回しがしやすい
長さ
長いほど安定性が高いが、
短いと操作性は高くなる。
両者のバランスを考え、
使用スタイルと身長を目安に
選ぶのが基本
キャンバー
センター部につけられた
反りのこと。コントロール性に
重要な役割を果たす
ティップ幅（トップ幅）
スキーの先端側で
最も太い部分の幅。
太いと深雪でも
沈みづらい
テールロッカー
後端部分の反り上がり。
滑走時の安定性や回転性に
関係している
センター幅（ウエスト幅）
スキーの中心付近で
最も細くなっている場所の幅。
スペックのなかでも、
最初に選ぶ基準となりやすい
BLACK DIAMOND EQUIPMENT
サイドカーブ
ティップ幅、センター幅、
テール幅で決まる板のくびれ度合い。
ターンのしやすさと関係する
テール幅
後端側で最も太い部分の幅

スキーに求められる性能

一見、同じように見えるスキーでも、形状・材質・構造などによって中身は大きく異なる。スキーに求められる性能は、浮力・安定性・操作性・回転性などがあるが、すべての性能を100％引き出すのは難しいものだ。それでも最近は、技術の進化やメーカーの努力によってさまざまな性能を持ち合わせたすばらしいアイテムが増えてきている。

スキー選びのポイント

スキーを選ぶ際に確認したい基本的なポイントがいくつかある。

まずは形状。スキーを真上から見て、センター幅やサイドカーブを見てみよう。次は横から見て、中央部の反り（キャンバー）やロッカーの形状をチェックする。最後はスキーを手に取り、フレックス（硬さ）も確認。自分の体重でも扱える硬さかどうか、また長さなども考慮して、ふさわしい一台を選ぼう。

スキーの太さと用途

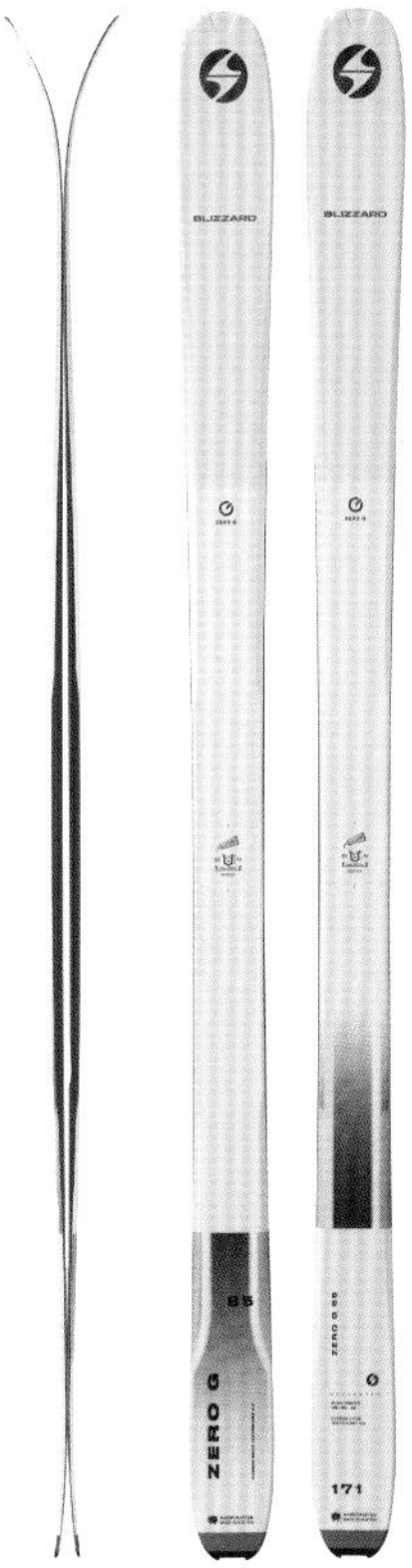

スタンダード
（センター幅：約80〜90mm）

バックカントリーではやや細めの部類に入るが、軽く、取り回しがしやすいので、残雪期のロングツアーなどにおける快適性は高い。硬い雪でもコントロールしやすいが、深雪での浮力は期待できない。

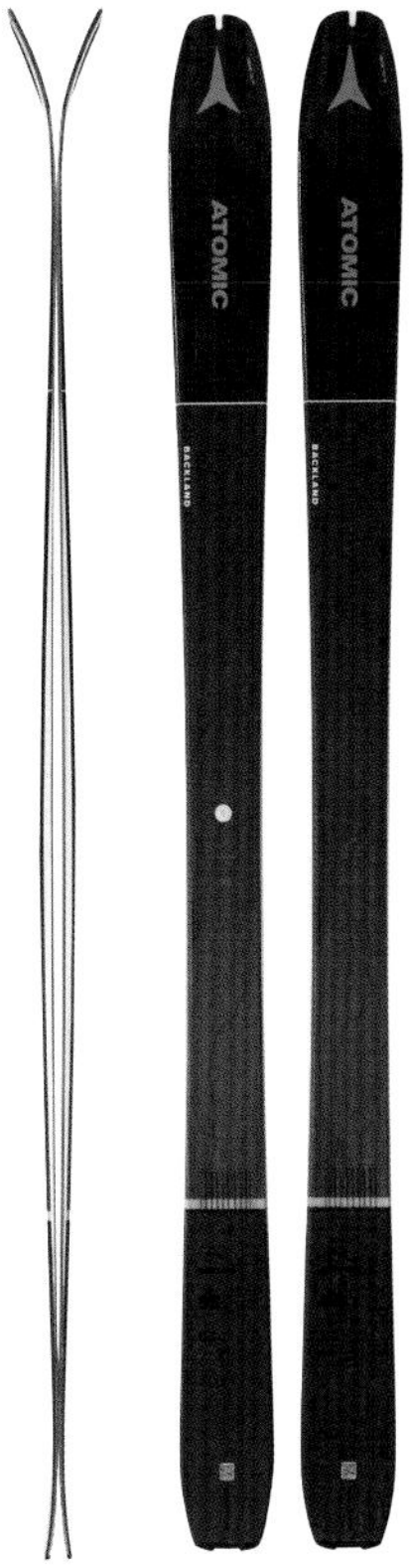

セミファットスキー
（センター幅：約90〜100mm）

近年のバックカントリーにおける中心的なサイズ。安定感があるうえ、ゲレンデなどの圧雪でもコントロールがしやすい。100mmに近い板なら浮力も充分でパウダーも楽しめるだろう。

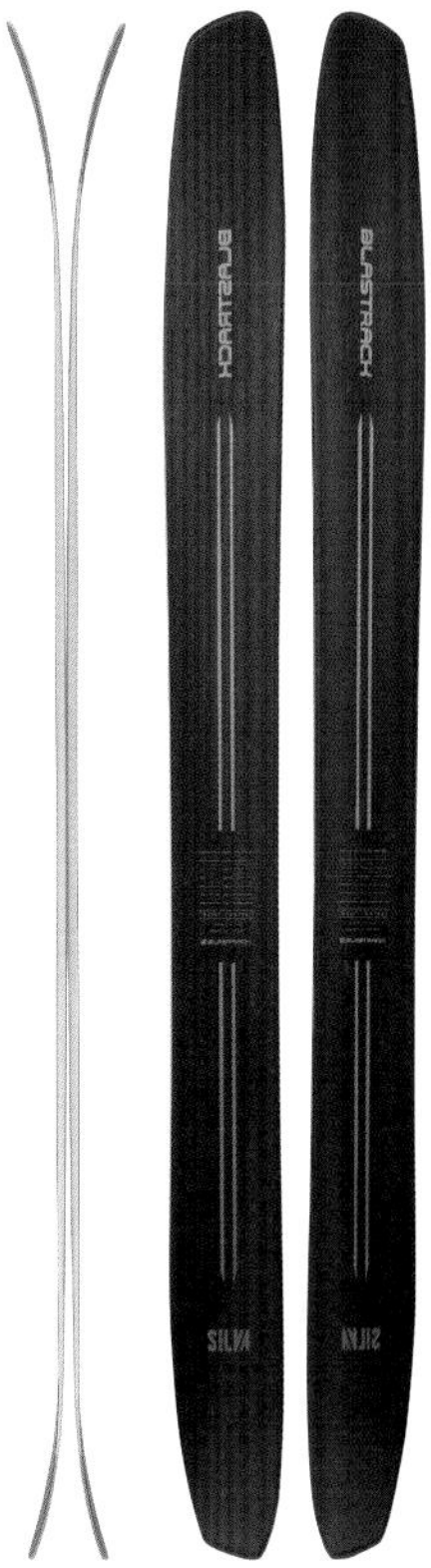

ファットスキー
（センター幅：約100〜120mm）

センター幅が100mmを超える板は、パウダーや悪雪向き。深雪での浮力が高く、スキー操作もしやすい。しかし硬い雪では逆にコントロールが難しく、太いほど重量が増すのはデメリット。

スキーの硬さ（フレックス）と滑走性

スペックからわかりづらいのが、板の「硬さ」。言い換えれば「しなやかさ」のことで、「フレックス」ともいわれる。材質やつくり方、モデルや長さによってたわみ具合が異なる。硬い板はたわみづらく、体重の軽い人やパワーのない人などには操作が難しいが、パワーのある人なら力強いターンができる。

スペックを総合的に考える

センター幅は、スキー選びの際に最初に目安となるスペックだが、そのほかの数値による組み合わせによって、滑走性能は大きく変わってくる。センター幅だけでなく、ほかのスペックにも注目し、全体の形状、バランスを総合的に見て、自分が使用したいシーンに適するかを考えよう。

ビンディング

現在の主流は、トウ（つま先）をピンで固定するテックタイプ。ブーツ先端にある穴に、ビンディングのトウピースのピンで挟み込んで固定する。不整地では多少の慣れが必要

クライミングサポート

急斜面の登りでかかとを浮かせ、足の負担を軽減するためのパーツ

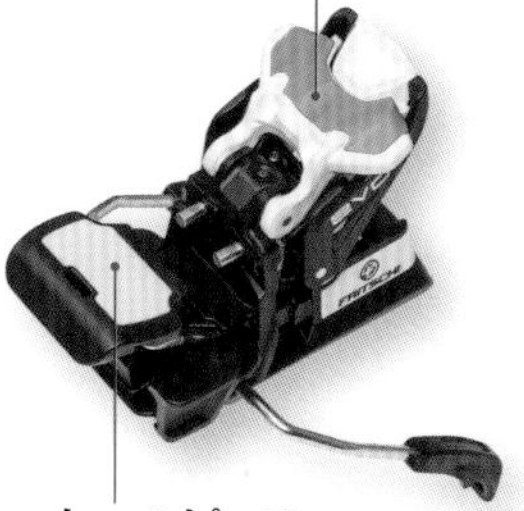

ヒールピース

ブーツのかかととスキー板を固定するパーツ。ウォークモードではかかとを外しヒールフリーにできる

解放機能は、過度な圧力がかかるとビンディングがブーツから外れる仕組みで、障害防止に重要だ。圧力の強さを設定する「解放値」がテックビンディングにもあり、トウとヒールの両方を設定できるモデルもある

トウピース

ブーツのつま先とスキー板を固定するパーツ

モードレバー

レバーを持ち上げるとつま先の固定がロックされる。レバーを下げるとロックが外れ、ブーツがトウピースから外れる

スキーブレーキ

ビンディングからブーツが外れているときに、雪に抵抗をかけてスキーが流れないようにするパーツ

着脱のしやすさならフレームビンディングも

深雪のときなどにトウピースに雪が詰まったり、ブーツの穴にピンを合わせられなかったりと、テックビンディングは装着に手間取ることがある。フレームビンディングの装着はアルペンスキーと同じシステムなので、圧倒的に簡単だ。ただし、歩行時にはブーツ底のバーも一緒に持ち上がるため、一般に足元の感覚はテックよりも重くなる。

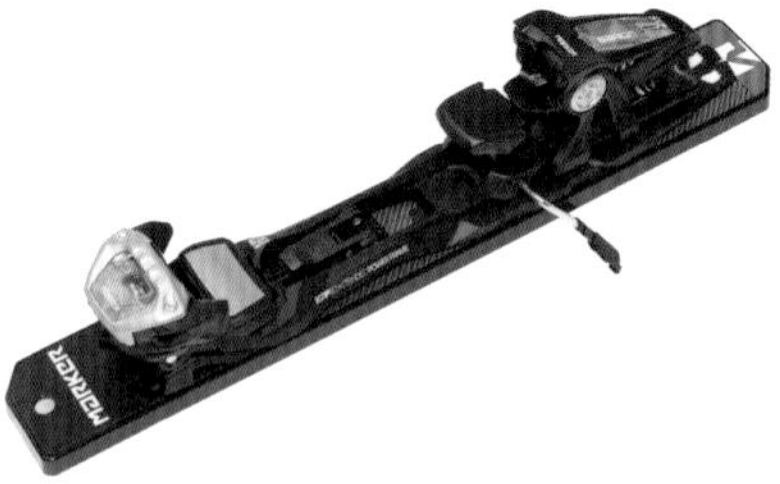

AT用のビンディングのシステムには、テックビンディングと、フレームビンディングがある。現在主流なのはテックビンディングだ。

テックビンディングは、90年代初めに登場したシステムで、ブーツのつま先（トウ）をピンで固定する。かかとはつま先と同じくピンで固定するタイプが多いが、アルペンスキーのようなステップイン式のモデルもある。

テックタイプの最大の特長はその軽さ。歩行時にはかかとの固定を外し、シール歩行をするが、抵抗が少なく歩行の軽快さは抜群だ。しかし、あまり軽いモデルは繊細な場合もあるので、軽さ重視のものは取り扱いに注意したい。最近は滑走性重視のモデルも登場し、安全性や扱いやすさも向上しているので、自分のスタイルに合うものを探してみよう。

一方、フレームビンディングはアルペンビンディングと同様、着脱はステップイン方式だ。着脱が簡単なのが魅力だが、重いのが難点。ゆっくり歩きたい人、着脱で焦りたくない人は選択肢に入れてもよいだろう。滑走感覚もアルペンビンディングと遜色ない。

ブーツ

ブーツ選びで最も大切なポイントは、足へのフィット感。バックルやベルクロは、足へのフィット感を高めるために大切なパーツ。ブーツのフィット感は、滑りやすさに大きく関係する

バックカントリーでは、スキーを外して、ブーツで歩行するシーンもある。このため、ブーツのソールには、登山靴と同じような、滑りにくく耐久性に優れたソールが採用されていることが多い

ポイントは可動域、重量、硬さ

ブーツはビンディングと合わせて選ぶ。テックタイプとフレームタイプのビンディング両方に対応する兼用モデルが主流だが、歩きやすさを重視したテック専用モデルもある。

ブーツ選びのポイントは主に3つ。ウォーク（歩行）モード時の可動域、重量、硬さである。

ATブーツをウォークモードに切り替えると、足首から上のカフ部分が前後に動き、楽に歩ける仕組みになっている。このとき可動域が広いほど歩きやすい。

歩行重視なら軽くて柔らかいモデルを、滑走性重視なら重量は増すが安定感の高い硬めのブーツがよい。

そして、最も大切なのは足へのフィット感だ。バックルやベルクロでフィット感を調整できるが、なかにはインナーを熱成型することで、足へのフィット感を高めることができるモデルもある。

歩きやすさの目安となるのが、カフの可動域。ブーツをウォークモードにしたとき、足首が前後にどれだけ動くかで、歩きやすさが変わってくる。足首が後ろに大きく倒れるものはスキーを前方に滑らせやすい

インソールは自分に合うものに

ブーツのフィット感に重要な役割を果たすのがインソール。大きめに感じるブーツが、インソールでフィットすることもある。足のアーチを支えてバランスを整えたり、疲れを軽減する機能もある。バックカントリーを楽しむためにも、ブーツ購入時には機能性の高いインソールに交換するのがおすすめだ。

滑走用具② テレマークスキー

かかとが上がるスキーの原点

スキー

ステップソールスキー

滑走面にウロコのようなパターンが刻まれたスキー。通称「ウロコ板」とも呼ばれる。このパターンが雪に引っかかるため、ある程度の緩やかな斜面ならシールがなくても登れるのが特徴。シールなしで緩やかな斜面を登ったり下ったり、軽快に行動できるのが魅力。細く軽量なモデルが多く、残雪期の歩き中心のスキーツアーに向いている。

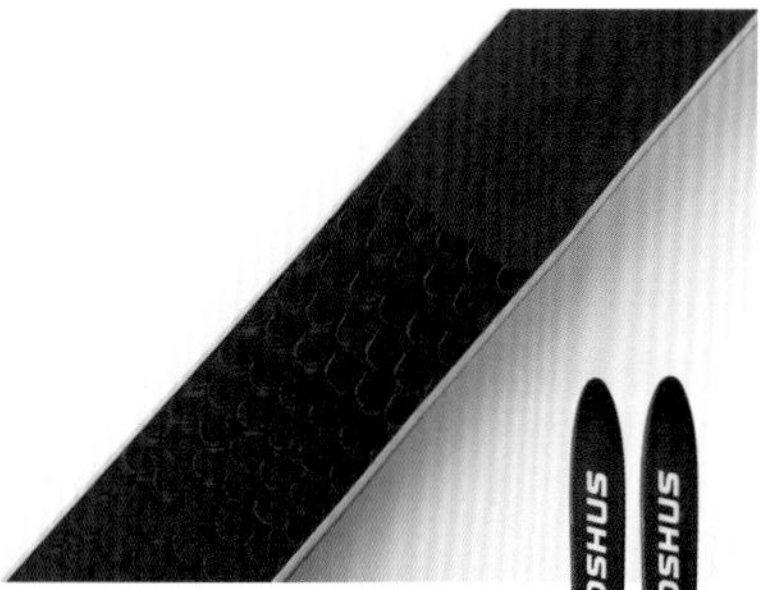

ステップソールは革靴との相性が抜群。軽くて細いスキー板と、柔らかい革靴の組み合わせは、緩やかな里山でのんびりとスキーハイクを楽しむのに最適

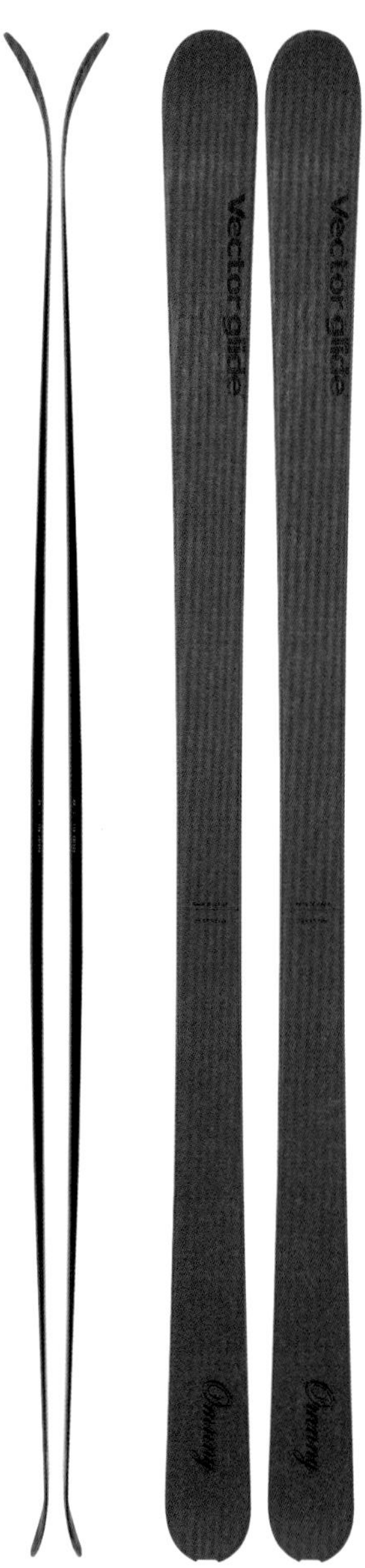

スキーにはATスキー用、テレマークスキー用という区別はない。自分の求めるスタイルに合ったスキーに、ATビンディングを取り付けるか、テレマークビンディングを付けるかの違いである。わずかだがテレマーク向けに開発されたモデルもあるが、スキー選びのポイントは基本的にATスキーと同じだ（P20～21参照）。

テレマークの魅力はなんといってもヒールフリーの感覚がもたらす自由さや軽快さ。シールなしで登れるステップソールも、テレマークならではの楽しみだ。ビンディングの構造上、ATより剛性や安定性が低くなる傾向があるため、スキーも若干ソフトフレックスのほうが扱いやすい。極端に硬いスキーや、極端に短いスキーなどは避けたほうが無難だ。

また、テレマークスキーはビンディングの取り付け位置の特定が難しい。購入時は、テレマークスキーを扱う専門店で、スタッフに相談するとよいだろう。

ブーツ

75mm規格

NTN規格

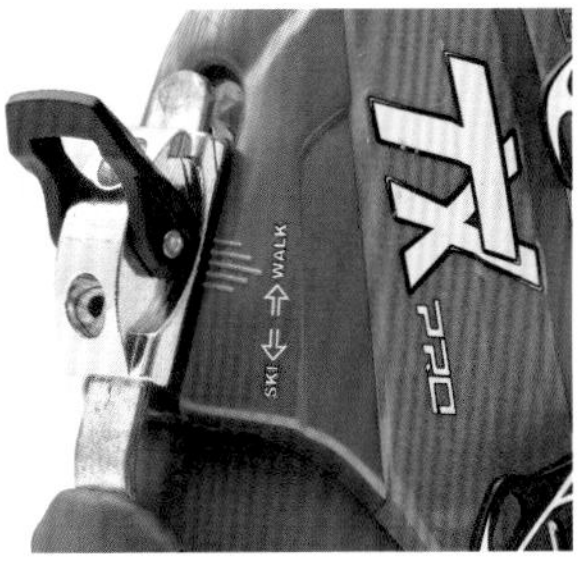

ウォークモードと滑走モードの切り替えはかかとのレバーの上げ下げで行なう

クラシカルな革製ブーツも

1992年にプラスチックブーツが登場するまで、テレマークスキーは革靴しかなかった。プラブーツが主流となった現在は、少量ながら生産されているが、次第に手に入りにくくなっているようだ。サポート感は弱いが、細身のステップソールスキーや、3ピンビンディングと組み合わせて、移動の軽快さを楽しめる。

ビンディングの規格と滑走性・歩行性で選ぶ

甲の部分に「蛇腹」と呼ばれるひだが刻まれているテレマークブーツ。この蛇腹が、前足のひざを曲げ、後ろ足のかかとを上げる独特のターンを可能にしている。

テレマークブーツはビンディングの規格によって選ぶ。主にNTN（ニューテレマークノルム）と75mmの2種類の規格があり、ビンディングが決まればブーツの選択も絞られてくる。

形状の違いは、つま先を見ると明瞭だ。75mm規格は「ダックビル」（カモノハシのくちばし）と呼ばれる、75mm幅のコバが飛び出ている。

いずれの規格のブーツにも、滑走性を重視したハイホールドタイプ、滑走性と歩行性のバランスのよいミドルカフタイプ、ツーリング向けのローカットタイプなどがある。一般にNTN規格のほうがビンディングの剛性が高いため、ブーツも全体にホールド感が強いことが多い。

なお、プラスチック製ブーツが出現する前から存在する革製ブーツも、数は少ないが販売されている。

ビンディング（NTN規格）

ケーブルがなく足裏で固定するNTN（New Telemark Norm）ビンディング。最近は軽量なモデルも出現している。スキーブレーキを装備したモデル（右下）もある。

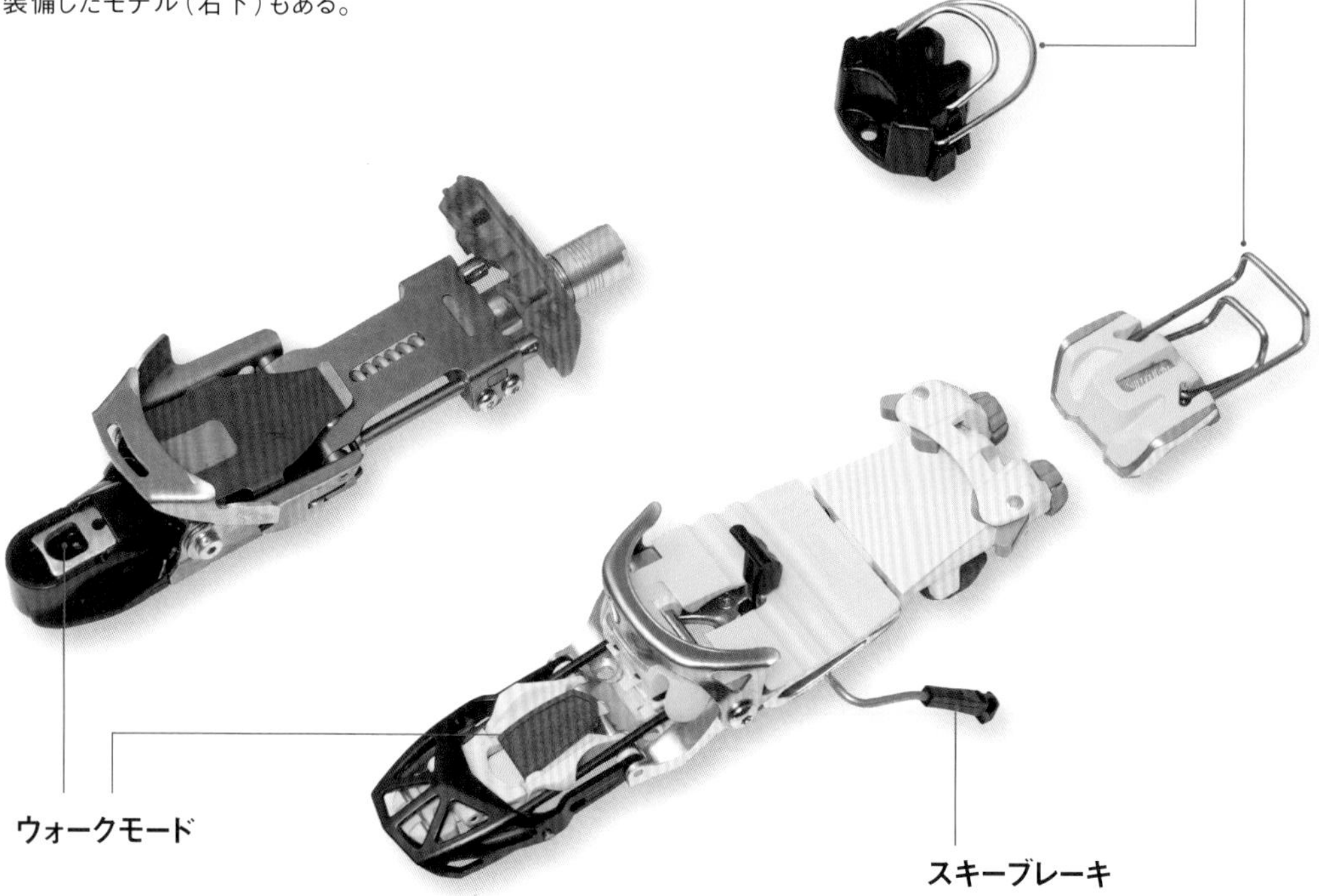

テックビンディングとのハイブリッドタイプも登場

ATスキーのテックビンディングのトウピースと、NTNを組み合わせたモデルも登場した。テックビンディングの軽さと、NTNの剛性のいいとこ取りが魅力。使用するには、テックビンディング対応のNTN規格ブーツが必要となる。

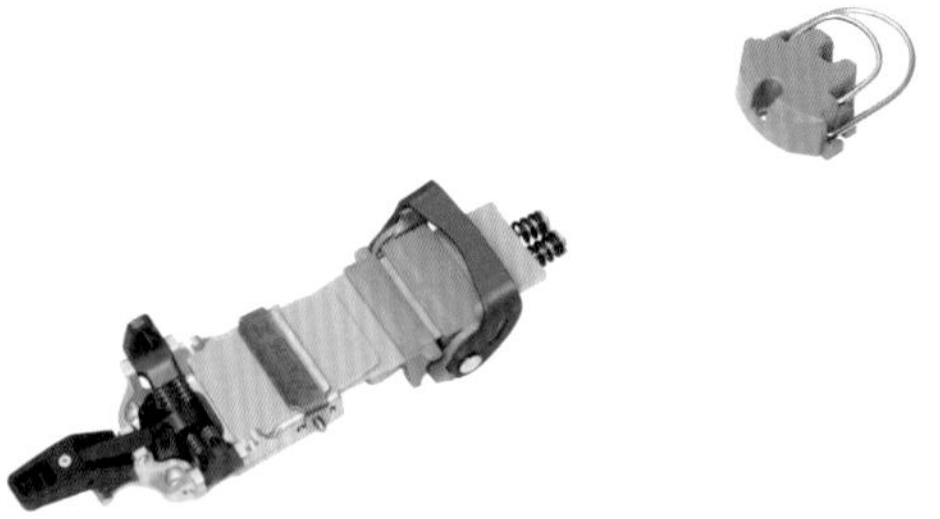

安定感が高く強いエッジングが容易

NTNは2008年に登場した新しいテレマークビンディングの規格。足裏のスプリングの力を利用してテンションをかけ、ターン時の安定感を保つ構造になっている。

75㎜規格と比較するといくつかの違いがあるが、最大の違いは滑走時のシャープなエッジングが可能になった点だろう。ブーツの足裏を面で押さえて固定するため、75㎜規格に比べるとテンションが高く、滑走時のサポート性が高くなる。これによって、特に横方向への安定性が増して、アルペンスキーのような強いエッジングがしやすくなる。

ただし、ハイテンションな分、歩行時にはかかとが上がりにくくなる。そのため「ウォークモード（歩行モードまたはツアーモードとも）」というメカニズムを組み入れている。ウォークモードに切り替えると、ATスキービンディングと同様に、ブーツのつま先部分だけを固定して足の上げ下げができるようになるので、軽快に登っていくことができる。

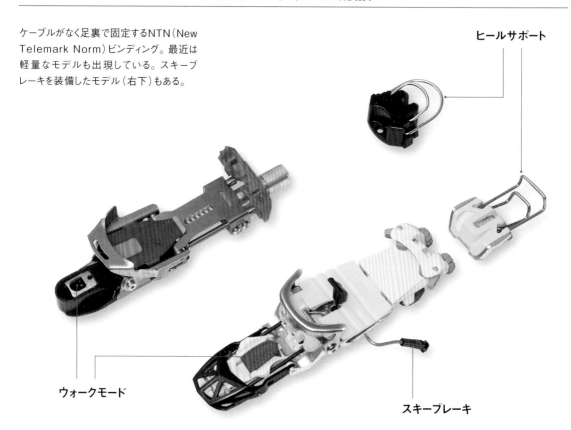

ビンディング（75mm規格）

75mmビンディング（正式には75mm Nordic Normという規格）は、テレマークスキーの基本となる規格。クロスカントリースキーの細い板と革靴を組み合わせていた時代の、軽快な感覚を今も楽しむことができる。

テレマークビンディングのウォークモード

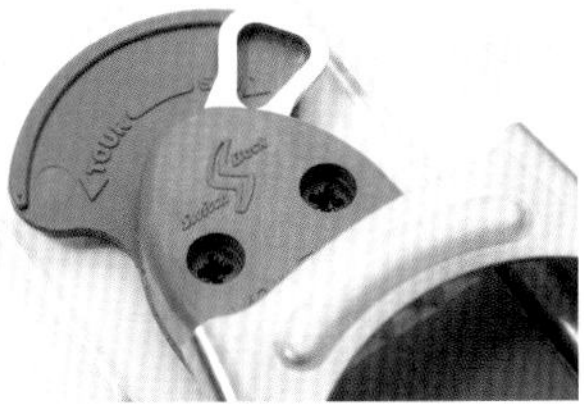

75mm規格も近年剛性が高まってきたが、剛性は同時に歩きづらさになる。このため、歩きやすさを確保するためにウォークモード付きのモデルが増えている。かかとの可動域が広がり、ATスキーと同様の感覚で歩けるようになる

75mmに必要な「流れ止め」

75mm規格の場合、スキーブレーキが標準装備されていない。フィールドでの転倒時など、スキーが外れたときに斜面に流してしまわないよう、必ず流れ止めでブーツとビンディングをつないでおこう

3ピンビンディングも健在

75mm規格のなかでも、最もクラシカルといえる道具が3ピンだ。ブーツとビンディングを3つのピンで固定するだけ。動きの制御の支えとなるバネも、左右のケーブルもない。ピンポイントで正しい位置に乗らないと転ぶため、滑走技術の習得は非常に難しいが、それゆえにハマる人も多い。細板・革靴と相性がよい。

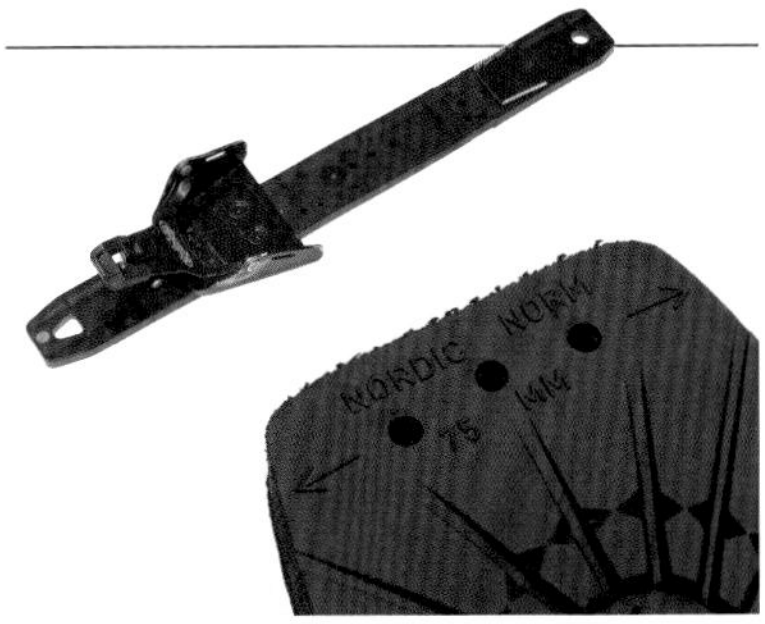

軽快さと動きやすさが魅力

75㎜ビンディングは、テレマークスキーの基本となる規格だ。

ブーツのつま先に飛び出したコバを、ビンディング先端の金具に差し込み、ケーブルと連結したバックルでかかとを固定する。ケーブルにはスプリングが組み込まれ、かかとを上げる際に一定のテンションをかけて安定感を保つ構造になっている。

クロスカントリースキーの細い板と革靴を組み合わせていた時代の、軽快な感覚を今も楽しむことができる、いわばテレマークスキーの原点だ。3ピンビンディングが現役というのも、進化一辺倒とは少し違う時の流れを感じさせる。

75㎜の魅力は、その動きやすさ。前後左右、加えてねじれ方向にも動ける範囲が大きい。自然の歩行に近い感覚で歩けるのは、時にバックカントリーで有利になる。

滑走時の安定性、剛性はNTNのほうが高く、強いエッジングなどがしやすい。ただ、体重の軽い女性や、パワーの弱い人などは、75㎜のほうが扱いやすい場合もある。体格やパワーも考慮して選びたい。

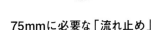

滑走用具③スノーボード

理想とするスタイルから選ぶ

スノーボード（ソリッドボード）

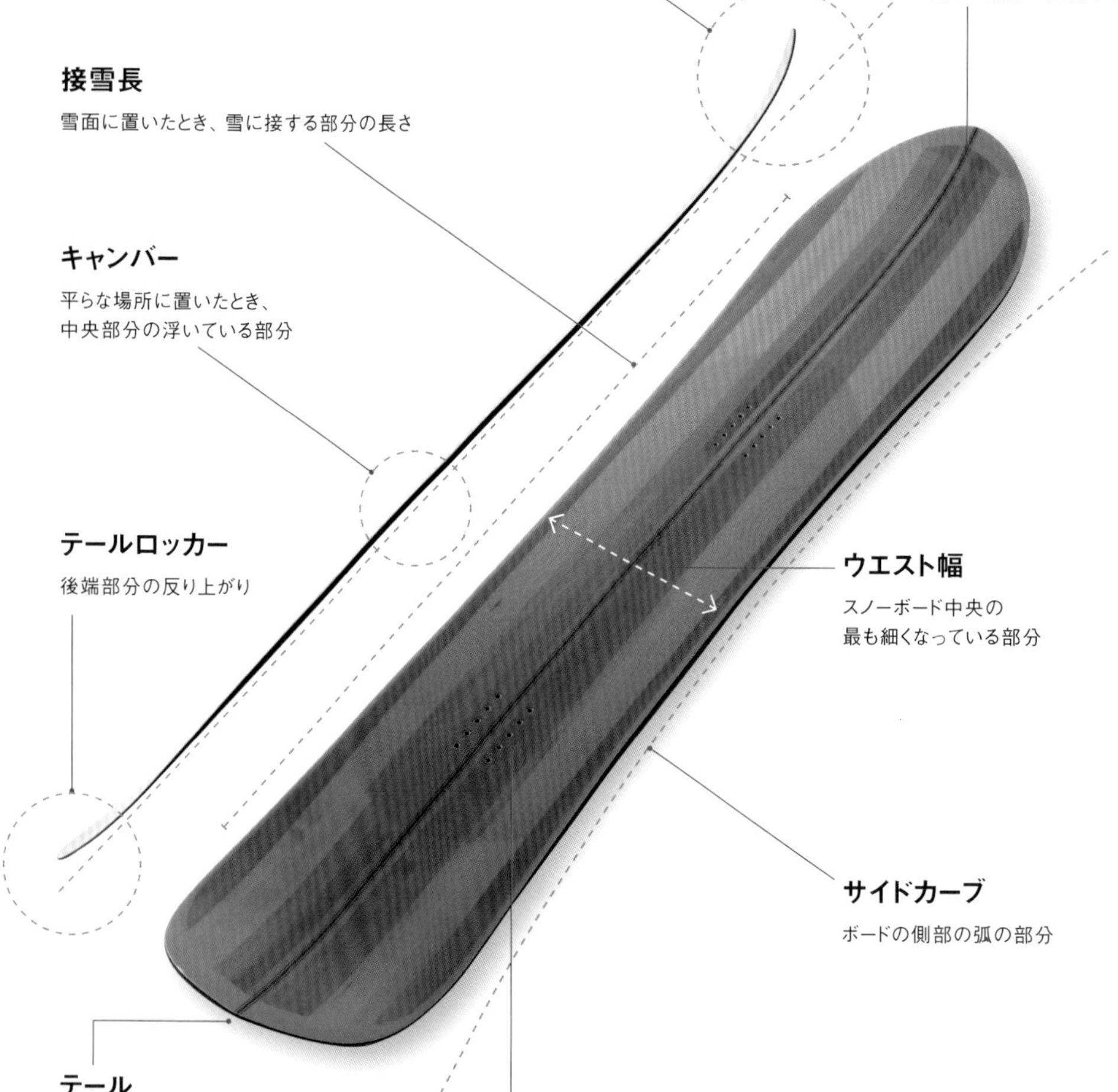
ノーズロッカー
先端部分の反り上がり
ノーズ
スノーボードの先端部分。形状や面積によって、ターンや浮力などさまざまな滑りの要素に直結する
接雪長
雪面に置いたとき、雪に接する部分の長さ
キャンバー
平らな場所に置いたとき、中央部分の浮いている部分
テールロッカー
後端部分の反り上がり
ウエスト幅
スノーボード中央の最も細くなっている部分
サイドカーブ
ボードの側部の弧の部分
テール
スノーボードの後端部分。形状や硬さがさまざまな滑りの要素に関係する
インサートホール
バインディングを取り付けるためのネジ穴

最初は乗り慣れたボードで

これからバックカントリーを始めようと思っている人におすすめしたいのは、まずは手持ちの板を使うこと。バックカントリーでは、ゲレンデでは経験したことのないような癖のある雪質、斜面に出会うこともしばしば。そんな状況で、きちんと板をコントロールしながら安全に滑るためにも、はじめのうちは操作感覚のわかっているボードを使うほうがよい。

形状や性能の違い

ボードの開発コンセプトは一台一台異なるため、乗り味もかなり違う。ロッカーやキャンバー、ノーズやテールなどの形状の違い、硬さなどの違いが滑走性能に関係している。乗り慣れたボードでいろいろな状況を経験するうちに「もっととんなボードが欲しい」と感じるようになったら、求めるスタイルに合ったボードに目を向けるとよいだろう。

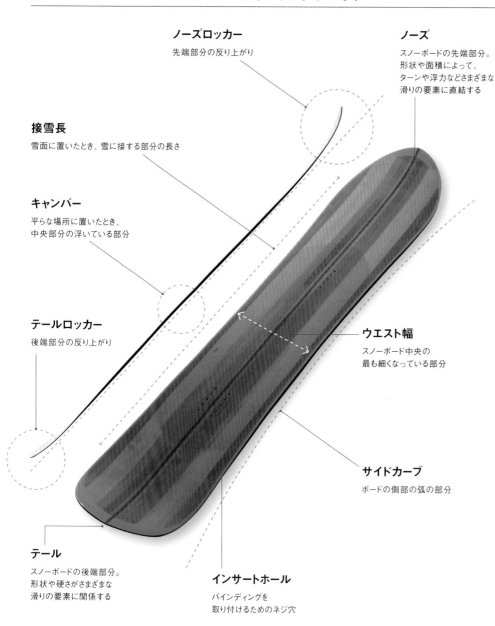

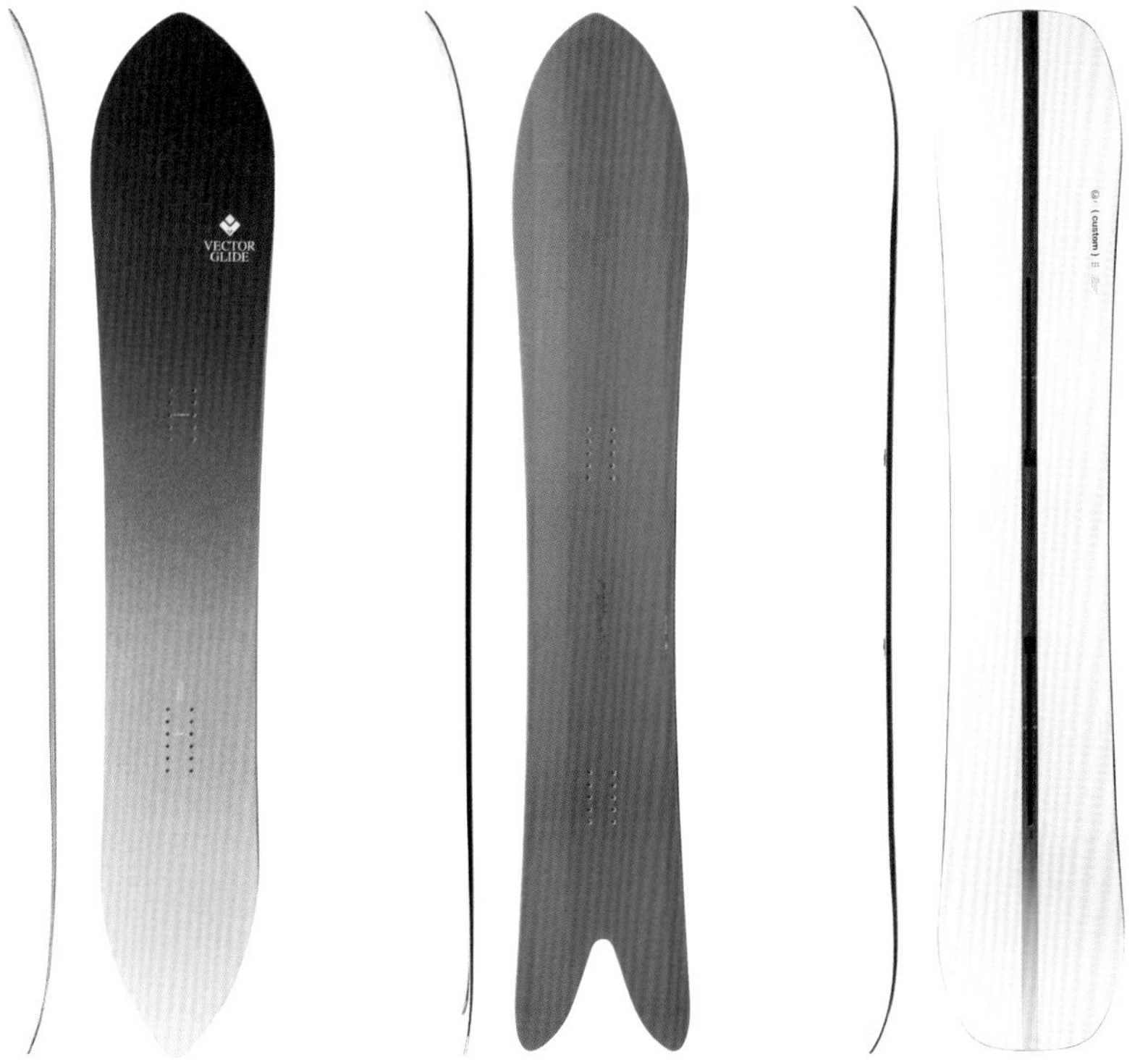

形状の違い

さまざまな状況を楽しむため、スノーボードの形状も多様化している。テールの形状にしても、ふたつに割れた「スワローテール」や、尖った「ピンテール」などがある。キャンバー・ロッカーの形状もポイントだ。スタンダードなのはキャンバー付きのモデルで、ロッカータイプはパウダー向きといわれる。板の特性を理解し、自分が求めるスタイルに合うスノーボードを選ぼう。結局1枚では足りず、いろいろなモデルを買いそろえてしまう場合も多い。

バインディング

普段使っているものを

ブーツからの力をスノーボードに伝える役割のバインディング。これでなくてはいけないというものはなく、板と同じく、普段ゲレンデで使っている使い慣れたもので問題ない。

フレックスがポイント

バインディングの性能で、滑走感覚に大きく影響するのはフレックス（硬さ）だ。硬いバインディングはレスポンスに優れキビキビと動けるし、柔らかいバインディングならソフトにしなやかに動ける。

どう選ぶかは好みにもよるが、硬い雪面でパワフルなエッジングをしたいときやスピードを出して滑走したいときは硬いモデルが向いている。一方でパウダー滑走や、春の変化に富んだ雪面などで動きやすさを重視するなら柔らかいモデルが向いている。滑走スタイルに合わせて選ぶとよいだろう。

形や機能もさまざまだが、パワー伝達に重要なフレックスにも注目したい

ハイバック
アンクルストラップ
ヒールカップ
トウストラップ

スプリットボード

歩行時はふたつに分割し、シール登高ができる

クリップとフックを外すと、ボードを二分割できる。バインディングをツーリングブラケットに装着し、滑走面にシール（クライミングスキン）を貼り付けると、スキーと同様にシール登高ができる。滑走時はシールを剥がし、ボードを連結させ、バインディングを装着する。

フック

ノーズとテールの両端にあるスプリットボードを連結させるための金具

クリップ

スプリットボードを連結させる金具。ノーズ側とテール側の両方に付いている

インターフェース

バインディングを装着するためのパーツ一式を指す

ツーリングブラケット

ウォークモードでの歩行の際に、バインディングを装着する部分。つま先のみ固定し、かかとは上げられる

ヒールリフター

ウォークモードで急斜面を登る際に使用するパーツ。かかとを持ち上げて脚への負担を軽減する

楽に歩けて滑りも楽しい画期的なツアーボード

スプリットボードは、縦に二分割してシール歩行でき、連結するとスノーボードとして滑れる機能をもったボードである。ここ近年は普及が進み、多くのスプリットボーダーを見るようになった。

　スプリットボードを導入する最大のメリットは、歩行が劇的にラクになること。スノーボードだと、歩行時は足にスノーシューを装着しボードをバックパックに装着して背負う。滑走時には逆にスノーシューを背負う。それがスプリットボードにすることで背中に背負う荷物がなくなり、軽快に動けるようになる。

　また、大きな接雪面積をもつスプリットボードは新雪や深雪でも沈みにくく、ラッセル時にも有利だ。

　スプリットボードのモデルも年々増えてきている。購入時には形状やフレックスを考慮して選ぼう。専門店で知識をもったスタッフに相談するのもおすすめだ。

バインディング

組み立ての容易さ、乗り心地の快適さを考えると、スプリットボード専用のバインディングを購入したい。最近は各社からさまざまなモデルが発売され、選択肢も増えている

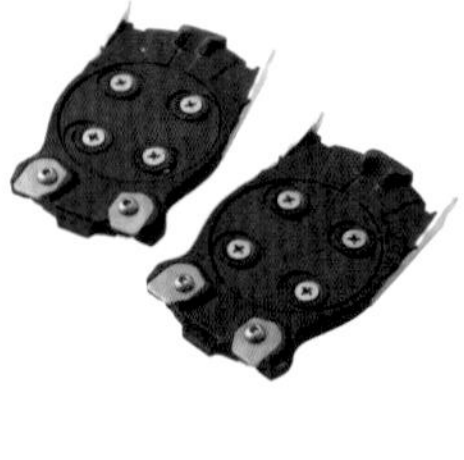

ひとつのバインディングでソリッドボードも兼用

メーカーによっては、スプリットボード用バインディングをソリッドボードにも装着できるコネクターを販売している

ブーツ

システムの違い

ブーツをフィットさせるシステムは、クラシカルなひもタイプのほか、ダイヤルを回してひもを締める「ボア」式や、左右のハンドルを引くことでひもを締める「クイックレース（スピードレース）」式がある。足首と甲を別々に調整できるモデルも。

ボアタイプ

クイックレースタイプ

アイゼン対応のモデルも

かかとにブーツアイゼン用のコバが付いているモデルもある。セミワンタッチアイゼンが対応する

ビブラムソールで歩きやすく

バックカントリー用のモデルの多くは、氷の上でも滑りにくく、グリップ力や耐久性の高いソールを採用している。

フレックスが最も大切な要素

スノーボードブーツには、バックカントリー向けモデルも出ているが、最初は普段ゲレンデで使っているものを流用してもまったく問題ない。

素材・製造方法などさまざまな進化をしているブーツだが、選ぶ際に最も重視したいのはフレックス（硬さ）だ。パワフルなライディング向けの硬めのモデル、しなやかな動きを妨げないソフトなモデル、その中間のミドルフレックスタイプなどさまざまある。自分の体格や滑走スタイルにふさわしいものを選ぼう。

足へのフィット感

もうひとつのポイントは足へのフィット感だ。フィット感は、ボードへのパワー伝達、コントロール性能、長いツアーの間の快適さや、足のトラブルを防ぐために大切である。

多くのブーツはアウターとインナーの二重構造で、インナーは保温性や快適さに直接影響する。アウターは適度な剛性でインナーを包み込み、滑りをサポートする。なお、インナーの締め方にもいくつかのシステムがある。

登高用具
雪山を移動するための必須アイテム

シール（クライミングスキン）

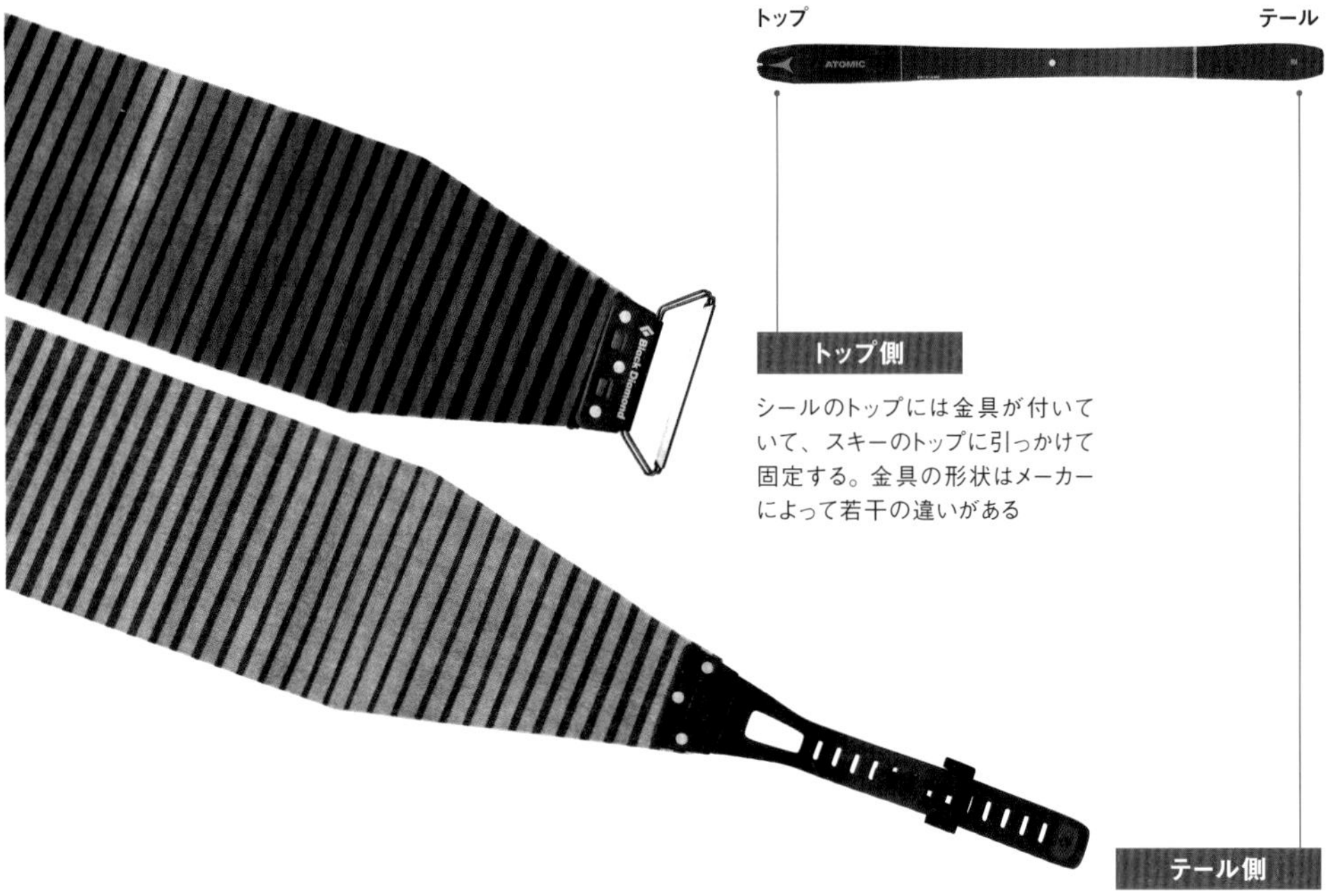

トップ　テール

トップ側

シールのトップには金具が付いていて、スキーのトップに引っかけて固定する。金具の形状はメーカーによって若干の違いがある

テール側

テール側にも固定金具があるモデルが多い。テール側だけ金具がない「張り流し」式は軽くてコンパクトだが、剥がれる心配もある

歩行時・登高時にスキーやスプリットボードの滑走面に貼って滑り止めの役割を果たすのがシールだ。クライミングスキンとも呼ばれる。

　スキーの幅にカットして滑走面に貼り付け、トップ側とテール側を金具で固定して使う。シールには、板に張り付けるための「接着面」と、植毛された「接地面」があり、どちらも重要な役割をもっている。

グリップ性とグライド性

接地面に求められる性能は主にふたつある。斜面を登る「グリップ性」と、前へ滑る「グライド性」だ。しっかり毛がグリップすれば急斜面でも安心。またグライド性が高ければ、少ない労力で進む距離を稼げる。山行スタイルに合わせて選ぶのが理想的だ。

　毛の素材は何種類かあるが、現在の主流はモヘアとナイロン、そのミックス。モヘアとナイロン（その混合具合）でシールの性能が異なってくる。

グルーの粘着性

接着面には、板の滑走面に貼り付けるためにグルー（糊）が塗ってある。適度な粘着性で貼ったり剥がしたりが容易にできる。

　シールを収納する際は、保護のためにチートシートと呼ばれるメッシュシートを接着面に貼るが、悪天候時などはシートを使わず直接接着面同士を貼り合わせて素早く収納することもある。このようなときグルーが強すぎると剥がす際に非常に苦労したり、グルーが取れてしまったりする。

シールの扱いは丁寧に

毛並みがきれいに保たれていないとグリップ性やグライド性が発揮されず、接着面にゴミなどが付着すると粘着性が落ちてしまう。

　毛並みを逆立てないよう板をスムーズに滑らせる、小枝や枯れ葉が散乱している上を通らないなど、シールを傷めない配慮も大切だ。

粘着性が扱いやすさの要

接着面にはいくつかの種類があるが、メインとなるのはグルー(糊)タイプ。どんな雪質・状況でも比較的安定して使えるのが利点で、初心者にも扱いやすい。粘着力が弱いとすぐに剝がれてしまうが、粘着力が強すぎても着脱の際に扱いづらい。剝がれにくく着脱しやすい「粘着性」を各メーカーが追求している。

グリップ性とグライド性に注目

接地面で大切なのは、グリップ性とグライド性。急斜面の登りではグリップ性が重要だが、緩斜面や長距離の移動では、滑りやすさ(グライド性)も体力消耗を防ぐうえで大切だ。一般にグリップ性とグライド性は両立しない。登高に慣れていない初級者はグリップ性重視で選ぶといい。

モヘアとナイロンの違い

接地面の毛の素材は、主にモヘア、ナイロン、モヘアとナイロンのミックスの3種類。柔らかくしなやかなモヘアは新雪でよく滑るが、硬い雪では素材が負けてグリップ性が弱くなる。毛が太くて硬いナイロンは、春の締まった硬い雪でもしっかりグリップする。グライド性はモヘアが上といわれてきたが、最近はナイロンの性能が上がり、昔ほどの差はなくなっているようだ。

柔らかいモヘアは、コンパクトに収納できるのも利点

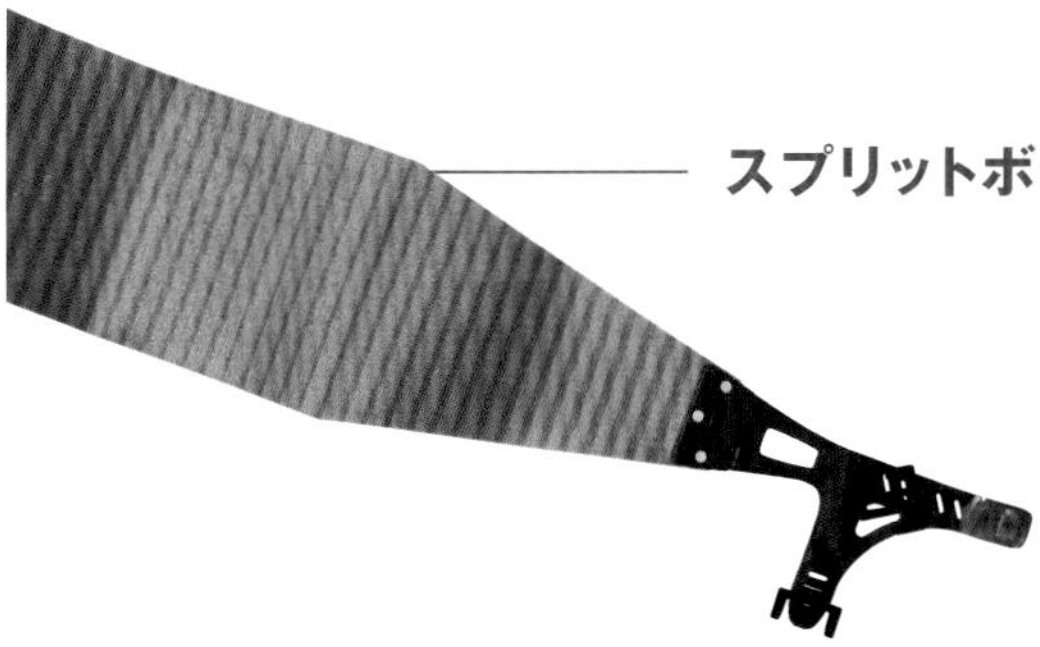

スプリットボード専用のシール

スプリットボードの専用シールも販売されている。主な違いは金具の形状で、トップのフックが斜めに付いていたり、テールのクリップがふたつ付いていたりと、スプリットボードの装着に適した形をしている。メーカーによって形状が異なるので、自分のボードに合うかどうか確認してから購入しよう。

スノーシュー

硬い雪や氷もしっかりグリップするクランポンが付いている

急斜面の登りで足の負担を軽減するヒールリフターも装備

スノーシューは、踏み固められていない新雪を歩くときに便利な道具。接雪面積を広くすることで浮力が得られ、雪に足が沈みにくくすることができる。スノーボードブーツで歩く（つぼ足）とき、深雪だと一歩進むのも大変なことを思い出せば、スノーシューの果たす役割の大きさがわかるだろう。スノーボードを担いでのハイクアップに必須の登高用具である。

登攀力のあるモデルを選ぶ

アウトドアや登山の専門店に行くと、スノーシューも何種類か並んでいるが、バックカントリーで必要なのは、急斜面の登下降を想定した山岳用モデルだ。なだらかな雪面を歩くスノーシューハイク向けのモデルもあるので、購入時は注意したい。

山岳用のモデルには、硬い雪面でもグリップするクランポンや、急斜面の登高で足の負担を軽減するヒールリフターが装備されている。また、フレームに軽くて耐久性の高い素材が使われていたり、ビンディングも足とスノーシューがねじれにくくなっていたりと、激しい動きに対応できるようなつくりになっている。

適正な大きさのものを

スノーシューを初めて装着して歩いたとき、幅が広くて歩きづらいと感じる人も多いだろう。いくつかのサイズ展開がされているモデルもあり、大きいほうが浮力を得られるが、扱いに困るほど大きいものを選ぶのは避けたい。自分のスノーシューに足を取られると精神的にストレスを感じるだけでなく、つまづいて転倒や滑落の原因にもなるので大変危険である。

大きさ選びのポイントは、重さと雪質。重さは、自分の体重に荷物を足したものを基準にする。雪質は深雪を想定して選びたい。ホームページに選び方の基準を掲載しているメーカーもあるので参考にしよう。

着脱のしやすさ

スノーシューの着脱は難しいものではないが、厳冬期などはグローブをしたまま操作をする場合もある。ストラップの先端の幅を広くして、グローブでもつかみやすくしてあるモデルもある。また数は少ないが、踏み込むだけで装着できるステップイン式などもある。

スキーアイゼン

スキーアイゼンは、基本的にはビンディングメーカーが販売しているので、ビンディングに合わせて選ぶ。取り付け方法もモデルによって異なり、ビンディングに取り付けるもの、板に直接取り付けるものがある。現在、販売されているのはほぼＡＴ用で、テレマークスキー用はほとんどないが、板に取り付けるタイプならテレマークに使える場合もある。

アイゼンはシール登高の際、主に硬い雪面でシールの効きが悪くなってきたときに活躍する。スムーズに装着できるようにしておきたい。グリップ力が高く、少々の難所もこなせてしまうので、気づいたら急斜面やアイスバーンなどシビアな状況になっていたということも多い。ブーツアイゼンへの交換のタイミングなどを見誤らないようにしたい。

スプリットボード用のアイゼン

スプリットボードのアイゼンは、ソフトブーツによるエッジングの弱さをカバーするのにも有効で、硬い雪面のトラバースなどで活躍することも多い。バインディングに固定するタイプ、板に固定するタイプがある。

ブーツアイゼン

ブーツアイゼンは、登る山や季節によっては必要となる。アイゼンを使うような場所へは行かないという選択肢もあるので、自分の実力や志向と合わせて購入を検討してもよいだろう。

バックカントリーでは、前爪が2本飛び出した12本爪または10本爪のものが安心だ。つま先とかかとにコバがあるアイゼン対応のブーツならワンタッチ式アイゼンが使えるが、コバがないブーツはバンド式を選ぶ。なお、かかとだけコバがあるブーツに対応するセミワンタッチ式のアイゼンもある。

選び方は、ブーツとの相性が最優先。ブーツへのフィットが甘いアイゼンは、途中でゆるんだり外れたりして危険。購入時はブーツを店に持参し、必ず相性を確認すること。

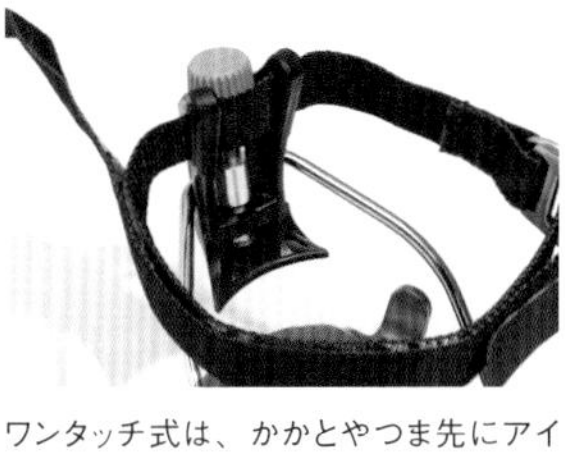

ワンタッチ式は、かかとやつま先にアイゼン用のコバがあるブーツに対応する

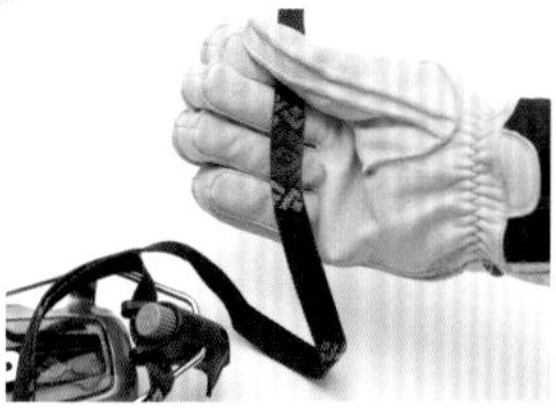

バンドは適正な長さにカットしておこう。長すぎると絡んで転倒や滑落の原因に

バックパック

体にフィットする専用モデルを

バックカントリーの場合、バックパックにはいくつかの役割が求められ、可能ならそのための機能を備えた専用モデルを使うほうが、フィールドでのストレスが少なくなる。

ひとつはスキーやスノーボード、スノーシューなどをバックパックに取り付けられる機能。つぼ足歩行の際、板を手に持って長い時間歩くのは現実的ではない。

また、雪という水分に囲まれた環境なので、素材も雪が付きにくく落としやすいものが望ましい。そして、濡れやすいもの、濡らしたくないものを別室に分けて収納できる機能もあると便利だ。

選ぶときの最大のポイントは、体へのフィット感。必ず背負ってフィット感を確認してから購入したい。

もうひとつのポイントは容量。多少の余裕はあるとよいが、あまり大きいと、中身が揺れて滑走の際などにじゃまになる。日帰りなら30ℓ前後、山小屋泊やテント泊なら、荷物にもよるが40～50ℓ以上だろう。

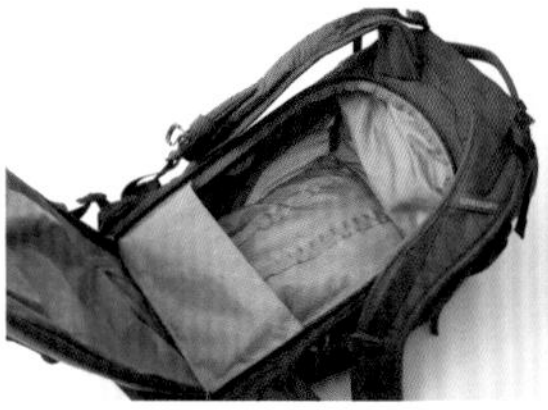

欲しいものをすぐに取り出せるよう、背面アクセスのモデルも多い

アバランチギアは、素早くアクセスできる専用の別室があると便利

つぼ足歩行時に、スキーやスノーボード、スノーシューを取り付けるためのストラップが装備されている

雪崩から命を守るエアバッグ

万一、雪崩に巻き込まれた際、命を守ってくれる装備のひとつにエアバッグがある。雪崩遭遇時、瞬時にエアバッグに空気を充填し、エアバッグが膨らむことで「浮き」のような役割となり、雪の下に埋まるのを防ぐ。

作動システムは、ガスカートリッジ式とバッテリー式が主流。ガスカートリッジ式は軽いが、作動テストができず、一度使うと充填代がかかる。バッテリー式は何度でも使えて、作動テストができるが、バッテリーの分やや重くなる。両者の特徴はそれぞれだが、命を守るものなので、膨らんだ際の大きさや、膨らむのにかかる時間などを基準に選ぶとよいだろう。

ポール

スキーとスノーボードで選び方が異なる

2段式

3段式

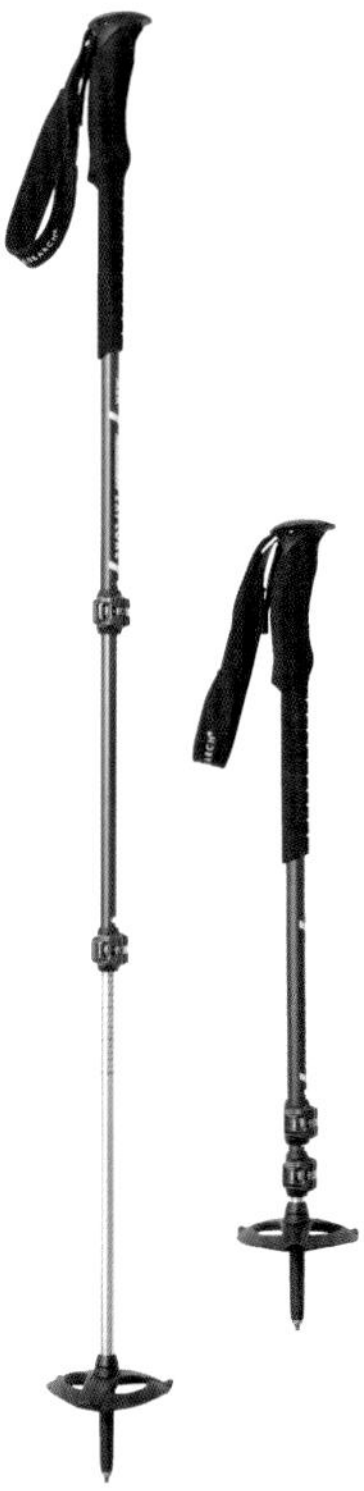

折りたたみ式

バックカントリー用のモデルは、深雪でも沈まないよう大きめのパウダーバスケットが付いている

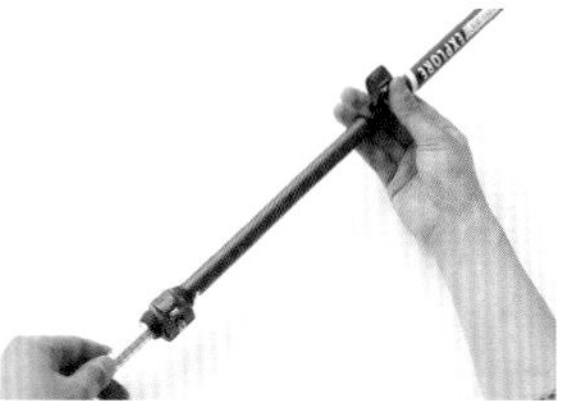

長さ調節のシステムはいくつかある。クリップで留めるフリックロック式は凍結の恐れも少なく安心度が高い

グリップが長めのモデルが増えている。傾斜地のトラバースなどで、山側のポールはグリップ下部を持つことができて便利

歩行時と、スキーは滑走時にも使用するポール。バックカントリー向けのモデルは、パウダーバスケットやグリップなどに工夫がされている。サイズは、持ったときに適正な長さになるものを選ぼう。

ポールの選び方は、スキーとスノーボードでは少し異なる。スキーは歩行時・滑走時ともにポールを持つのに対し、スノーボードは滑走時にポールを収納しなくてはならないので、コンパクトにたためるモデルを選ぶ必要がある。

長さ調節のシステムで現在主流なのは、折りたたみ式、3段式、2段式の3種類。スノーボードは、通常3段式または折りたたみ式を選ぶ。2段式はあまりコンパクトにならないが、クリップなどの数が少なくなるので重量が軽いのがメリット。スキーヤーはこちらを選ぶ人も多い。また、最近は長さ調節機能がないストレートポールも人気が出てきている。自分に適したサイズのポールが見つかればそれもよいだろう。

ヘルメット

頭部を保護する重要アイテム

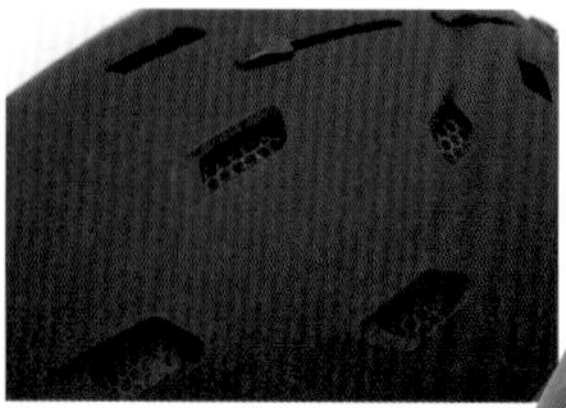

運動量の多いバックカントリー用は、通気性に優れたモデルがおすすめ

スキー規格とクライミング規格の両方の認可を受けたヘルメットも

ごく少数だが、スキー規格と、クライミング規格の両方の認可を受けたヘルメットもある。軽量で通気性も高く、激しい運動下での快適性が高い

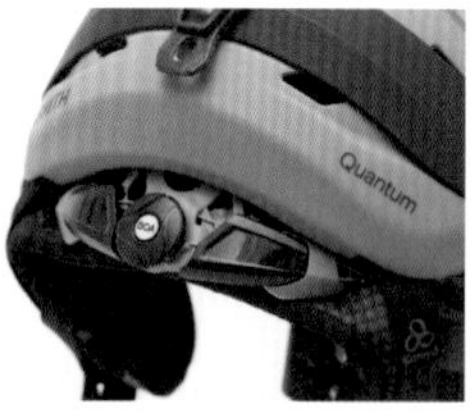

サイズ調整機能を使い、頭部へ正しくフィットさせよう。ダイヤルを回す「ボア」式なら、片手で操作できる

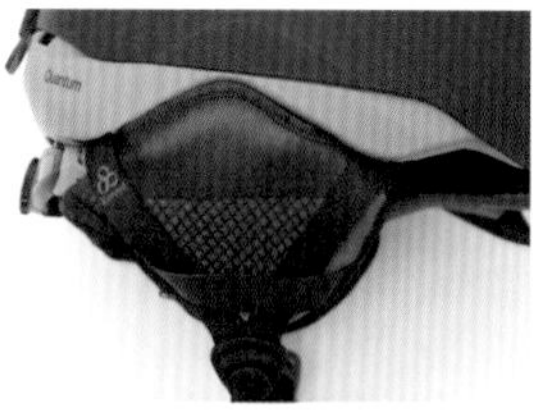

フィット感の向上と防寒の役割も果たすイヤーパッド（耳当て）だが、暖かい日は蒸れの原因にも。取り外し可能なモデルもある

バックカントリーでは、立ち木や岩への衝突、思わぬ段差での転倒といった事故の可能性がゲレンデより高く、頭部を保護することは非常に大切だ。ヘルメットはもはやバックカントリーの必需品といえる。

　ヘルメット選びで大切なのは、第一にフィット感。いろいろなモデルを試着して選ぼう。頭部をしっかりホールドしてくれて、かつ痛みを感じないことがポイントだ。少しの違和感が長時間のツアーの間に頭痛の原因となることもある。また軽量性も快適さにおいて大切な要素だ。

　スキー用ヘルメットではなく、登山（クライミング）用ヘルメットを使えないかと考える人もいるだろう。ヘルメットは、スキー用、登山用それぞれに安全規格がある。登山用は主に上からの衝撃を重視しているが、スキー用は転倒を想定して横方向や後頭部の衝撃も重視している。なお、クライミング用はゴーグルとの相性がよくない場合が多いので確認しておきたい。

ゴーグル&サングラス

強烈な紫外線や吹雪から目を守る

雪山では、標高の高さに加え、雪面の乱反射も加わって紫外線は強烈なものになる。雪目を防ぐため、また、吹雪のときに視界を保つためにも、サングラスやゴーグルは必須だ。

レンズの色は、基本は天候によって選ぶ。バックカントリーでは強い紫外線に長時間さらされるので、ゲレンデより少し濃い色のほうがおすすめだ。なお、目の色によってもまぶしさの感じ方に個人差があるようだ。

また、フィールドで最も悩ましいのが「レンズの曇り」。曇ると滑走時に大きなストレスになる。曇りにはさまざまな要因が関係している。レンズの素材やコーティング、内側の体積（小さすぎると熱がこもる）、スポンジの目の粗さ（雪が入って解けると曇る）などなど。湿度が高いと早く曇ることもある。

曇りに対しては明確な対策がないだけにバックカントリーではゴーグルは大切に温存しよう。登りではサングラスを使い、滑走時にはきれいな状態でゴーグルを装着したい。

レンズの色と天気

ゴーグルのレンズは天候によって適する色がある。状況によって使い分けよう。オールマイティに使えるオレンジ系やピンク系はひとつ持っておくと便利

オレンジ系 晴天・曇天向き	オールマイティに使える
ピンク系 晴天・曇天向き	オールマイティに使える
ブルー系 晴天・曇天向き	凹凸もはっきり見える
グレー系 晴天向き	オレンジ、ピンクよりもさらに晴天時にまぶしさをカット
イエロー系 曇天・ナイター・屋内ゲレンデ向き	くっきりとした視界を実現
クリア系 ナイター・屋内ゲレンデ向き	裸眼と変わらぬ鮮やかな視界
ミラー系 晴天・曇天向き	晴天時に見えやすく、曇天時、降雪時でも使える明るいレンズ

ゴーグルは ヘルメットとの相性を確認

ゴーグルとヘルメットとの相性が悪いと、装着した際に、余計な隙間ができてしまったり、ゴーグルのフレームで視界が妨げられたりする場合もある。ゴーグルの曇りや、外れやすくなる原因にもつながるので、ヘルメットとの相性は必ず確認しておきたい

グローブ

予備を持って、用途で使い分けよう

寒冷な状況下で細かい作業を行なうときは、濡れや冷えを防ぐためにも薄手のインナーグローブを着用しよう

形状や素材の違い

グローブは凍傷予防などに必須のアイテムだが、汗で濡れやすい装備でもある。そのため、複数を持ち歩いて使い分けることが大切だ。

手袋には形や素材の違いで、いくつかのタイプがある。親指以外4本の指が覆われるミトンはとても温かいが、作業はしづらい。逆に5本指は作業しやすいが、指が冷たくなりやすい。最近は親指と人さし指だけ分かれる3本指タイプも人気だ。

素材は革や化繊がある。革はしなやかで肌触りがよいが、濡れには弱い。化繊は防水性は高いが、においが気になる人もいるようだ。

登りと滑り、季節などで使い分ける

日帰りのときも、グローブは最低でも厚手・薄手とインナーグローブを持っていきたい。汗をかきやすいなら予備でもう1セット加えてもよいだろう。

グローブの使い分けのコツは、まずは登りと滑りで分けること。登りで汗をかき、滑りで冷えるとガチガチに固まってしまうことがある。登りは薄手のグローブを使い、滑りだす前に厚手のものに交換するとよい。

もうひとつのポイントは、季節で分けること。厳冬期には、極厚のミトンで、マイナス20度くらいまで対応できるモデルがひとつあると安心だ。手先が冷えると調子があまり出ないものである。春は、天候にもよるが、厳冬期に比べて薄手のモデルにしてもよいだろう。

インナーグローブを活用する

インナーグローブを使うと、グローブが汗で濡れにくくなる。それだけでなく、寒冷な状況下で素手になると凍傷の危険があるので、それを避けるためにもインナーグローブは大切である。特に鉄製のものを素手で触るのは避けたい。ビンディングの操作などは、インナーグローブを着用したまま行なうこと。

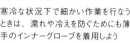

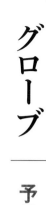

アバランチギア

雪崩から命を守るための必携装備

雪崩ビーコン（アバランチトランシーバー）

ボタンの位置、大きさなどはメーカーによって異なる。グローブをした状態での操作性も大切だ

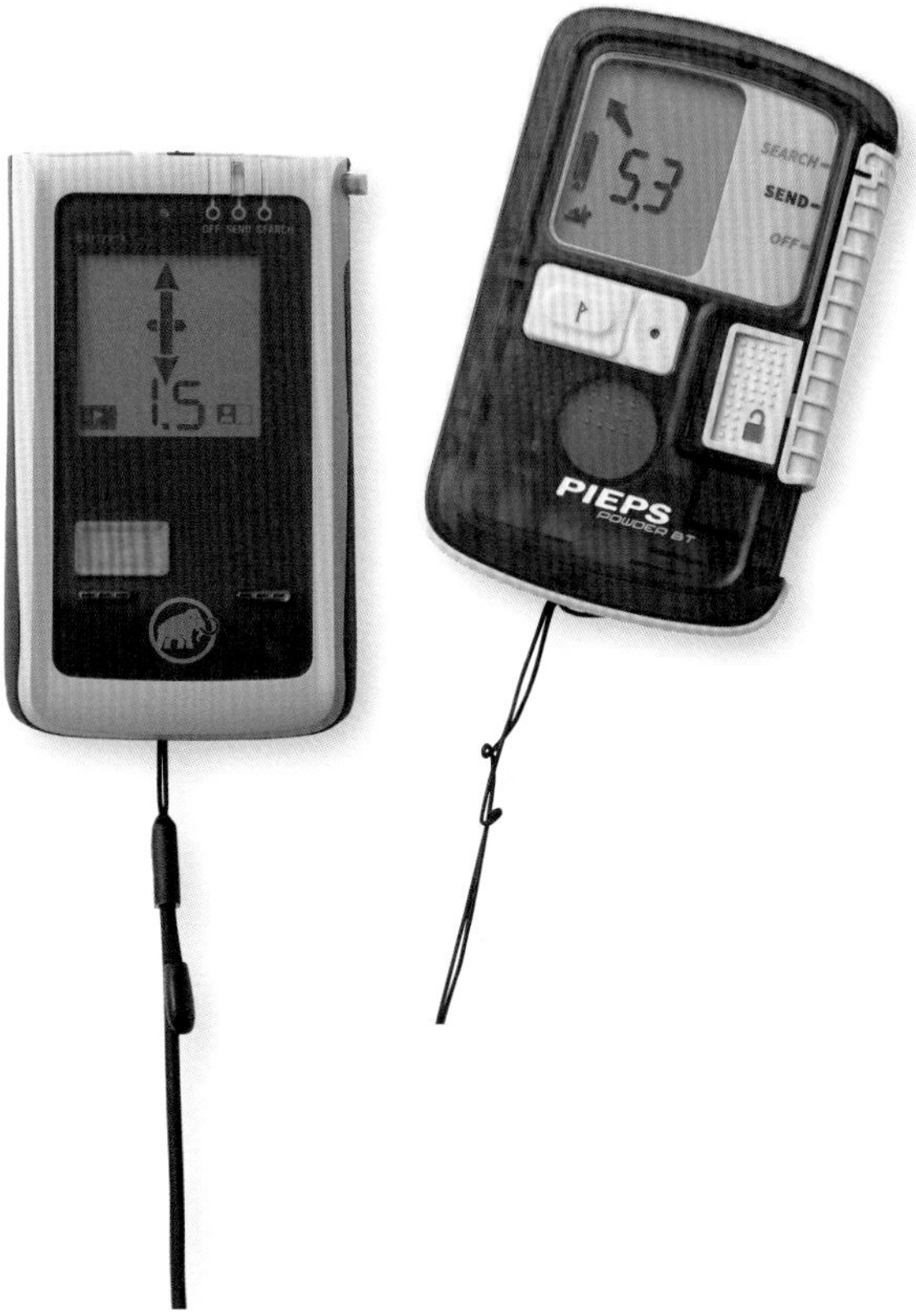

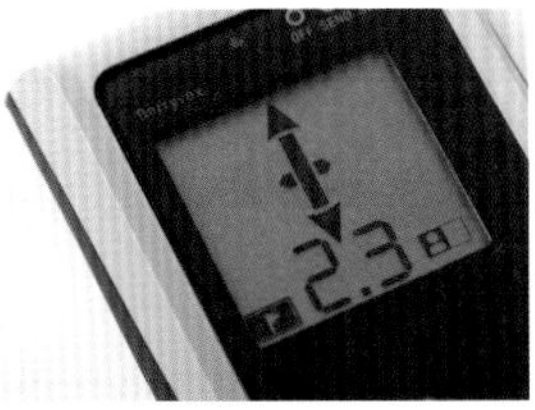

まぶしい晴天下、また悪天時や夕暮れ時などには液晶画面が見えづらくなる。偏光グラスの採用やLED表示などで、各社、視認性を高める工夫をしている

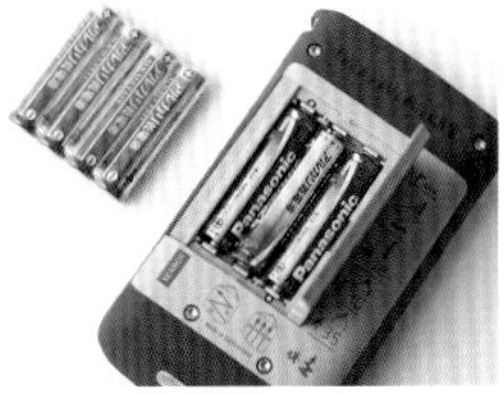

バッテリーの持続時間もモデルによって異なるので要確認。フィールドでは予備電池を持参したい

山に行く前に使い方の練習を

ビーコンは持っているだけでは役に立たない。モデルごとに機能も異なるので、自分のビーコンの機能・使い方を把握するとともに、実際に捜索の練習をしておきたい。ネットでも捜索方法の資料を入手できる（＊P117参照）。

雪崩ビーコンは、自分や仲間が雪崩に巻き込まれてしまった際に、電波で埋没位置を特定する道具だ。通常の発信モードでは周波数457㎑の微弱電波を発信する。捜索時に受信モードに切り替えると、発信されている電波の方向、距離が示される。表示に従って埋没者に近づき、位置を特定する。

以上はデジタルビーコンに共通した特性だが、機種によって機能や使い勝手には違いがある。電波を拾える距離、バッテリーの持続時間、捜索時の操作方法、重量や大きさなど、しっかり調べて購入しよう。

現在は、内蔵されるアンテナ数が3本の「トリプルアンテナ」タイプが標準。一昔前は、アンテナが2本のデュアルアンテナ、さらにシングルアンテナやアナログタイプも存在したが、捜索精度が段違いなので、3本アンテナの機種を使用するべき。また、ビーコンは精密電子機器で一生ものではなく、定期的な買い替えが必要である。

ビーコンと合わせて必携のアバランチ装備が、ショベルとプローブだ。ビーコンで埋没者の位置を特定できたら、プローブを雪に突き刺し、埋没者を確認する。確認ができたらショベルで埋没者を掘り出す。

ショベルはグリップと強度

ショベルは軽量であるに越したことはないが、素早い掘り出しを考えると、硬いデブリ（堆積した雪）にも対応できるよう、ある程度の大きさと強度は求めたい。ブレードは樹脂製でなく金属製がよい。グリップはD型が握りやすいが、T型はコンパクトになる。ショベルは埋没者の掘り出し以外にも、整地、風よけのピットを掘る、ランチ時に雪のテーブルをつくるなど、いろいろな用途で使える。使用頻度に応じて選ぼう。

プローブは長さと素材

プローブ（ゾンデとも呼ぶ）は、2・4m以上の長さは欲しい。太いほうが曲がりにくく握りやすいが、重量は増える。素材はアルミかカーボンで、カーボンは軽量だが細いものは折れやすく、値段も高い。一般的には丈夫なアルミ製がおすすめだ。組み立てのしやすさも要確認。

ショベル

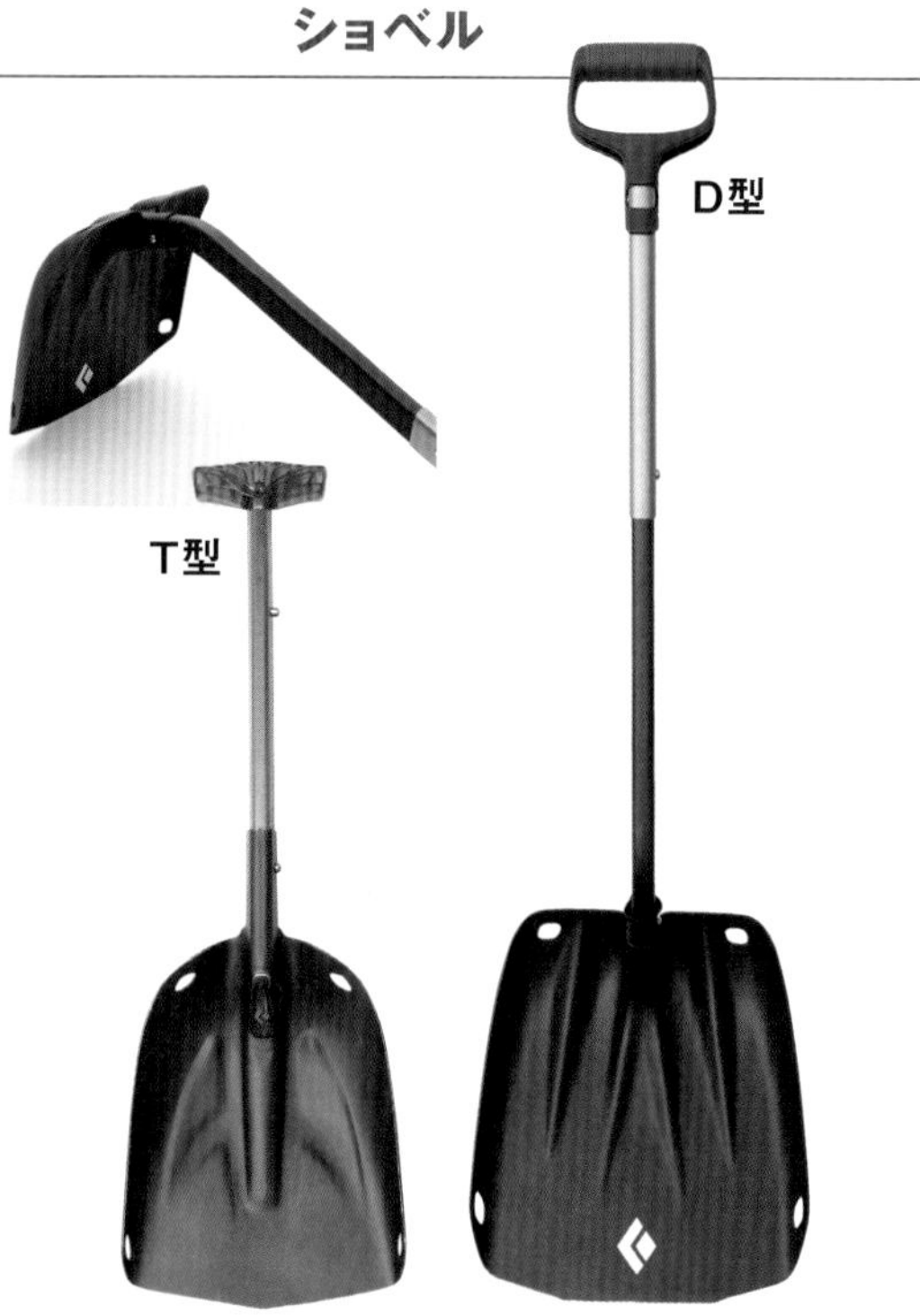

柄の取り付け方を変えると、雪のかき出しに便利な鍬（ホウ）になるものも

プローブ

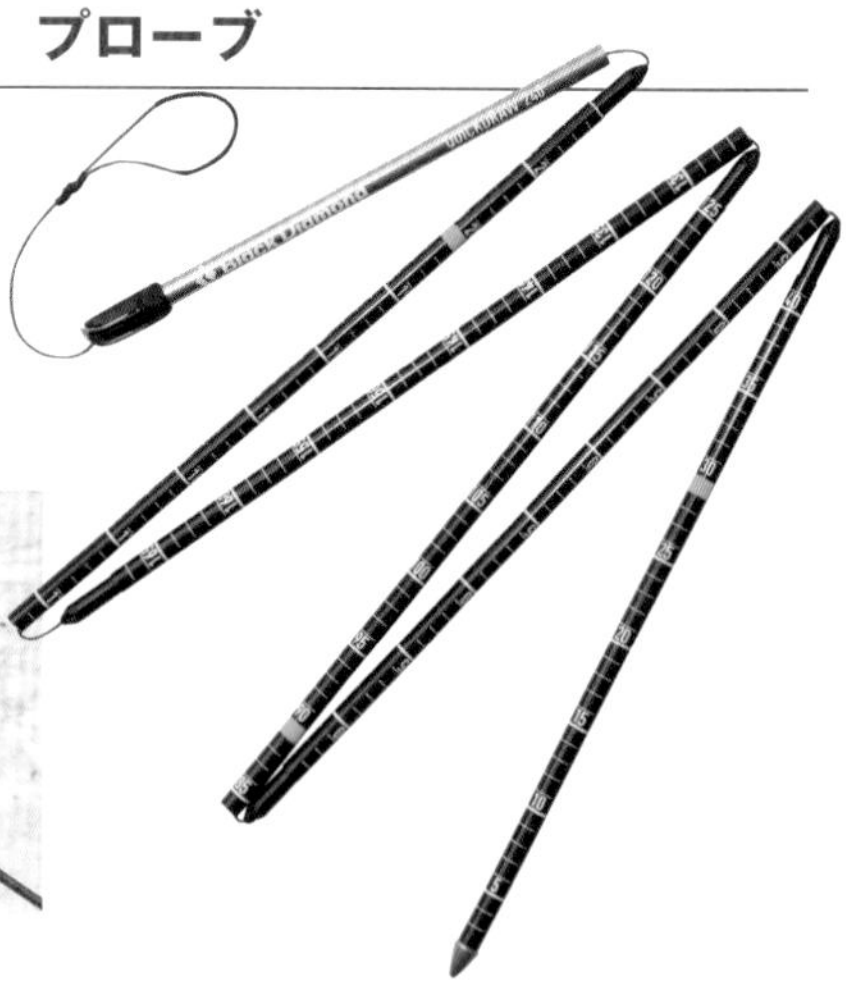

プローブをロックする方法はあらかじめ確認しておこう

センサー機能付きの「iプローブ」は便利

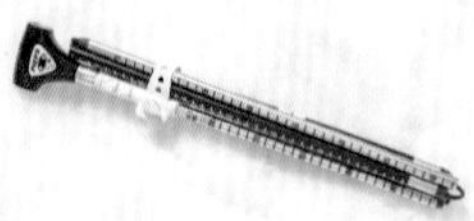

画期的アイテムのセンサー付きプローブ

プローブによるピンポイント捜索には時間がかかり、手間取るものだ。この時間を劇的に短縮することができるのがPIEPSの「iプローブ」。プローブの先端にビーコンの電波を感知するセンサーがあり、目的のビーコンから2mの範囲で感知して音と光で教えてくれる。

さらに50㎝の距離で反応が強まるので、その時点でショベリングに移行する。従来の、プローブがヒットするまでプロービングを続ける捜索に対して、所要時間を3分の1以下に短縮できる。扱いに熟練してくると、2〜3回のプロービングで50㎝以内にヒットする。速やかな救出の必須アイテムだ。（藤川 健）

その他

行動内容に応じて装備も変わる

ここでは、そのほかに必要となる装備について触れていこう。なかには必要に応じて持っていくものもあるので、行動内容により判断したい。

登山では、基本的には不要な装備を持つべきではないが、万一のケガや事故に備えた装備は常に携帯すべきである。たとえば、使ったことがないからといってエマージェンシーグッズを家に置いていくのは間違いだ。

そのほか、地図やコンパス、携帯電話などの通信機器も、山に入るうえでの必携装備である。

必要に応じて持つ装備としては、ストーブや登攀用具などがある。日帰りを想定するなら保温ボトルにお湯を入れていくだけでもよいが、ストーブを携帯すれば、万一、ビバークとなったときにも安心だ。

ピッケル（アックス）やハーネス、ロープなどのクライミングギアは登攀を伴う山行で用いる。だが、メンバーの実力によっては、補助ロープなどが役立つ場合もあるので、携帯を検討してもよいだろう。

エマージェンシーグッズ

バックカントリースキー・スノーボードは自己責任で行なうもの。アクシデントに備えた装備の携帯は義務だといえる。ツエルトやレスキューシート、下山が遅れた場合のヘッドランプ、応急処置用のファーストエイドキット、ギアの破損に備えたリペアキットは持っておこう。必要に応じてお湯を沸かせるストーブも持参したい

ファースト
エイドキット

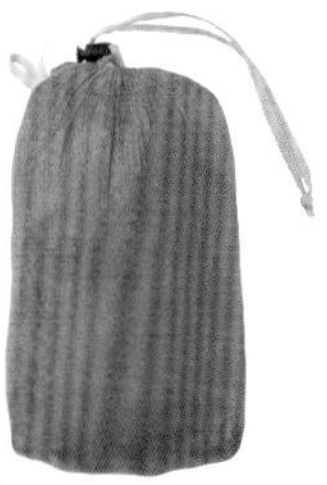

ツエルト

リペアキット

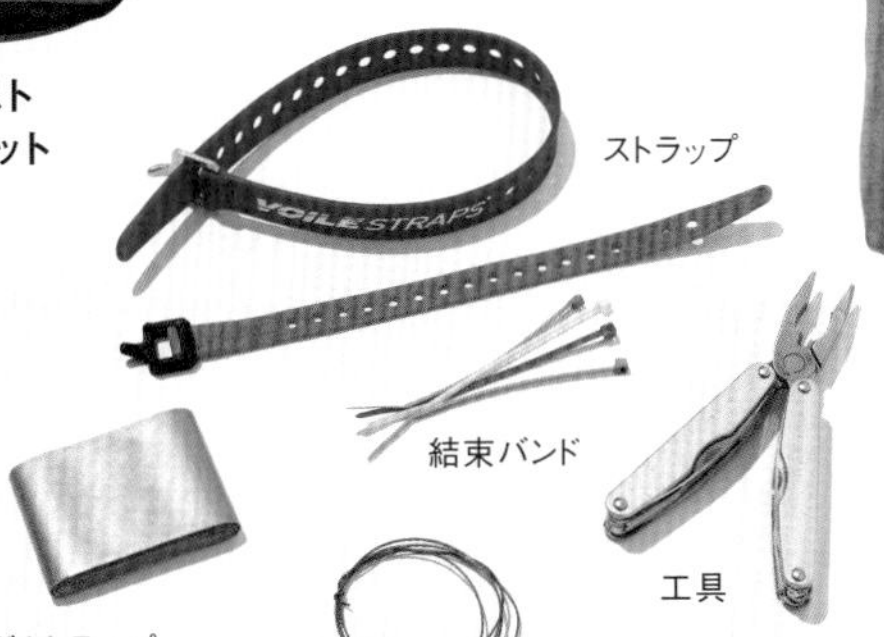

ストラップ

結束バンド

工具

ダクトテープ

針金

ヘッドランプ

ストーブ

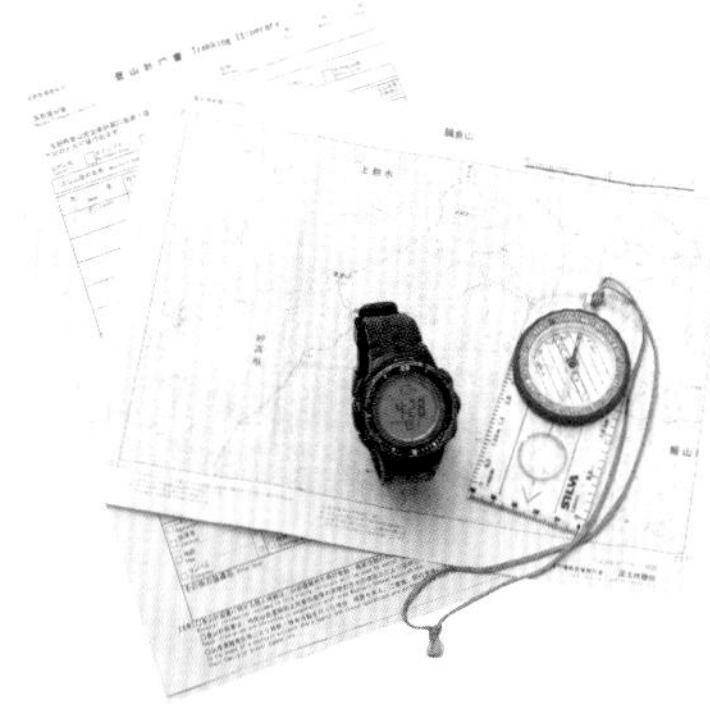

地形図、コンパス、登山計画書（登山届）

登山道が雪に覆われている場所を行動するバックカントリースキー・スノーボードでは、現在地や進路の確認は欠かせない。地形図やコンパス、高度計付きの時計、GPSなどが必要だ。緊急連絡先などを記した登山計画書（登山届）も持参しよう

通信機器

アクシデントが起きた場合、携帯電話が命綱となるケースもあるので、出発前にはフル充電にしておくこと。予備バッテリーもあれば安心

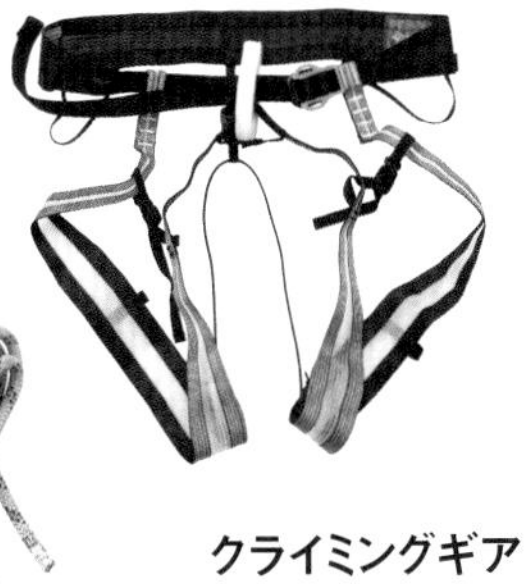

クライミングギア

クライミングギアは必要に応じて持つ。登攀がなくとも、長さ20mほどの補助ロープや、カラビナとスリングが数セットあると、危険箇所の通過の際に安心だ

ウェア

安全かつ快適な一日を過ごす

登高時は暑くなり、休憩時には寒くなるなど、体感の変化が激しいバックカントリー。天候によっても寒さの感じ方が大きく変わる。実際のフィールドでは、ウェアを脱ぎ着することで、保温・防水・防風・透湿（蒸れ）の対策を行なう。

ウェアについての基本的な考え方が「レイヤリング」。行動中は、ベースレイヤー、ミドルレイヤー、アウターシェルの3層の重ね着が基本で、脱ぎ着によって暑さの調整をする。休憩時や小屋泊のときには、中綿入りのインサレーションも必要だ。これらのウェアには、保温性や防水性など、それぞれ果たすべき役割がある。

ウェアは進化が目覚ましく、新素材も次々に出現している。購入時には特性を理解して、目的に合うものを選びたい。どんな状況でも万能という素材はないし、高価であればよいというものでもない。季節や用途に合わせて、安全で快適なウェアリングを工夫しよう。

アウターシェル

凍ったシールやゴーグル、グローブを入れられる大きな内ポケット（ドロップインポケット）があると便利

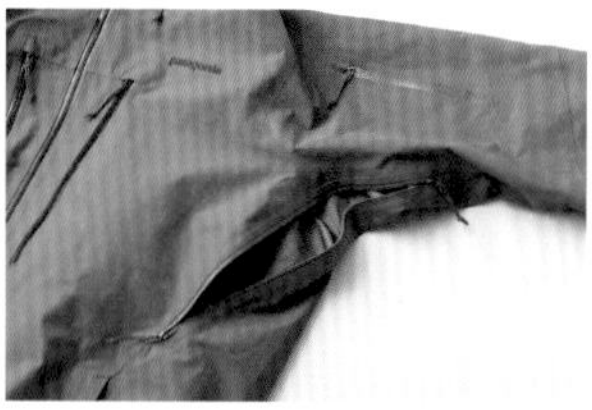
ウェア内の空気を換気し、蒸れを一気に解消するベンチレーション

滑走時などに大きな動きを伴うこともあるバックカントリーでは素材の伸縮性も大切

アイゼンやエッジで傷みやすいパンツの裾は、エッジガードで補強されている

外的環境から身を守るため、優れた防水性や防風性、耐久性が求められるのはもちろん、登高時の蒸れを防ぐ透湿性も重要となる。また、強い風雪で視界を保ちながら頭部を保護するフードや、換気用のベンチレーション、雪の浸入を防ぐパウダースカートなど、つくりにも安全性と快適性に対するさまざまな配慮がされている。

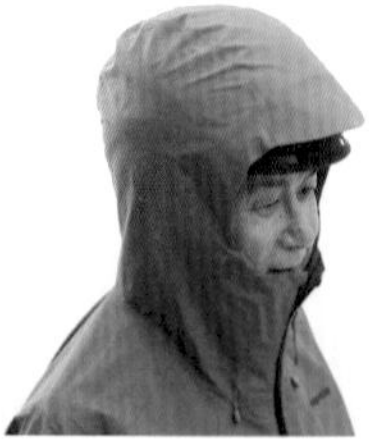
フードはヘルメットの上からかぶれる充分な大きさがあるものを

雪の浸入を防ぐパウダースカート付きなら、パウダー滑走も思いきり楽しめる

ベースレイヤー

ドライ系インナー

ベースレイヤーの下に着る、メッシュ素材のドライ系インナーを併用するのもおすすめ。雪山での汗冷えを防いでくれる

肌に直接触れるアイテム。汗を素早く吸い上げて外側に発散させることで肌をドライに保つ。ウールやポリエステルなどの化繊が多く用いられる。ウールは保温性、吸湿性、抗菌性に優れ、ポリエステルは軽くしなやかで、速乾性に優れるなど、素材によって特徴がある。

ミドルレイヤー

ベストタイプ

長袖だと暑すぎる場合は、袖がないベストタイプもおすすめ

ベースレイヤーとアウターシェルの間に空気の層をつくり、保温性を高める。また、ベースレイヤーが吸い取った汗を素早く外に発散させる役割もある。中厚〜厚手のシャツ類が多用されるが、アイテムの種類は幅広いので、天候や行動内容に合わせて選ぶようにしよう。

インサレーション、防寒小物

休憩時や、山小屋・テント内で必要になるのがインサレーション（防寒着）。ダウンや化繊などで、保温性の高いものがよい。また、風雪から顔を守るバラクラバ、保温用のビーニーやネックウォーマーなども持っておきたい。

ビーニー

バラクラバ

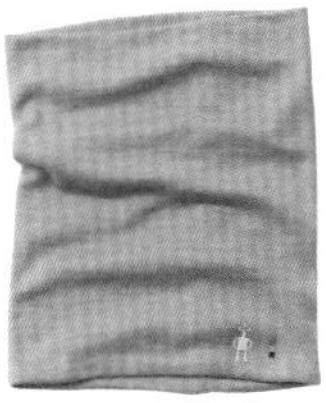

ネックウォーマー

ダウンジャケット

用具のメンテナンス

大切な道具を長持ちさせる

意外と重要視されていないのが、道具のメンテナンス。ゲレンデよりも、さまざまな状況にさらされることが多いバックカントリー用具は、傷みや劣化が起きやすいともいえる。また、フィールドでの道具の破損は安全にも関わる。高価な用具を長く使うためにも、普段から用具の状態に目を配り、不具合は放っておかずに早めに対処することが大切だ。

「しっかり乾燥」が基本

すべてのアイテムに共通することだが、使用後は毎回、しっかりと乾燥させることが基本となる。湿ったままにしておくと、カビやサビが生じて素材も早く劣化してしまう。

保管もポイント

シーズンオフがあるバックカントリーは、保管の仕方もポイントだ。ギアによっては、保管状態が悪いと、次のシーズンインのときに悲惨な状態になることもある。用具に合った収納・保管を心がけよう。

スキー・スノーボード

使用後はしっかりと水分を拭き取って、自然乾燥させる。特にエッジは錆びやすいので注意したい。滑走性を保つためにはワクシングやチューニングも大切だ。シーズン終わりには滑走面にキズがないかもチェックしよう。オフシーズンは、直射日光と高温多湿を避け、屋内で保管する。

スノーボードはバインディングを外す

オフシーズンにバインディングを付けたままだと板に負荷がかかり、曲がってしまう可能性があるので、外しておく。バインディングはストラップを適度に締めて保管する

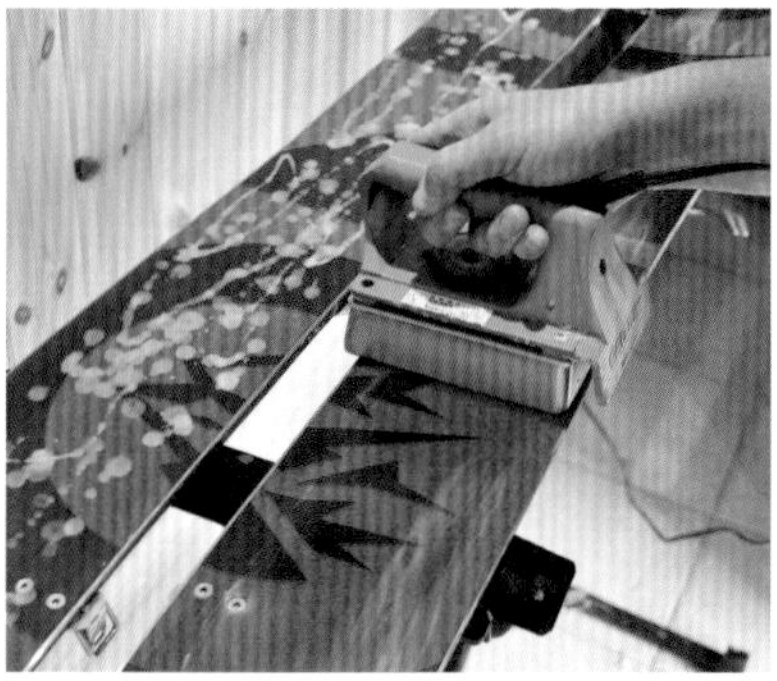

ワクシング

春や残雪期、板の滑りが悪い雪にはワクシングが有効。クリーナーで汚れを落とし、ワックスをかける。ホットワックスは持続性があるが、スプレーやペーストでも効果はある

ビスのゆるみを確認

ビンディングのビスにゆるみがないかも確認しよう。特に最近の軽量スキーは、使用状態にもよるがビスがゆるみやすい。シーズン中もときどき確認しよう

ブーツ

足は思った以上に汗をかくため、水分を残したまま放置すると、異臭やカビの原因となる。とにかく使用するたびにしっかり乾燥させること。土などの汚れも柔らかい布で拭き取ろう。プラブーツは経年劣化するので、シェルのヒビや破損も、折に触れて確認したい。

使うたびにしっかり乾燥

使用後は、アウターからインナーブーツとインソールを取り出して、しっかりと乾かそう。乾いたらインナーとインソールを中に戻し、バックルを軽く締めて保管する

高温多湿を避ける

シーズン後は、ブーツバッグに入れ、密閉をせずに、湿度や温度が高くならない風通しのよい場所で保管する。型崩れを防ぐために、ひもやバックルは適度に締めておこう

重要なチューニングとメンテナンス

傷ついた滑走面は放置せず、チューニングできれいにしよう

積雪の状況を推測しながら登り、いよいよ滑走へ。期待と不安が入り混じるなか、板をフォールラインに向けドロップ！「あれ!? 板がうまく動かない……」。山での一期一会の瞬間、こんな思いはしたくない。

そもそも板は製造後の工場出荷時には、滑走面がフラットでなかったり、エッジの仕上げが均一でない場合がほとんどで、引っかかりが感じられたり、スムーズな操作ができなかったりする。

チューニングとは、滑走面やエッジを調整すること。板がもつ「本来の性能」を引き出すために大変重要な作業だ。

内容は、滑走面のサンディングや、エッジの研磨・角度調整など。ソールストラクチャー（意図的に入れた溝）の有無で、本州の春季は滑りに大きな違いが出ることもある。チューニングは不特定多数へ対応したものから、滑り手に合わせ細部にわたるものまでさまざまだ。

滑走を楽しむためによい道具を選ぶことはもちろん、購入時点のチューニングや定期的なメンテナンスにもこだわってほしい。スムーズでラクに板を操作できるということは、転倒や滑落、ケガといった内的要因リスクを下げ、結果的に山での安全にもつながるのだ。

（旭 立太）

スノーシュー

使用後は水洗いなどして汚れを落としたあと、錆びないようにしっかり乾燥させる。スノーシューは、プラスチック素材を用いた部品が多いので、経年劣化に注意したい。特にストラップは使用において最も負荷がかかりやすい。そのほか、フレームのがたつきやクランポンの爪の摩耗、金具のゆがみなど、不具合がないかもチェックしたい。

ストラップは劣化が早い。シーズン初めや終わりにチェックしよう

シール

シールも、使用後はチートシートに貼り付けたまま、しっかり乾燥させる。毛に付いた汚れは布でやさしく拭き取ろう。グルーが汚れてきたり、劣化してベタベタしてきたら、グルーを貼り替える。オフシーズンはチートシートにグルーが溶け込む恐れがあるので、購入時のシートに貼り替え、できるだけ低温な場所に保存する。

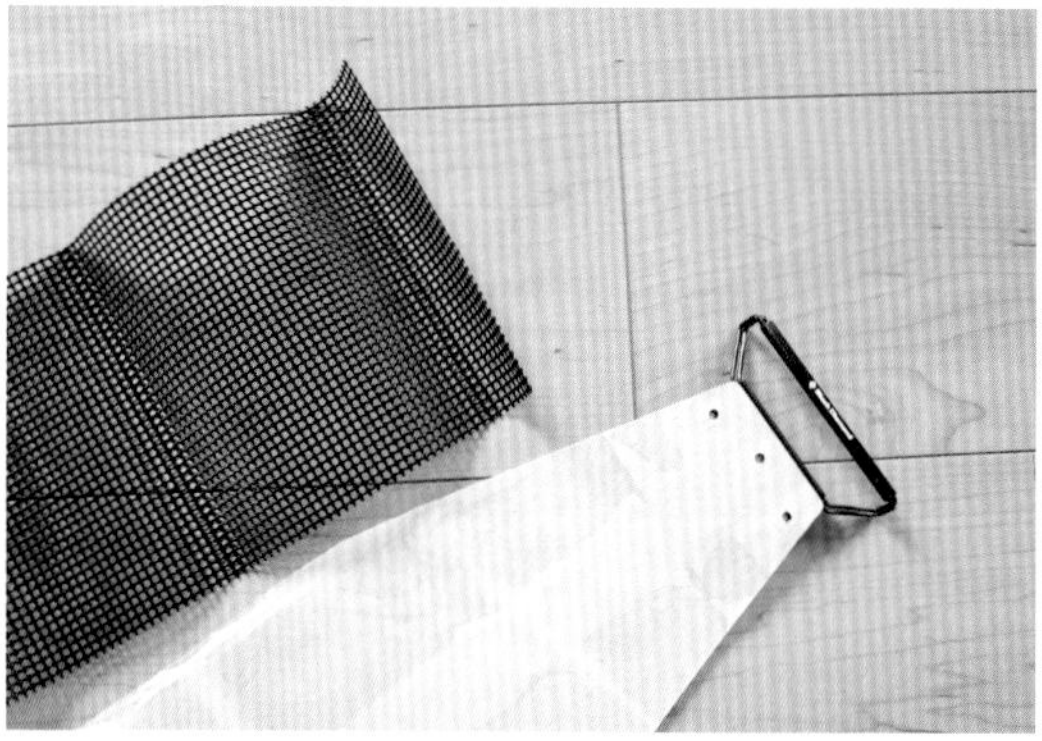

オフシーズンはチートシートから、購入時に付属したシートに貼り替えて保存

ウェア

運動量が多いバックカントリーでは、ウェアに汗や汚れは付きもの。グローブなど肌に触れる小物も定期的に洗濯しよう。アウターシェルは、皮脂や汚れが付くことで防水性・透湿性などが落ちてくる。ゴアテックスのサイトなどにもお手入れ方法が紹介されている。

洗濯方法に注意

クリーニングに出す場合も含めて、事前にウェアのタグ表示を確認しよう。自分で洗う場合は、機能を維持しながら汚れを落とせるアウトドアウェア専用の洗剤もおすすめ

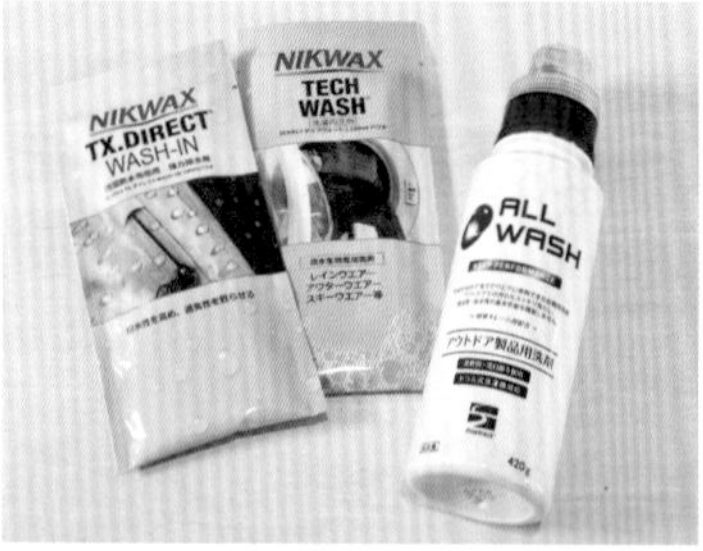

洗濯で性能を回復

アウターシェルは洗濯によって性能が回復するので、定期的に洗うことをおすすめ。洗濯機で洗えるものも多い。洗濯・乾燥後は袋などに入れず、ハンガーにかけて保管する

ポール

ポールも、使用後のお手入れを怠ると、長さ調節用のレバーが固まってしまったり、シャフトが錆びて白くなってしまったりと、トラブルが発生する。使うたびにシャフトを分解し、布で水分や汚れを拭き取ろう。しばらくは分解したまま、内部もしっかり乾燥させる。なお、錆び止めやオイルなどを塗るのは、シャフトが固定されなくなるのでNG。

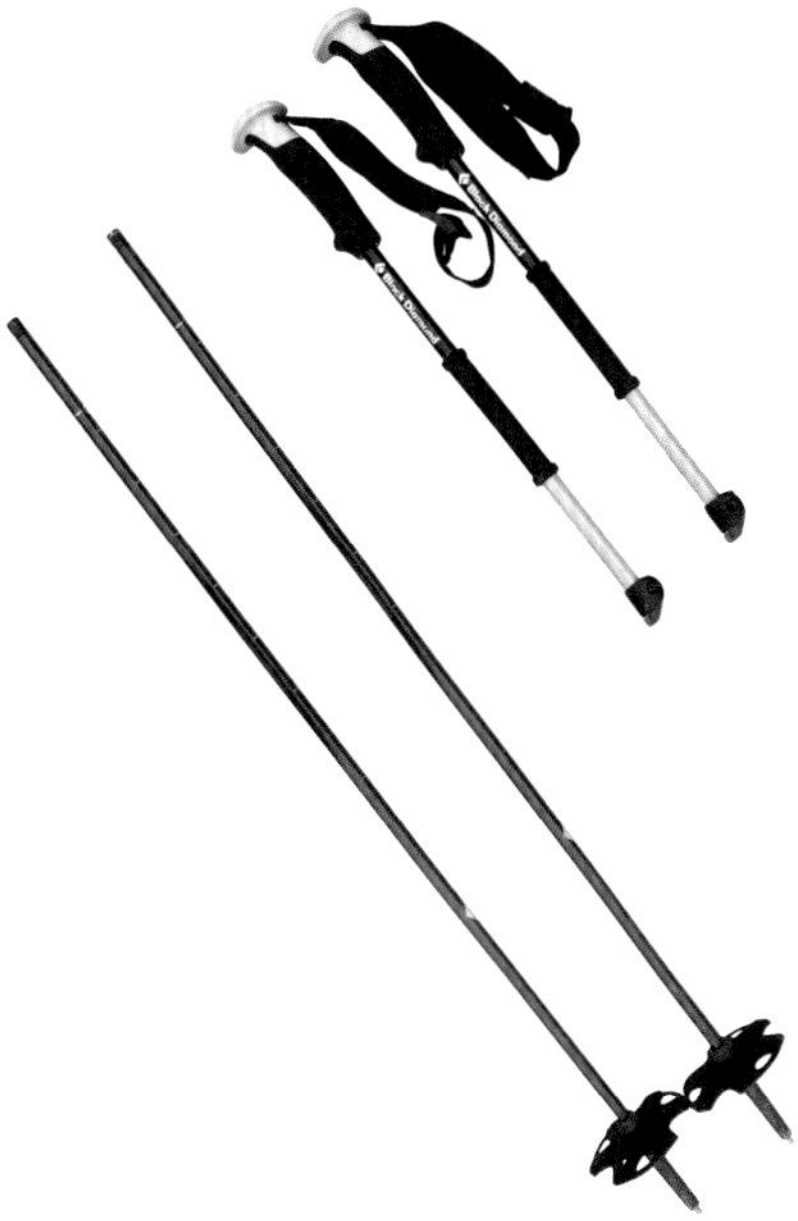

分解して内部もしっかり乾燥させる

ゴーグル

ゴーグルは、スポンジや小さな隙間などに細かい水分が残りやすい。水分が残っていると曇りの原因になるため、使用するたびにしっかりと乾かそう。乾燥の際は、レンズを外すのもよい。フレームのスポンジなども汗や皮脂で汚れるため、シーズン終わりには薄めた中性洗剤などでやさしく押し洗いし、汚れを落とすとよいだろう。

レンズとフレームを分解してしっかり乾かそう

レンズを外して、フレームのスポンジを洗う

プローブ

普段はほとんど出番のない道具だけに、メンテナンスの際に見落とされがちなのがプローブだ。普段は、使うたびに内部を含めてしっかり乾燥させ、乾いた布で汚れをさっと拭き取るくらいでよいだろう。長年使っている場合は、ワイヤーが劣化する場合もあるので、シーズンが始まる際には、きちんと組み立てられるかを確認しておこう。

ワイヤーのほつれがないか確認しよう

ビーコン

ビーコンの保管で注意が必要なのが、電池の液漏れである。オフシーズンなど長期間使用しない場合は、必ず本体から電池を抜き、直射日光を避けて保管すること。ビーコンは精密な電子機器のため、長年の使用による経年劣化により、送受信回路に異常が出ることもある。シーズン初めなどには、正しく動作するかを必ず確認しよう。

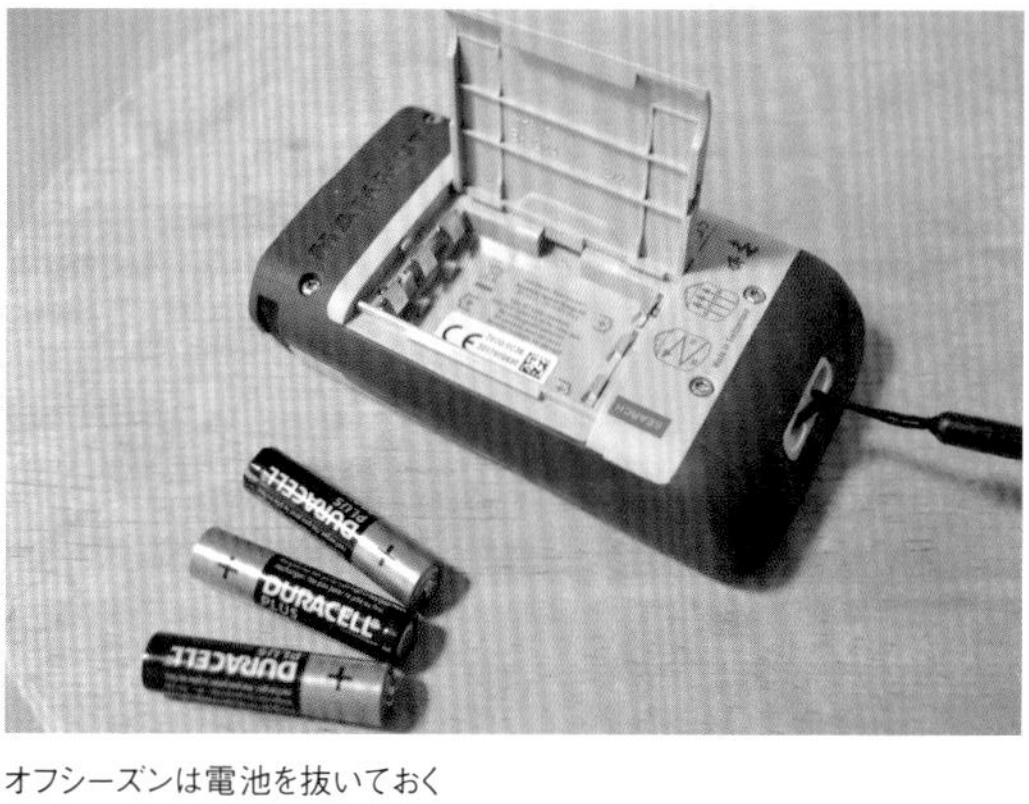

オフシーズンは電池を抜いておく

Column 2

道具の進化と選び方

～選択する自由と、選ぶ難しさ～

BCで使用する道具を、ここ5年、10年という単位で見比べてみると劇的な進化が見られる。古き良きもの、という言葉が当てはまらないくらい、その進化は目覚ましい。しかし、そんな道具の進化のように、使い手も進化しているかというと、そうとは限らない。いくら新しい知識を得ようとも、人間は個々が努力を積み重ねてそれぞれのスキルを高めていくしかない。道具の進化に合わせて使い手も技術を磨き、扱い方を会得していかなければならない。たとえば、ファットスキーにロッカー形状。深雪での浮力を得られるため、昔のスキーと違い初級者でも深雪でターンができてしまう。しかし、ターンができて滑れるというのと、コントロールできるというのは別の話だ。スピード、ライン、ターン弧などを滑りながら自在に操って確実に滑る技術の難しさは変わらない。昔の道具であれば上級者でなければ滑れなかったので、必然的にBCへ出ることができなかったレベルの人が、今はとりあえず行けてしまうという危険もはらんでいる。ATブーツは軽く、可動域が広がり、ストレスのない登高が可能になった。それでいて滑走性能も高い。しかし、どんなにブーツの性能が高まろうとも、自分の体を持ち上げる筋力や体力が伴わなければ意味がないだろう。

とはいえ、進化したものがよい道具であることは間違いない。うまく扱うために自身の技術習得は必須だが、それぞれの道具の特性をしっかり把握することも大事だ。スキーであれば、その材質が乗り心地や操作感を大きく左右する。最近は軽量化のためにカーボン素材を使った板が多いが、カーボン特有の難しい操作感覚を扱いきれなければせっかくの軽さもふいになる。板の長さの選択も、身長だけを基準に決めるのではなく、使用するシチュエーションや滑走技術なども考慮して選びたい。

ここ数年で最も大きな進化を遂げているのがATブーツ。滑走性能、歩行性能、軽さ、硬さ、素材を含めすべての性能が向上している。初心者向けから上級者向け、滑りに特化したものも、登りに特化したものも、ATブーツのなかで選べる選択肢が増えているのもうれしいかぎりだ。その分、自分がどのようなレベルで、どんな志向なのかをしっかり把握してから道具を選ぶことが大切になってくる。選択する自由とともに、選ぶ複雑さと難しさも増えてしまったのかもしれないが、悪いことではない。

写真・文／藤川 健

ファットスキーでラッセルもラクになった。進化した道具に助けられる部分も多い

とりあえず滑れるのと、板をコントロールできるというのは別だ

Part 3

計画・準備

必要な技術と体力

すぐには飛び込めないのが雪山の世界

滑りと登りのスキル

バックカントリースキー・スノーボードの入門には、安全で確実な滑走技術と、ツアーで動き続けられる体力が必要だ。雪山でのリスクマネジメントの知識や技術も必要だが、最初はガイドツアーなどを利用し、プロにカバーしてもらうのが現実的。

バックカントリーでの行動はおおまかに言えば「滑り」と「登り」のふたつに分けられる。経験を積みながら滑りと登りの両方のスキルを上げていくことで、さまざまな状況に対応できるようになる。

滑りと登りでは、滑りの技術のほうが身につけるのに時間がかかる。もしスキー経験が豊富で、ゲレンデの上級者斜面も降りてこられるなら、バックカントリーの世界は近いといえる。逆に、登山経験が豊富でもスキー経験がない人は、まずゲレンデで滑走技術を身につける必要があるため、バックカントリーデビューするまでに少し時間がかかる。

バックカントリーで必要とされる行動要素

バックカントリーでは安全第一。雪山を滑るときは、ギリギリ100％の力を出しきることはせず、余力を残して滑るものだ。大切なのは、しっかりスキーをコントロールできる滑走技術と、余力を残せるだけの体力だ

＋

多くのツアーでは、滑る時間より登る時間のほうが圧倒的に長い。登りの体力・技術が向上すれば、バックカントリーをもっと楽しめる。初心者の場合も、ある程度の時間はゆっくりでも行動を続けられる体力をつけておきたい

ステップアップのイメージ

初心者は行けない場所が多いが、上達するにしたがって行ける場所が増えるのがバックカントリーだ。パウダー、ツリーラン、急斜面……。さまざまな雪質や地形に対応できる技術と体力があるかどうか。実力の差は、行動時間や距離よりも、行動範囲の差に表われてくる。

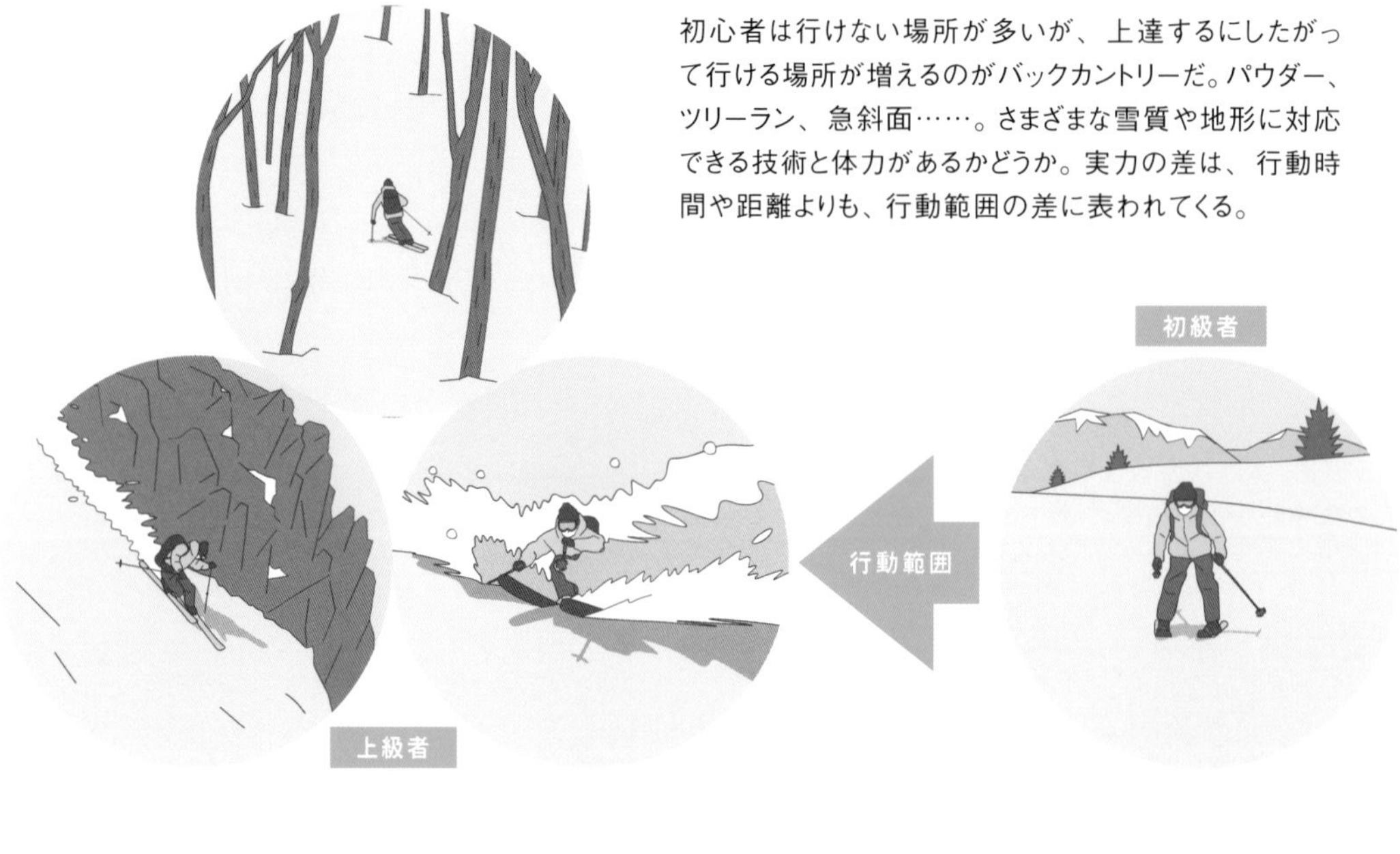

バックカントリーを始める

1年間は準備期間に充てよう

初めては春から

この冬からバックカントリーをやってみたい！と道具をそろえて意気込んでいる人もいると思う。

バックカントリーのシーズンは、雪が降り始める「初冬期（11月〜12月）」、寒さが厳しく、雪が豊富な「厳冬期（1月〜2月）」、寒さが和らぎ天候や雪が安定する「春期（3月〜4月）」、雪が降らず残った雪で楽しむ「残雪期（5月以降）」がある。

バックカントリーデビューは、春期または残雪期がおすすめだ。滑走技術に自信があれば厳冬期に初心者向けガイドツアーに参加してもよいが、1年目の厳冬期は主にゲレンデで滑走技術を磨くことに集中するとよいだろう。上級者でも、シーズン初めは滑走感覚を取り戻すために何度かゲレンデで滑っているものだ。

道具や知識、体力など準備することはたくさんある。焦らずじっくり取り組んでいこう。

理想のモデルプラン

下記は、バックカントリーデビューをするための理想的なプランの例。最初のシーズンは、天候や雪が安定する春に始めるのがおすすめ。厳冬期のデビューは次のシーズンのお楽しみにしよう。

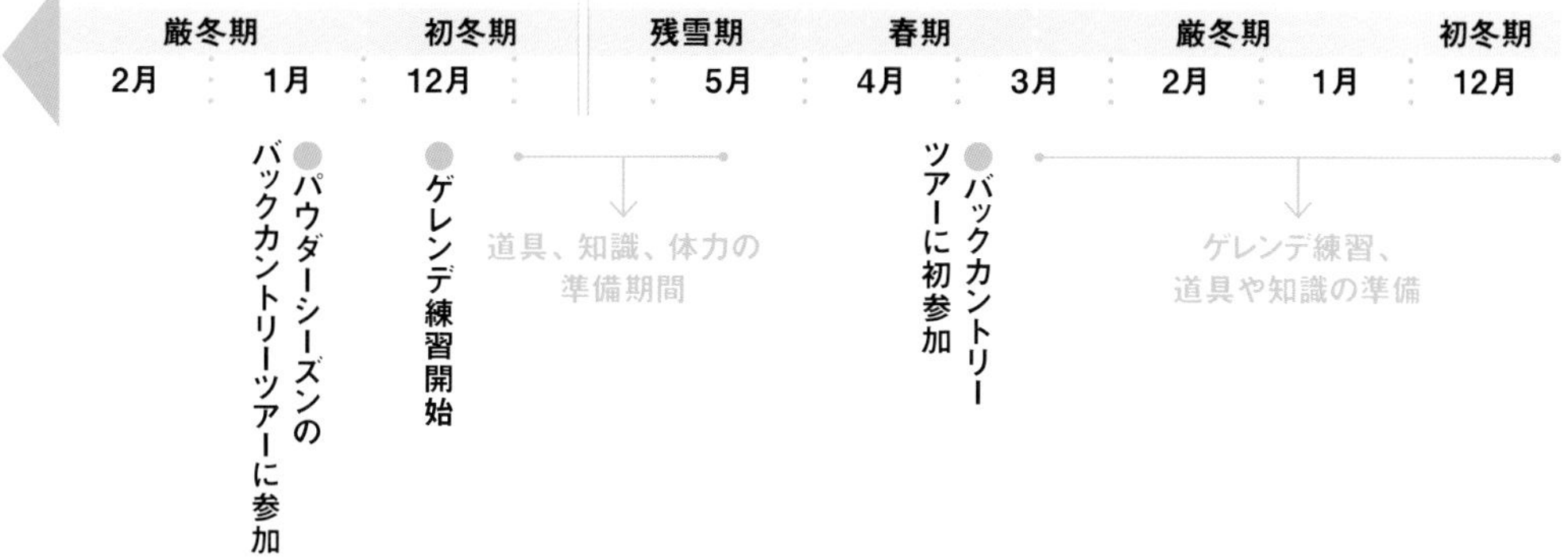
厳冬期
2月
1月
初冬期
12月
残雪期
5月
春期
4月
3月
厳冬期
2月
1月
初冬期
12月
パウダーシーズンのバックカントリーツアーに参加
ゲレンデ練習開始
道具、知識、体力の準備期間
バックカントリーツアーに初参加
ゲレンデ練習、道具や知識の準備

必要な準備

体力

普段から山登りやランニングなどの運動をしていれば、初心者向けのツアーには問題なく参加できる。ハイクアップは経験を積むことで体力も後からついてくる。効率的な体の動かし方や滑り方が身につけば、体力を温存しながら登ることができ、バックカントリーをもっと楽しめるようになるだろう

知識

バックカントリーの舞台は雪山だ。雪山というリスクの高い場所で行動するのに、知識は豊富なほどいい。入門書や雑誌を何冊か読めば、基本的な雪山でのリスクマネジメントや効率的な行動技術、道具の使い方などは学べるはずだ。頭の片隅に入れた知識が、いつかあなたの命を救うかもしれない

滑走

ゲレンデでできないことはバックカントリーでは絶対にできない。山に向かいたい気持ちをぐっと抑え、初心者こそゲレンデで練習しよう。講習に参加するのも上達の早道だ。慣れたらコース脇の不整地や非圧雪コースにも挑戦。滑り方は下手でも、ゲレンデではどんな斜面も降りてこられるようにしておこう

バックカントリーの難易度

自分にふさわしい山を選ぶ

ルートの難易度を見極め、ふさわしい山を選ぶことは、楽しいツアーの秘訣

雪質や斜度、植生など多くの要素が関係

安全にツアーを楽しむためには、自分の実力にふさわしい山を選び、無理のない計画を立てること。そのためにはまず、雪山の特徴を知り、ルートの難易度を見極めよう。

無雪期の登山の難易度は行動時間や距離、標高やシーズンなどの視点で判断することが多いが、バックカントリーでは、それらに加え、雪質や斜度、植生など、多くの要素が関係している。それは「滑走」という行動を伴うことや、いわゆる「登山道」とは異なるルートを通ることが理由である。雪山登山では一般にタブーとされている谷や沢地形、急斜面に好んで入っていくことさえもある。

自分の実力と照合する

これらバックカントリーにおける特徴を踏まえたうえで、自分の実力を照らし合わせ、ルートの難易度を考えよう。たとえば、登りの技術に自信はあるが滑走技術には自信がない人の場合、仮に登りは急斜面やアイスバーンでも問題なかったとしても、いざ滑走の際に斜面を降りられないと大変な事態になる。

バックカントリーの難易度は、標高、雪質、地形、植生、アプローチという視点で考えるとわかりやすい。それぞれの要素について予定しているルートの特徴を調べ、自分がそのルートを登り、滑ることができる力や技術を持ち合わせているのか考えて計画を立てよう。

難易度に関連する主な要素

- 標高と植生 （P55）
- 雪質 （P56～57）
- 地形 （P58）
- 樹種 （P58）
- アプローチ （P59）

①標高と植生

植生による3つのエリア

山を高さによる特徴で見た場合、植生分布によって大きく3つのエリアに分けられる。背の高い樹木が生える「樹林帯」、低木が生える「準アルパインエリア」、そして森林限界より上の「アルパインエリア」である。

植生分布は、標高だけでなく、緯度や海からの距離、独立峰か連山かなどの条件も関係するので、森林限界の高さは、山によって異なる（細かくいえば、ひとつの山でも斜面によって異なることもある）。

雪が降ると、無雪期とは少し状況が異なってくる。岩や低木は雪に覆われてしまうので、無雪期には悪天時になんとか逃げ込める低木帯や岩陰も、積雪期にはなくなることがある。なお積雪量は、豪雪地帯か少雪地帯か、また、同じ山でも斜面の向きなどによって違ってくるので、植生がどのくらい雪で隠れるかも山によって違いがある。

気象条件などの影響

植生によって雪山の難易度は大きく変わる。それは気象条件、特に風を受けたときの影響の大きさが異なるからである。樹林帯では風をある程度避けられるが、アルパインエリアでは遮るものがなく、吹雪の際は非常にシビアな状況となる。

気温は標高が100m高くなるごとに約0・6度下がる。つまり、標高が高い場所ではそれだけ寒さが厳しくなる。また風も、標高が高くなると地表の摩擦の影響が減るため強くなる。風が1m/s強くなると体感温度は1度低くなるといわれ（＝ウィンドチル）、凍傷や低体温症のリスクが高くなる。つまり、アルパインエリアでは、天候によっては凍傷や低体温症に陥りやすくなるといえる。

そのほか標高が高い場所は気圧が低く、酸素が少なくなる。高山に慣れていないと、標高2000mを超えるくらいから、高度による影響が体に出始める人もいる。

標高・植生による特徴

アルパインエリア
森林限界より上のエリア。植生はすべて雪に覆われ、風を遮るものはほとんどない。気象条件が厳しく、アイスバーンや、雪と岩が混じるミックス帯になる場所もある
森林限界（中部山岳エリアで2500m付近）
準アルパインエリア
森林限界に近く、低木がまばらに生える。アルパインエリアに比べて風などの気象条件はややマイルド
樹林帯
樹林に囲まれ、悪天候時にも風の影響は比較的受けにくい。ただ、樹林が密集している場所では方角を見失いやすく、地形を読み解く技術が必要になる

②雪質

バックカントリーの雪は難しい

バックカントリーでは、実にさまざまな雪質に出会うことができる。しかし、実際のところは極上パウダーや最高のザラメなどに出会える機会は少なく、重いパウダー、クラスト、アイスバーン、ストップ雪など、少し苦労する雪であることのほうが多い。ゲレンデで上手に滑れる人が、バックカントリーでは初心者のような滑りになってしまうこともよくあることだ。

特に山の雪に慣れていない初心者にとっては、雪質はバックカントリーの難易度に大きく関わってくる要素のひとつだろう。

雪質に影響を与えるもの

季節や湿度、海からの距離などにより、降る雪の性質には違いがある。さらに雪は降ったらそのままではなく、時間がたつにつれて性質が変化する。それは、日射や気温、風などの影響を受けるからである。

実際のツアーでは、雪質の変化を視野に入れてプランを考えることも大切である。たとえば、春のツアーの場合、朝に登高を始めて、稜線に着くのが昼すぎになると、アルパインエリアであっても雪はゆるむことが多い。アイスバーンでの滑落のリスクは低くなるが、雪は腐って滑りはあまり快適でないかもしれない。

自然の雪を楽しむ

そんな複雑多様なバックカントリーの雪だが、滑りが上達すれば、悪雪も含めて滑走を楽しめるようになる。困難な雪質に対処するために、「こうでもない」「これならどうだ」と、時にはワンターンごとに試行錯誤して滑ることは、「雪との対話」であり、バックカントリーならではの楽しみでもある。

慣れによるところも大きいので、ビギナーでも回数を重ねるごとにどんどんうまくなるものだ。恐れず慌てず、ひとつひとつの局面に向き合い、楽しく攻略していこう。

季節による雪質の特徴

厳冬期（1月～2月）

12月中は雪が少なかった山でも、年末年始ごろになると寒波が襲来して、たっぷり雪が降るところが多くなる。このため、厳冬期のバックカントリーは1月から始まることが多い。降雪回数が多く、気温が低い厳冬期は、滑りやすいパウダースノーに当たる可能性が高い。ただし、登りでは深雪のラッセルに苦労することも。

春期～残雪期（3月以降）

3月になると高気圧に覆われて晴れる日も多くなり、少しずつ春めいてくる。4月以降は次第に降雪も減り、北アルプスのような高山でも日中は雪が解けて、朝晩には氷化することもある。残雪期の雪は変化が大きいのが特徴で、モナカ雪やクラスト、ストップ雪など悪雪が多いものの、快適なザラメ雪に当たることもある。

地理的に見た雪質の特徴

縦に細長い日本列島では、北と南で気象条件が大きく異なるため、地域によっても雪質に違いが出る。バックカントリーを楽しむためには、目的の山がある地域の天気傾向や降雪パターンを理解しよう。たとえば、冬型気圧配置のときは日本海側で多量の雪が降る。新雪のパウダーが楽しめるチャンスだが、雪が多すぎるとアプローチが困難になったり、遭難したりする恐れもある。

日本の地域と雪質の例

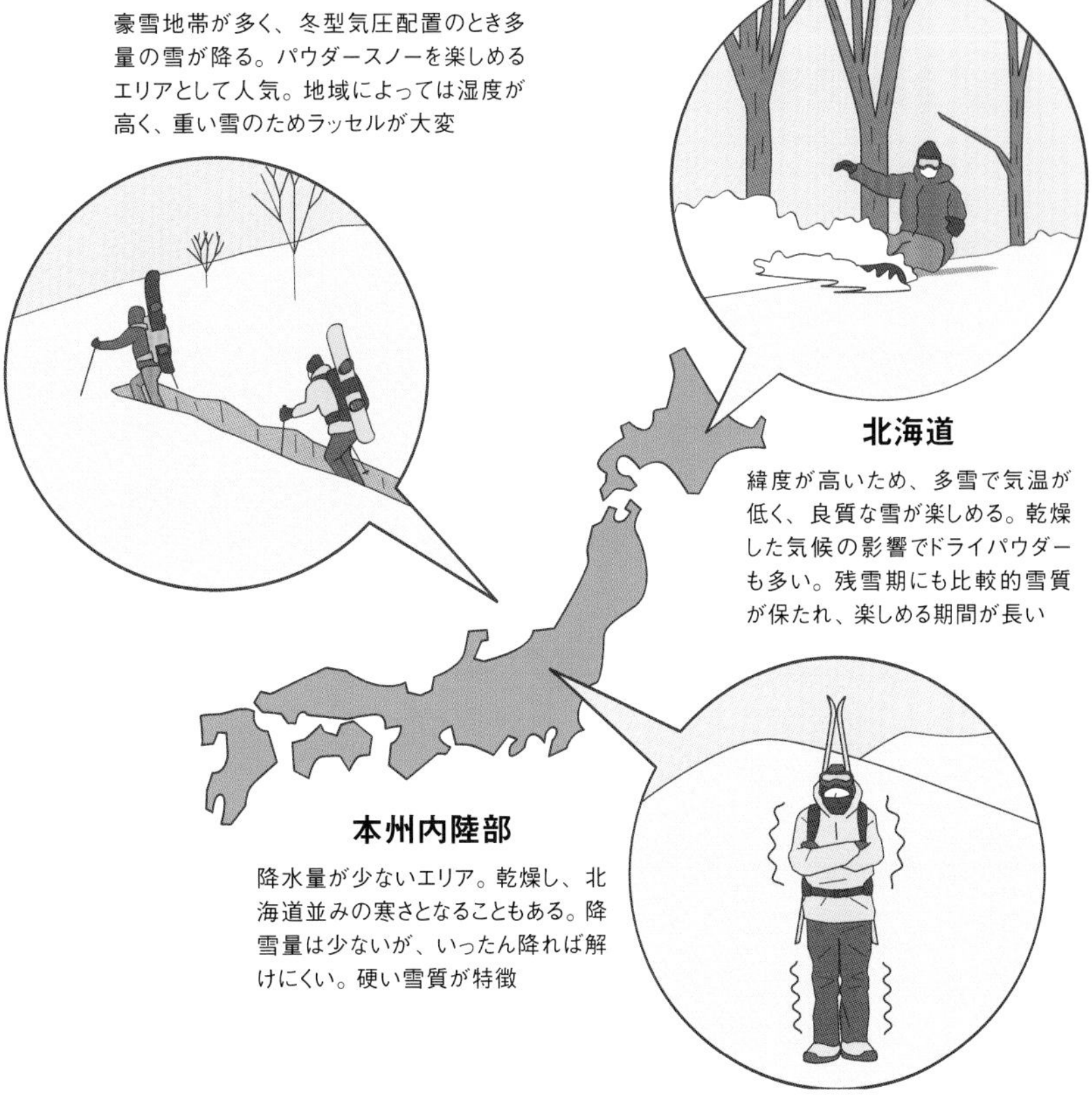

本州日本海側

豪雪地帯が多く、冬型気圧配置のとき多量の雪が降る。パウダースノーを楽しめるエリアとして人気。地域によっては湿度が高く、重い雪のためラッセルが大変

北海道

緯度が高いため、多雪で気温が低く、良質な雪が楽しめる。乾燥した気候の影響でドライパウダーも多い。残雪期にも比較的雪質が保たれ、楽しめる期間が長い

本州内陸部

降水量が少ないエリア。乾燥し、北海道並みの寒さとなることもある。降雪量は少ないが、いったん降れば解けにくい。硬い雪質が特徴

斜面の向きで見た雪質の特徴

日射は、雪質の変化に影響を与える大きな要因のひとつである。基本的には、日が当たる斜面ほど変化が大きく、日が当らない斜面は比較的雪質が保たれる。樹林は日光を遮るので、植生も日射の影響に関わっている。プランニングでは、滑走する斜面の方角を調べ、日射の影響によってどのような性質になっているか考えてみるとよいだろう。

南向き斜面

日射によって解け、朝晩に再び凍るなど、雪質は変化しやすいが、積雪が安定するのは比較的早い。春にザラメを狙う場合は、雪がゆるみやすい南斜面をあえて選ぶことも

北向き斜面

日射の影響を受けにくく、比較的、降ったままの雪質が保たれる。北斜面の樹林帯などは、パウダー好きには絶好の斜面だ。ただし積雪の不安定性も続きやすい

③地形

バックカントリーには、ヤセ尾根や急斜面、岩場や崖（クリフ）など、滑走や登高が難しい地形もある。

急斜面は登りも滑りも体力とテクニックが必要。ヤセ尾根は滑落の危険がある。クリフでジャンプなどできるのは一部の上級者。また、沢の徒渉もリスクが高い行為だ。

これらの地形は、多くの人にとっては難易度が高いだけでなく、転・滑落の危険も高い場所であり（P109参照）、計画段階であらかじめ避ける必要がある。

もちろんこのような地形を含む険しい山を、一部のベテランや冒険志向の滑り手が滑走することはある。だが、定番といわれるような多くのバックカントリールートは、通常はそういうリスクの高い地形を避けて通る。万一、このような地形に出会ったら、引き返してほかの場所を通過しよう。

④樹種

樹林帯では、樹木の間を縫って滑走する。樹木は、大きく分けて針葉樹と広葉樹の2種類があり、それがバックカントリーの滑走において大きな違いにつながる。

広葉樹（落葉樹）は縦横に枝葉を伸ばし日光を遮るため、樹間に木が育ちにくい。さらに冬は葉が落ちるため見通しがよく、樹間が広いため滑走もしやすい。

一方、針葉樹（常緑樹）は密集して生えていることが多い。樹間が狭く葉が落ちないので、滑走が難しく、衝突やルートロスのリスクも高い。

ただ、樹木は積雪のアンカーの役割をもつので、雪崩リスクについては針葉樹林帯のほうが低くなる。

森林限界やそれより上は、ダケカンバやハイマツ、ササなどの灌木・低木帯となる。冬の間は雪に埋もれるが、空洞も多い。春になり、雪が減ってきたら踏み抜きに注意したい。

⑤アプローチ

アプローチが長いと体力が必要

バックカントリーにおけるアプローチとは、一般には、ツアー開始からハイクアップ地点に到着するまでの行程を指すことが多い。

春から秋にはバス便などがあるが、冬は積雪などのためにバスの運行がないと、そのぶんを歩かなければならなくなり、アプローチが長くなるルートもある。

アプローチが長いか短いかは、計画において重要なポイントだ。アプローチが長いほど体力や時間が余計に必要になり、一般的にはより難易度が上がるからである。

下調べはしっかり、現地では柔軟に

プランニングの段階では、アプローチについてもしっかりと下調べしておくことが大切だ。厳冬期には運行されていないが、春に運行を開始するバス便などもあり、厳冬期には上級者しか行けない難易度の高い山が、春なら多くの人に手が届く山になることもある。

また、スキー場のリフトやゴンドラを利用する場合、大雪で運行開始時刻が遅れたり、また強風の日には運行されないこともある。状況が変わったときには、どのような判断をするのか、あらかじめいくつかの選択肢を考えておき、安全を最優先にしながら柔軟に対応しよう。

スキー場の施設を利用する際はルールやマナーを守ろう

リフト・ゴンドラ利用のマナー

スキー場の施設を利用することで、われわれは圧倒的に早く目的地に近づくことができる。感謝の気持ちをもち、スキー場のルールやマナーを尊重して利用することが大切だ。

リフト乗車の際は、バックパックを前に抱えるなどして、ほかの乗降客の迷惑にならないように。物を落とさないよう、バックパックに外付けした荷物には注意したい。またリフト上でグローブの着脱といった作業も控えること。降りる際は、ストラップが椅子に引っかからないよう注意する。

ゴンドラやロープウェイでは、スキーラックなどがあれば滑走用具はそこに置く。中に持ち込む場合は、スキー・ポールを含め荷物はすべて自分の手元に抱えるように持つことが望ましい。バックパックは背中から下ろし、足元の床に置く。

なお、最近は独自でルールを設けているスキー場もある。事前にホームページなどで確認しておくとよいだろう（Ｐ１４９参照）。

ほかの利用客や安全に配慮して施設を利用しよう

誰と行くか

最初はガイドや経験者と一緒に

ガイドや経験者に連れていってもらいながら、少しずつ経験を積んでいこう

バックカントリーにおいて単独で行動することはリスクが大きく、基本的には複数人以上で山に入ることが推奨されている。

ましてやこれから始めようとするビギナーの場合、リスク管理や行動判断などを自分でするのは無理があり、同行者がほぼすべて行なうことになる。つまり、一緒に山に入る同行者には、それ相応の経験・知識・技術が求められる。

プロガイドなら安全で楽しい

そのように考えると、やはり最初のうちはプロのガイドに連れていってもらうのが最も安心・安全な方法だといえる。

プロガイドはフィールドにも精通しているため、レベルに合ったツアールートを選んでくれる。加えて、天候・雪質なども考慮して案内をしてくれるので、満足度が高く、楽しい思い出ができるだろう。

また、フィールドの最前線で活動している人たちだけに、今後のバックカントリーの世界を広げ、楽しむためのアドバイスなども授けてくれるはずだ。

講習会、ツアー、山岳会など

もちろん、身近にバックカントリーのベテランがいるのであれば、連れていってもらうのもよい。その場合は、自分のレベルやルート内容をしっかり確認しておこう。バックカントリーに積極的に取り組んでいるグループに参加するという方法もある。

バックカントリー関連のプロショップや、メーカー、山小屋、都道府県の山岳協会などでは、講習会やツアーなどのイベントを開催しているところもある。ショップやメーカーには、フィールドでの知識・経験が豊富なスタッフが多い。ギアの選び方や使い方はもちろん、さまざまな情報を知ることができるだろう。イベントはホームページや店頭チラシなどで告知をしているのでチェックしてみよう。

メンバーで確認しておくこと

技術レベルの違い

登りはともかく、滑りの技術は誤解のないよう仲間に伝えておこう。よくあるのが、上級者が「大丈夫!」と言って初心者を連れていったものの、滑れずに進退窮まってしまうケースだ。不安に思うことがあれば事前に相談し、できるかぎり解消しておくことが大切だ。それでも無理だと思うなら思いきって断る勇気も必要。

用具の違い

スキーとスノーボード（スノーシュー）では、登りや滑走において、得意とするライン取りが異なる。たとえば、スキーが斜登高する斜面でも、スノーシューは直登するほうが楽な場合がある。また、平坦に近い斜面を滑るのは、スノーボードだとすぐに止まり移動が大変だが、スケーティングができるスキーは比較的強い。

日本山岳ガイド協会 スキーガイドの職能範囲

バックカントリースキー・スノーボードのツアーを実施しているガイドは全国各地にいて、会社・団体の場合もあれば、ガイド個人営業の場合もある。

ガイドを選ぶときの基準のひとつに、ガイド資格の有無がある。バックカントリーのガイディングに関連する資格はいくつかあるが、近年のスタンダードとなっているのは、日本山岳ガイド協会の資格だ。

日本山岳ガイド協会は、バックカントリーを案内するための資格として、「スキーガイド資格」を発行している（使用するギアがスノーボードでも「スキーガイド」の資格名称で統一している）。この資格は2段階となっており、ステージⅠとステージⅡがある。

スキーガイド ステージⅠ

森林限界を超えない範囲内で、かつ、スキー場に隣接し、ゲレンデまたは一般交通路に容易に戻ることができるエリアでのスキー・スノーボードガイドを行なうことができる。

スキーガイド ステージⅡ

ピッケル、アイゼン、ロープなどを使用せず登高できる雪山で、ゲレンデや一般交通路に隣接しないエリアでのスキー・スノーボードガイドを行なうことができる。
※残雪期においては早朝時等のピッケル・アイゼンの利用は許容される。
※ロープ・ピッケル・アイゼンを使用する登攀は山岳ガイド資格が必要。

登山計画を立てる

計画書をつくり、提出しよう

情報収集

行きたい山が決まったら、まずは情報収集だ。山行の1週間くらい前までに、山やルートの大まかな特徴、アクセス方法や積雪状況、また山小屋や避難小屋の有無など、全体像をつかんでおこう。

インターネットの記録は主観や不確かな情報も多いので頭から信頼はできないが、参考程度にはなる。現地の山小屋やスキー場のホームページでは、積雪量や気温、天気傾向などの情報が手に入ることも多い。直接問い合わせをするのもよいだろう。

また、1週間前からは天気予報も確認しよう。連続して予報を確認することで、当日の天気をより正確に把握できるようになる。

行程を詰める

登るルートと滑るルートが決まったら、地形図を見ながら、地形や斜面についてイメージを膨らませよう。斜面の向きや通過時刻などから、当日の雪の状態を想像するのも大切なポイント。

また、緊急時にはどのようにエスケープするかも考えておく。無雪期のように登山道があるわけではないので、エスケープの際、危険箇所に迷い込んでしまわないように、山域全体の地図を頭に入れたうえで、沢や崖、滝や林道がある場所を押さえておこう。

装備をそろえる

ルートがイメージできたら、装備の用意に取りかかろう。ルートの特徴、積雪状態、季節、天候にふさわしいものを選ぶ。

登山計画書の作成

バックカントリーに出かけるときは、登山計画書の提出は必須である。登山計画書はある程度フォーマットが決まっている。左ページを参考に記入し、1枚は地元警察署に提出し、1枚は家族に残し、さらに1枚を山行に携帯する。

登山計画の流れ

①行きたい山の情報収集
- 登山口へのアクセス
- 山小屋や避難場所の有無
- 積雪の状況
- 気象リスクと当日の天気予報

②行程を決める
- 登るルートと滑るルートをイメージする
（※状況によりルート変更も想定）
（※雪崩リスクの判断はP114参照）
- 危険箇所を確認する
（沢、滝、崖、林道など）
- 山域全体の地図を把握する

③装備の確認
- 行程、雪の状態や気象条件にふさわしい装備をそろえる

④登山計画書（届）の作成
- 計画を1枚の用紙にまとめる
- 計画書を家族に渡すとともに、警察などにも提出する

ルート計画は、コンディションによる変更も考慮して

バックカントリーの登山計画で大切なのは、変化するコンディションを見越した計画を立てること。ルートありきではなくコンディションありきでなければならない。「狙っていた斜面の積雪が不安定で、異なる斜面へ変更」など、現地で予定を変えることは少なくない。

ルート変更は大いにありだし、コンディションの変化に柔軟に対応できないのであれば、逆に危ない。だが、計画段階では細かなルートの特定が難しくなる。

登山計画書では、入山口や下山口など行動するルートがおおよそ特定できるようにすること。エスケープを想定し、バックアッププランも書いておくといい。私は「コンディションにより○○周辺を滑走」とざっくり記載する場合もある。また、入山当日に電子申請を利用している。（旭 立太）

登山計画書の記入例

登 山 計 画 書

●●県知事（××警察署）　殿　　　　　2021 年 4 月 × 日

提出者　住所　東京都新宿区○○　××-×-×

氏名　山田 登

山域・山名	北アルプス・白馬乗鞍岳	① 登山形態	バックカントリースキー

担当	氏名	性別	年齢	住所 自宅電話番号、携帯電話番号	緊急連絡先	山岳保険加入
リーダー	山田 登	(男)・女	42	東京都新宿区○○　××-×-× （自宅）03-0000-0000　（携帯）090-0000-0000	氏名 山田 太郎（父） 電話番号 03-0000-0000	(有)・無 ○○保険
サブリーダー	谷山 渓	(男)・女	38	千葉県千葉市○○　××-×-× （自宅）043-000-0000　（携帯）090-0000-0000	氏名 谷山 涼子（母） 電話番号 03-0000-0000	(有)・無 ○○保険
	風花 雪子	男・(女)	35	神奈川県横浜市○○　××-×-× （自宅）045-000-0000　（携帯）090-0000-0000	氏名 風花 充（夫） 電話番号 03-0000-0000	(有)・無 ○○保険
		男・女		（自宅）　（携帯）	氏名 電話番号	有・無
所属山岳団体名				電話番号		

②

山行期間	2021年4月×日～2021年4月×日	1日間（予備日　日）
月 日	行 動 予 定	宿泊地（山小屋・テント場）
4月×日	栂池スキー場ゴンドラ乗り場集合（8:00） ※ゴンドラリフト、ロープウェー利用 栂池自然園（10:00）→天狗原（11:00）→白馬乗鞍岳（12:00）→ 状況に応じ、白馬乗鞍岳の東～南東斜面を滑降→栂池自然園（14:00）③	
④ 備考（エスケープルート等）	・強風時や悪天候時、緊急時は往路を引き返す。 ・13時30分までに山頂未着時は引き返す。	

（行動予定）

食料	昼食（　食分）／行動食（１食分）／朝・夕食（　食分）／非常食（ジェル、エナジーバー）

⑤ 装備内容

装備内容	
ウェア	アウターシェル上・下、ミドルウェア上・下、アンダーウェア上・下、防寒着、帽子・ビーニー、手袋（予備含む）、バラクラバ、ネックウォーマー
行動用具	滑走用具一式（スキー・ストック・ブーツ）、登高用具（シール）、スキーアイゼン、バックパック、サングラス、ゴーグル、ヘルメット、ヘッドランプ、地図、コンパス、水筒（テルモス）、行動食
緊急対策用具	アバランチギア（ビーコン・プローブ・ショベル）、サバイバルシート、ファーストエイドキット、常備薬、携帯電話、無線機
宿泊用具	
その他	現金、計画書控え、身分証明書、健康保険証 〈共同装備〉ツエルト、ストーブ・ガスカートリッジ、ロープ・カラビナ・スリング（担当：山田）

⑥ その他

ヒトココ・ココヘリID：　　無線機のコールサイン：ＪＡ２×××

①登山形態

バックカントリースキーと明記すると行動範囲を想定しやすい。

②山岳保険

山岳保険への加入の有無、保険の名称を記す。

③行動予定

経由地など行動範囲が特定しやすいように書く。

④備考

悪天候やメンバーの体調不良、緊急時のエスケープルートや引き返すときの判断基準を決めておく。

⑤装備内容

項目ごとに分けて記入するとわかりやすい。

⑥その他

ヒトココ・ココヘリID、無線機のコールサイン、その他特記事項があれば記入する。

オンラインで登山届を提出する

Compass（コンパス）　www.mt-compass.com

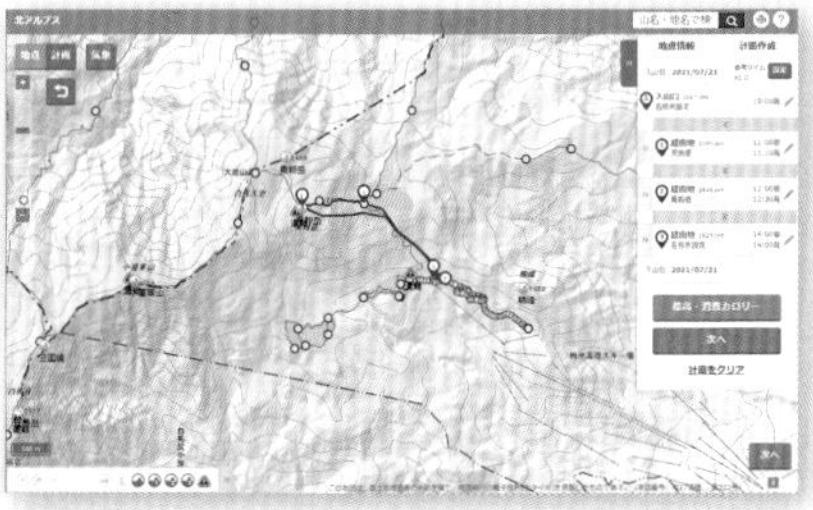

Webサイトまたはアプリ上で、スキー場名などで場所を検索し、入山地・目的地・下山地などを地図上で指定して速やかに提出できる便利なツールだ。計画書を家族や仲間と共有することもできる

近年は、インターネット上で登山届を提出できるシステムが増えている。長野県・富山県・山形県・埼玉県・神奈川県など、多くの都道府県警察がオンラインでの提出を採用しているほか、日本山岳ガイド協会などが運営する「Compass（コンパス）」という登山届提出サービスの利用を推奨しているところもある。

Column 3

記録のつけ方と、計画への生かし方

～体験の蓄積は大切な財産～

経験は大きな財産になる。特に山での経験は、ひとつひとつ積み重ねた経験が、やがて自分の大きな財産となる。だが、悲しいことに人は忘れる生き物でもある。どんなに豊富な経験も、忘れてしまっては意味がない。記憶力に自信があっても何十年という年月がたてば記憶もおぼろげになるだろう。そんな記憶力を補うのが、記録だ。経験をどのように記録して、どのように活用するか、僕のやり方を紹介しよう。

最近はスマホを活用してアプリで記録を保存している人が多いだろう。それはそれで便利だし、使い勝手もよい。だが、数十年という長期間でそのアプリやデータが継続されているかどうか？　進歩と変化の激しいこの時代、今がよくても遠い先のことはなかなか見通せない。

僕が記録媒体として最も信頼して使うのは紙だ。「3年手帳」の日記スペースに行った山の情報を簡単に書き留めている。決して詳細な記録ではない。しかし、そんな簡単な記録も蓄積されると貴重な記録になってくる。一言日記自体は19歳のころから書いているが、単純な手帳から3年手帳に移行して現在5冊目の15年。紙の3年手帳のよいところは、過去の記録を見比べたり探したりするのが楽で早い点だろう。特に、以前に行った山が何年前のどの時期だったかとか、おぼろげな記憶を元に簡単に探せる。バックカントリースキーではそのシーズンによって積雪などの条件は大きく変わるが、それらも含めて貴重な情報になる。なんといっても、他人の記録ではなく自分の記録である。比較対象として最も信頼できる情報ソースは自分自身の記録だ。その時、どのような条件で、どれくらいの時間がかかり、どんな斜面を滑ったのか？　それだけの記録があれば充分だ。

どの時期に、どこの山へ行こうかと考えるとき、僕はまず過去の3年手帳の、予定に近い日程の記録を参考にする。また、以前に行ったことのある山域であれば、過去に行った多少時期のずれた記録もいい情報になる。それら手帳の記録で足りないときは自分のブログをチェックする。ブログではその日の簡単な文章とともに写真も確認できる。さらに情報が欲しければ日付をもとに、過去の膨大な写真データを確認することで、文字以上の情報が得られるものだ。紙の手帳とブログと写真、必要な情報を的確に引き出すことで山行計画がよりスムーズに立てられる。

写真・文／藤川 健

愛用の3年手帳。同じ月日の記録を見比べることができる

よいコンディションを当てるのにも過去の記録は役に立つ

Part 4

歩行技術

バックカントリーでの歩行

体力だけでなく技術も大切

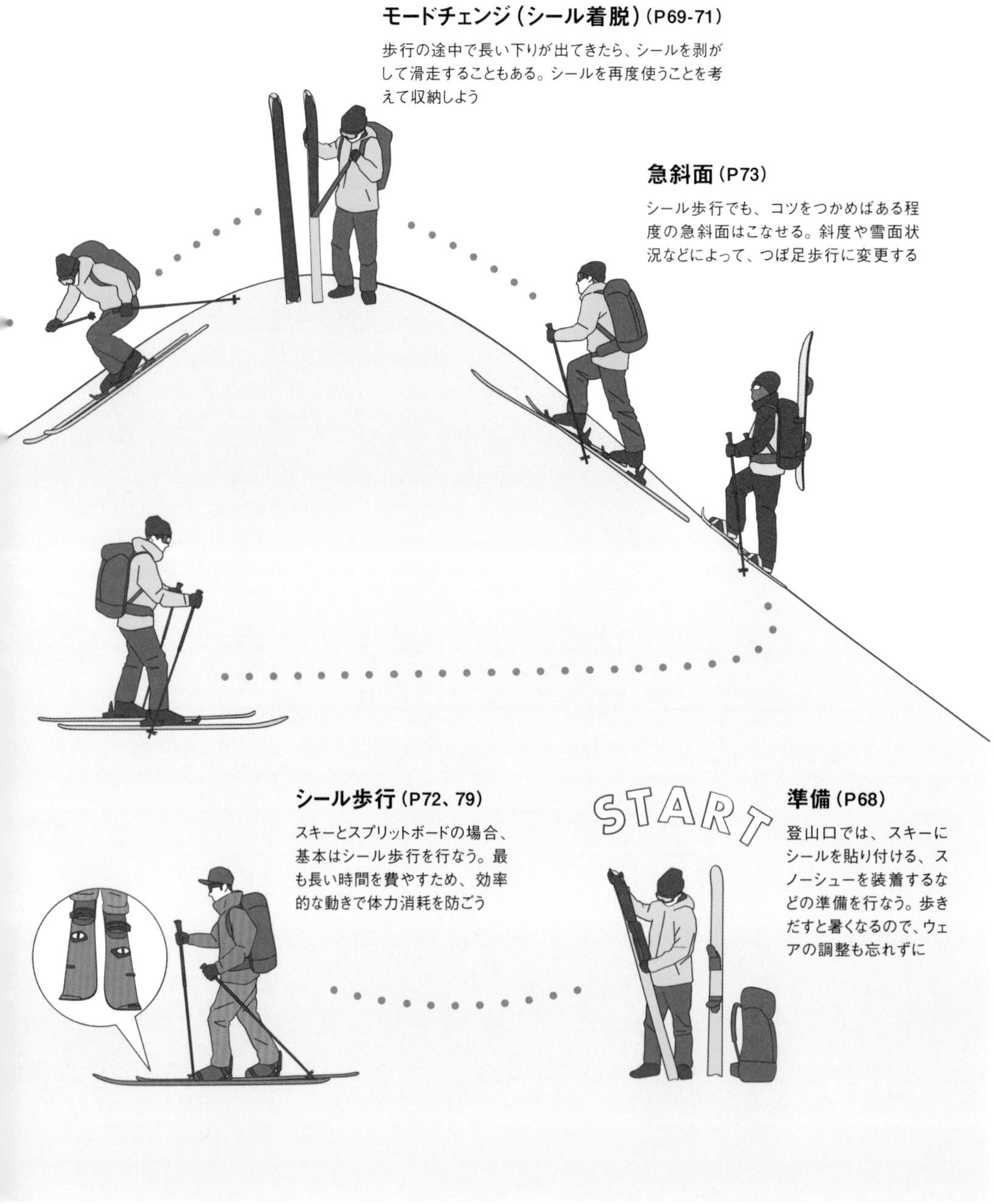
モードチェンジ（シール着脱）（P69-71）
歩行の途中で長い下りが出てきたら、シールを剥がして滑走することもある。シールを再度使うことを考えて収納しよう
急斜面（P73）
シール歩行でも、コツをつかめばある程度の急斜面はこなせる。斜度や雪面状況などによって、つぼ足歩行に変更する
シール歩行（P72、79）
スキーとスプリットボードの場合、基本はシール歩行を行なう。最も長い時間を費やすため、効率的な動きで体力消耗を防ごう
START
準備（P68）
登山口では、スキーにシールを貼り付ける、スノーシューを装着するなどの準備を行なう。歩きだすと暑くなるので、ウェアの調整も忘れずに

歩く時間がほとんど

バックカントリーツアーでの一日の時間の割り振りを考えると、歩く・登る時間が圧倒的に多くなる。4時間かけて登った斜面を20分で滑り降りる、なんていうこともある。

それだけに、歩きが快適かというのは、ツアー全体を楽しめるかどうかにおいても重要なポイントだ。

基本的には登山と同じく、息が切れないくらいの速度で、慌てずゆっくり登る。人のペースに合わせすぎるとバテる原因になる。雪山の景色や美しい樹林などを楽しみながら、余裕をもって登ろう。

登りのテクニック

歩きは体力と思われがちだが、実際はテクニックによる部分も大きく、上手な登り方を身につけることは、安全であるとともに、必要以上に体力を消耗しないためにも大切なことである。

バックカントリーの歩行にはいく

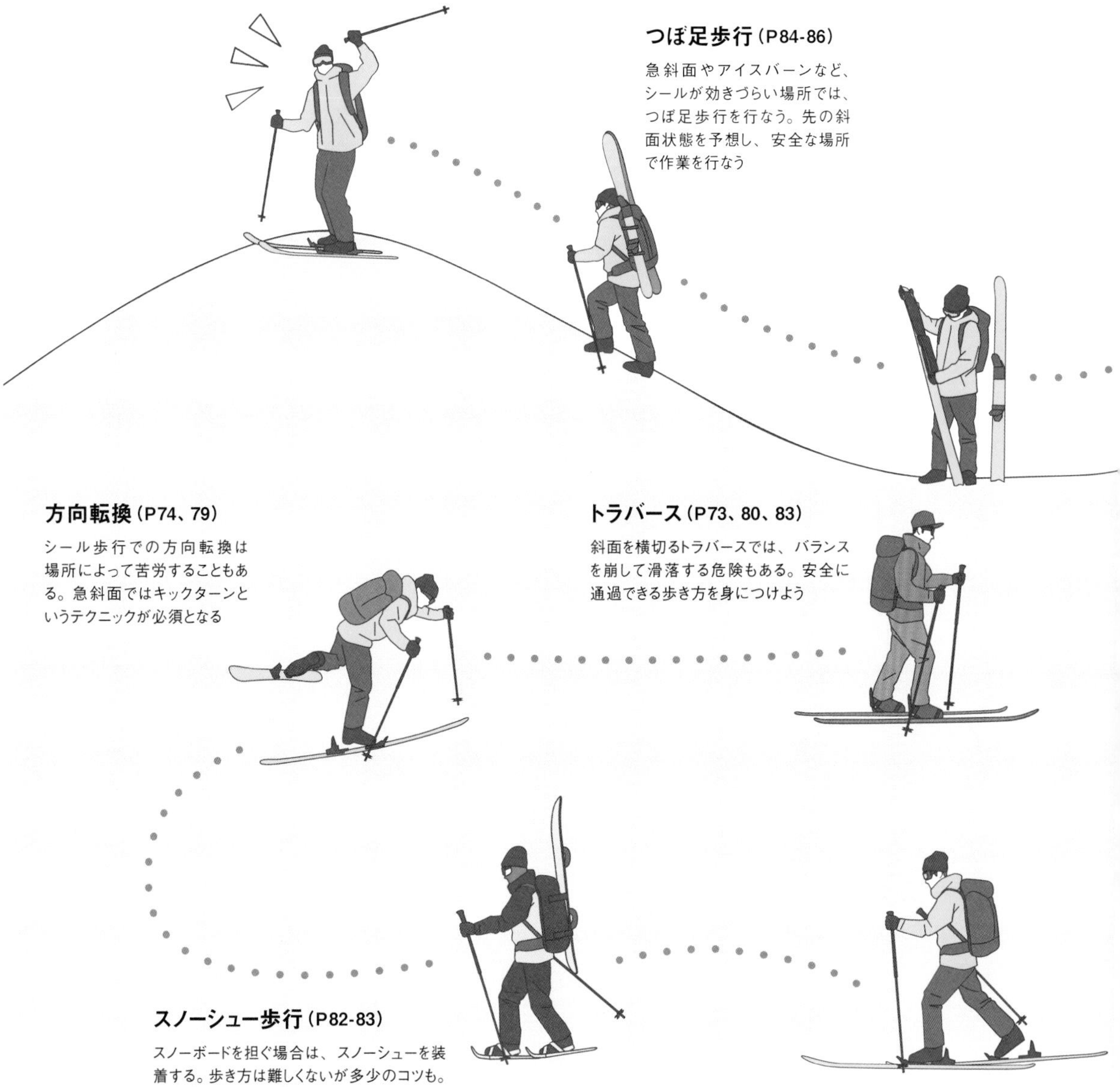

つぼ足歩行（P84-86）

急斜面やアイスバーンなど、シールが効きづらい場所では、つぼ足歩行を行なう。先の斜面状態を予想し、安全な場所で作業を行なう

方向転換（P74、79）

シール歩行での方向転換は場所によって苦労することもある。急斜面ではキックターンというテクニックが必須となる

トラバース（P73、80、83）

斜面を横切るトラバースでは、バランスを崩して滑落する危険もある。安全に通過できる歩き方を身につけよう

スノーシュー歩行（P82-83）

スノーボードを担ぐ場合は、スノーシューを装着する。歩き方は難しくないが多少のコツも。バックパックへの板の取り付けもポイント

つかのテクニックがある。スキーやスプリットボードであれば、シール歩行、つぼ足歩行、方向転換など。トラバースや急斜面の登高など、ある地形に特化したテクニックもある。

特にシール歩行は、慣れないうちは体重のかけ方がわからず、後ろにスリップしたり、キックターンで苦労したりする。

スノーシュー歩行は、それほど難しいものではない。足の運び方などはフィールドで経験を積めばすぐにコツをつかめるだろう。

道具の使い方に習熟する

もうひとつのポイントは、道具の取り扱い方に習熟することである。ATスキー、テレマークスキー、スプリットボードなどのギアの違い、またスキーやビンディングのタイプなど、用具がもっているそれぞれの個性にふさわしい取り扱い方をすることが大切である。

たとえばATスキーとひとくちで言っても、最近は剛性の高いモデルから、軽量で繊細なモデルまである。モデルにふさわしい取り扱い方をしないと、上手に歩けないばかりか、故障や破損のもとにもなる。

出発前の準備

道具を歩行モードに変換する

登山口に着いたら、歩きだすための準備をしよう。ここではスキーでの歩行準備について紹介する（スプリットボードはP78、スノーシューはP82を参照）。

準備の内容には、スキーにシールを貼る、ブーツやビンディングを歩行モード（ウォークモード）にする、暑くなりすぎないようウェアを脱いで調整するなど、いくつかある。

ブーツとビンディングを歩行モードにすると可動域が広がり、楽に歩けるようになる。歩行モードへの切り替え方法はビンディングのモデルごとに異なる。切り替えの操作はコツや慣れによる部分も大きい。特に深雪では雪が詰まりやすく手間取る場合が多いので、仕組みや操作方法をよく理解しておこう。

なお、ビンディングに詰まった雪は落としてから作業をすること。雪が詰まったまま無理に着脱したり、ブーツがビンディングにはまらないからといって、たたいたり蹴ったりは破損の原因になる。

スキーの歩行モード

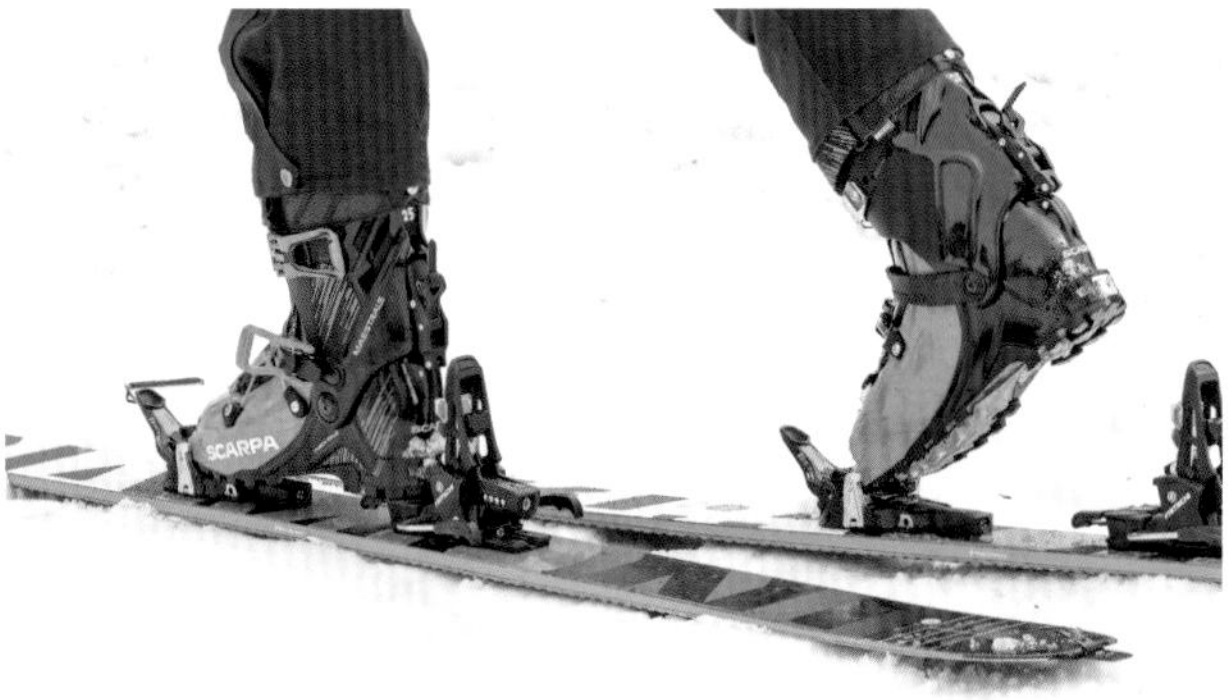

ATスキーの歩行モード

ビンディングの操作は、ヒールピースを回すタイプが多いが、トウピースを押し下げるタイプなどもある。歩行モードにするとかかとの固定が外れ、自由に歩けるようになる

バックルをゆるめる

ブーツは、足首から上のバックルをゆるめると歩きやすくなる。逆に足首から下のバックルは締めておくほうが、歩くときにブーツのズレを防ぐため、靴擦れなどを起こしにくい

トウピースをロックする

ビンディングを歩行モードにしたら、トウピースをロックする。トウピースを上げて操作するモデルが多い。不慮のビンディング外れによる事故を防ぐことができる

ブーツもウォークモードに

ブーツもスキーモードと歩行モードがある。切り替え用のレバーはブーツの後部や外側に付いている場合が多い。歩行モードではカフが動いて足首の自由度が増し、歩きやすくなる

テレマークスキーの歩行モード

テレマークスキーにも歩行モードが付いているビンディングがあり、通常、トウピースのボタンやレバーで操作する。トウピースの抵抗を減らし、ATスキーとほぼ同様の感覚で歩けるようになる。歩行モードのないモデルより重量は少し増えるが、長い登りや急斜面での快適さを考えると有益性は高い

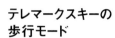

シールの取り扱い

正しく使えば性能を発揮

歩行時は、シール（クライミングスキン）をスキーやスプリットボードに貼り付ける。

シールには「グリップ性」「グライド性」「粘着性」などいくつかの機能があり、それが維持されることで斜面を登ったり、前に滑らせたりの動作をスムーズに行なえる。

だが、歩行中にシールが剥がれてしまったり、雪や氷が付着したりして、性能が発揮されなくなることもある。厳冬期ではいったん外したシールが凍結して、再び使用する際に困ることも。天候や季節も考慮して、ふさわしい扱いをしよう。粘着性が落ちてしまったときのために、緊急用のダクトテープやスキーストラップを携帯するとよい。

シールは歩行の要となるギアである。トラブルに見舞われるとツアーの続行が困難になり、最悪の場合は行動不能に陥ることもありうる。そのような事態にならないためにも、シールの接着面や接雪面に対する配慮やケアはとても重要だ。

シールの性能維持

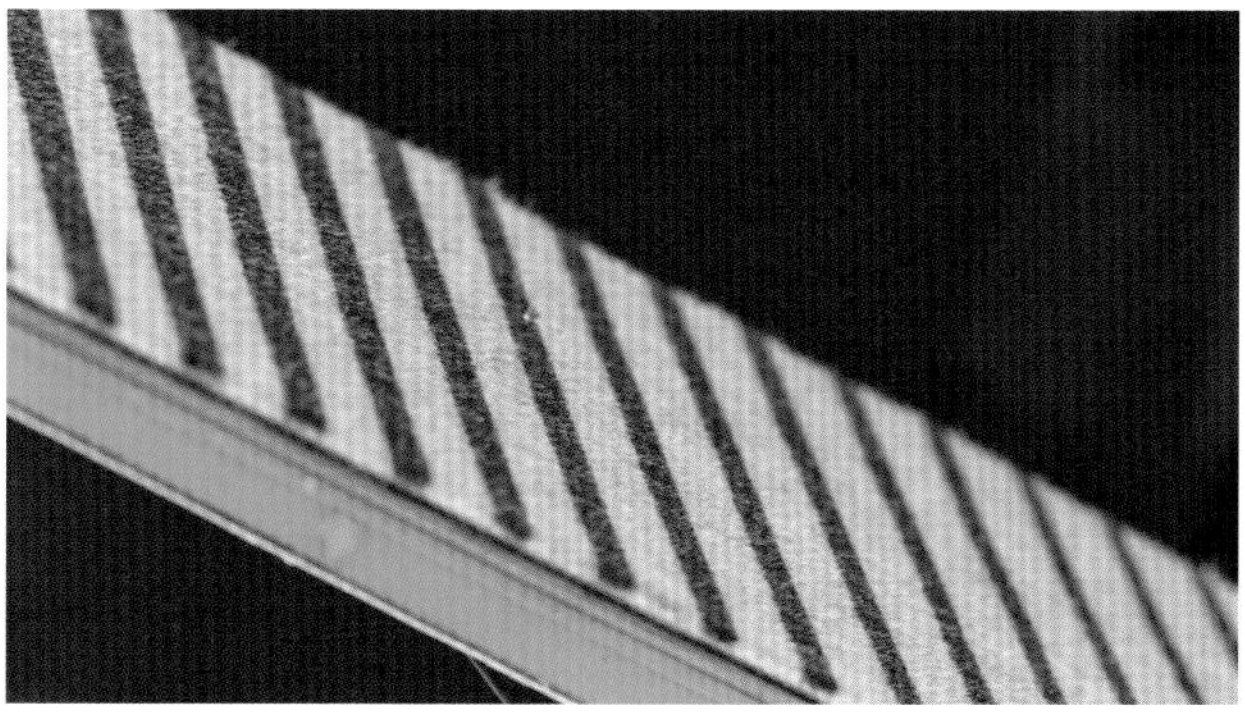

シールの性能を維持するポイントは、毛並みをきれいに保つこと。正しい方向に毛並みがそろっていれば、斜面で雪をしっかりとグリップしてくれて、平地でもスムーズに滑らせることができる。

シールワックスを塗る

接雪面にシールワックスを塗ると防水性が高まり、濡れや凍結、雪の付着を防げる。また抵抗感も減って足運びも軽くなる。シールの毛並みに沿って一方向に塗ること

雪や氷が付着したら

接着面や接雪面に雪が付着したら、スキーのエッジでこすって取る。ただし、力を入れすぎて素材を傷めないように。滑走面の場合（写真下）は、シールの毛並みに沿ってこする

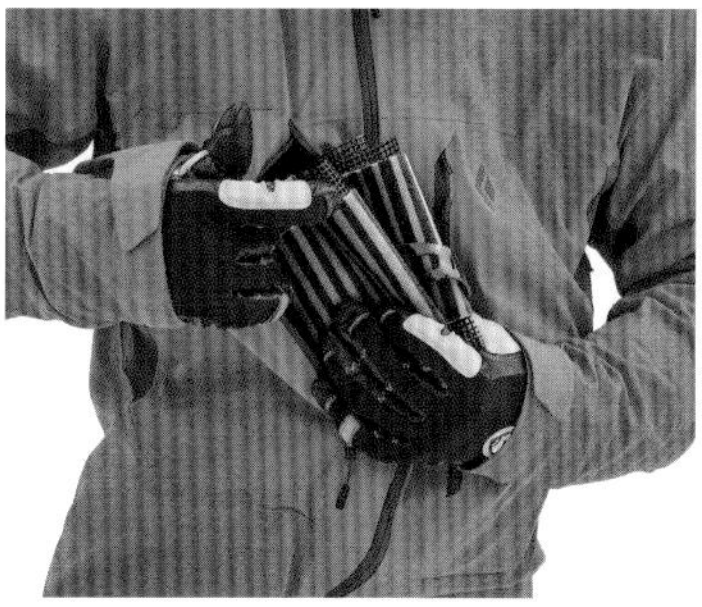

シールが凍ったら

シールが凍った場合は、ジャケットの内側にシールを入れ、体温で温めて溶かそう。寒い時期は、シールを外したらすぐにジャケットの中に入れ、凍結を防ぐとよいだろう

シールの着脱

シールの着脱は手袋をして行なう。着脱方法には何通りかのパターンがあるが、まずはチートシートにシールを貼り付けて着脱する基本的な方法を身につけよう。接着面同士を貼り合わせないので、グルー（糊）をきれいな状態に保てるのが利点だが、強風時などは扱いにくい。

■シールのつけ方

シールの先端金具を
スキーのトップに引っかける

チートシートを上半分だけ剥がし、
シールをスキーに貼る

テール側の
チートシートを剥がす

左右にズレたりエッジが
隠れないようにシールを貼る

テール側の
金具を固定する

シールをトップ側からテール側へ
なでつけてしっかり接着させる

■シールの外し方

テールの金具を外し、
半分だけシールをスキーから剥がす

剥がした部分の接着面に
チートシートを貼る

トップ側のシールも
少しずつ剥がしていく

剥がした部分に
チートシートを貼り付けていく

シールを全部スキーから剥がし
チートシートに移したら、トップの金具を外す

シールを小さく折りたたんで
収納する

蛇腹折りも便利

蛇腹折りは、シールの接着面同士を少しずつ貼り合わせる方法。チートシートを使わないので吹雪などのときでも素早く着脱できるのが利点だ。だが、蛇腹を伸ばす際にグルーがシールから取れてしまう恐れもある。

■シールのつけ方

シールの先端金具をスキーのトップにかける。テール側を手に持ち、ゆっくりと引っ張り、蛇腹を伸ばす。最後にテールフックを固定する

■シールの外し方

シールをスキー板から少し剥がし、剥がした部分を二つ折りにする

剥がして二つ折りにする作業を繰り返しながらトップまで外す

着脱作業の注意点

滑走面の雪は払い落とす

滑走面に雪が残っていると、接着力が弱まり、歩いている間にシールが剥がれやすくなる。シールを貼る前には滑走面の雪を取り除いておこう

スキーブレーキを下ろす

作業の前には、必ずスキーブレーキを下ろしておこう。シールの着脱は普通はスキーを外した状態で行なう。誤ってスキーを斜面に流してしまうとシャレにならない事態となる。テレマークスキーなどブレーキがない場合は、スキーを裏返してから雪面に置く習慣をつける

雪が付かないように注意する

残雪期の晴れた日などは、スキーを雪面に置いて作業をしてもよいが、シールの接着面やスキーの滑走面に雪が付かないように注意すること。深雪や降雪時には、スキーを立てた状態で着脱作業を行なうのもよい

シールで歩く

①基本の歩き方（スキー・スプリットボード共通）

シール歩行では、まずは平地で基本となる歩き方を身につけよう。そのうえで、急斜面や斜登高、トラバースなど、状況に合わせて適切な歩き方ができるようにしたい。

基本は真ん中に荷重

シール歩行の基本は、正しいポジションだ。スキーの真ん中にしっかりと荷重することを意識しよう。スキー全体に荷重すると、シールの長さ全体を使って登ることができ、力を無駄なく使えることができるうえ、安定性も高くなる。

急斜面やトラバースなどの際も、ポジションは大切。ポールはバランスの補助に使えるが、あくまでポジションと荷重が基本と心得よう。

ラインを見極める

シールのグリップ力には限界があり、限界を超えると後ろにスリップしてしまう。急斜面では無理に直登せず、大きくジグザグを切りながら斜め上へ登る斜登高を行なう。

基本のシール歩行

スキーを持ち上げない

スキーを持ち上げながらパタパタと歩くと、シールの毛並みが乱れるうえ、体力を消耗する。足は持ち上げずにスキーを滑らせよう

まっすぐ滑らせる

シールは毛並みに沿ってまっすぐ滑らせると性能が発揮される。平地や緩斜面では、板を前方にまっすぐ滑らせて進む

重心を左右に振る

前に出す足に積極的に重心を乗せ、シールを前へ滑らせてみよう。雪質やシールにもよるが歩幅が伸びて、移動が速くなる。重心を左右に振りすぎてバランスを崩さないように

これから登る斜面を見ながら、どこを登り、どこを斜登高するか、斜登高の際はどのような角度で登り、どこで方向転換をするかなどと、登りのラインを見極めることも大切だ。ラインの引き方によっては、体力の消耗や安全性も大きく異なってくる。他人が引いたトレースがあっても、場合によっては自分で新しいラインを引き直すとよいだろう。

方向転換

緩い斜面ならシール歩行の延長で斜面を大きく回り込むように方向転換したり、その場で足踏みしながら方向転換したりできる。だが、急斜面では板を真上に向けること自体が難しい。とはいっても、斜登高の際には、どこかで折り返さなくてはならない。こんなときに使われるテクニックがキックターンだ。

キックターンは無理な動きで行なうと体力を消耗しやすく、バランスを崩すと転倒しやすいので、なるべく回数は減らしたいのが本音だ。しかし、バックカントリーの登りにおいて避けることは難しい。キックターンを練習し、スムーズに行なえるよう、上達するほうが賢明だろう。

急斜面のシール登高

真下に荷重する

急斜面でも、スキーの中心、真下へ荷重しよう。荷物に引っ張られて後傾姿勢にならないように注意。極端な前傾姿勢もNGだが、荷物が重い場合は背負った状態での重心バランスを考えて若干前傾姿勢を意識するのもよい

斜登高、トラバース

重力に対して垂直に立つと、山側の一部しかシールを効かせられなくなる。またエッジを立てすぎるとスリップの危険もある。ひざと足首を柔軟に使い、スキーを少し寝かせてシールの接雪面積を広くするのがコツ

クライミングサポートを使う

クライミングサポートは、スキーのヒールピースに付いているパーツで、かかとの位置を高く保つことができる。急斜面でも足を水平に近い角度に置くことができるので、ふくらはぎの負担を減らすことができる

方向転換

方向転換には、いくつかの方法がある。広い緩斜面なら大きく回り込みながら方向転換するのが最も負担が少ないが、その場での方向転換が必要なら、緩斜面ならハの字ターン、急斜面ならキックターンを行なう。

■キックターン

急斜面や狭い場所などでの方向転換に必要な技術。しかし体力を消耗するうえ、要領をつかんでおかないと滑落などの危険もあるので、安全な緩斜面でよく練習しておきたい

山側のポールを、
進みたい方向へ突く

山側のスキーのトップを
持ち上げる

テールを支点にして
トップを進みたい方向へ向ける

山側のスキーを
進みたい方向の雪面に置く

山側のスキーに体重を乗せ、
谷側のスキーを持ち上げる

曲げたひざを伸ばすように
かかとでスキーを蹴り、
反動でトップを進行方向に向ける

両足の方向がそろうように
スキーを雪面に置く

■ハの字ターン

足を開いて閉じることを繰り返しながら、少しずつ方向転換する方法。キックターンよりも体力の消耗は少ないが、スペースが必要。また、急斜面ではスキーを真上に向けた際にバランスを崩す恐れがある

方向転換を
始める前の状態

進みたい方向に近い足を、
無理のない範囲で開く

残った足を、開いた足に寄せる。
これを繰り返す

キックターンの筋負担を減らす

通常のキックターン

筋負担の少ないキックターン

効率的な登高ラインと体力の消耗。どちらを優先させるか、状況によって判断しよう

通常、キックターンでは山側の足を谷側の足よりも高い位置に置くことが多い（写真上）。そのほうが方向転換後のラインを高い位置に引くことができ、高度を稼げるからだ。しかしこのやり方は、山足に体重を移動させる際に、足の筋肉にかかる負荷が大きい。

そこで足を置く位置を少し下げてみよう（写真下）。谷側の足と同じかそれよりも少し下あたりが目安。登高ラインは一段下がるが、筋負担を減らし、体力の消耗を防げる。ただし、体重移動の際にバランスを崩して谷側に落ちないように注意したい。

キックターンの足場の選び方

斜面に対してどうスキーを置くか。ちょっとした工夫や意識でキックターンのしやすさが変わる

急斜面での方向転換のテクニック、キックターンに手間取る人は多い。技術はいろいろあるが、キックターンを始めるとき、斜面の傾きに対して板を水平状態にして行なうのが一般的に推奨されている。平らな足場をつくってからキックターンを行なうということだ。しかし、この動作で行なうことにはいくつかの欠点がある。水平状態から動き始めることで、確かによい足場をつくれるが、開きだすスキーの角度を同様に水平状態まで開くには柔軟な股関節の可動域が必要で、多くの人はそんなに体が柔らかくない。そのため急傾斜にスキーを置いてしまい、体を乗せた途端にバックスリップして失敗することが多い。そこで、僕は逆の動きをする。キックターンに入る前の最後の一歩はわざと急傾斜で止まる。そこから開きだすスキーは楽に水平状態に開くことができ、キックターン後の失敗・転倒を防げる。一度、お試しあれ。

（藤川 健）

通常、キックターンの最初の一歩は足を大きく開く必要がある

シールで歩く

②ポールやアイゼンなどの技術

ポールを積極的に活用する

バックカントリーでは足元が不安定な状況が多い。よい歩き方を基本としたうえで、バランスをとるための補助にポールを使うことは有益だ。斜登高やトラバースでは、山側のポールはグリップの下のほうを持つとバランスをとりやすい。

ポールを突く位置もポイント。正しい位置に突けば、前へスムーズに体重移動できるが、変な位置に突くと後ろにスリップしたり、滑落したりする恐れもある。よく見かけるのが、ポールを体のかなり前に突いてしまい、上体が前傾して体のポジションが崩れるケース。急斜面でも焦らず小さな歩幅で少しずつ登ろう。

シール歩行に慣れてくると、ポールをさらに積極的な意味合いで活用することもできる。

シール歩行が上手な人は、ポールワークによって歩行にリズムをつくり、前進のための推進力を生み出している。推進力を利用して、シールを

ポールの活用方法

ポールの持ち方

ポールのグリップを長時間握っていると、手が疲れてしまう。ストラップの下から手を通し、そのまま手のひらでストラップを後ろに押し出すと、ポールを握らずに雪面を突くことができる

ポールを突く位置

ポールは、自分の体の横か後ろに突く。急斜面では体の前に突きがちなので注意しよう。正しい位置に突けば、ポールを押す力を使って、急斜面でも楽に体重移動できる

急斜面で一瞬ポールに体重を預ける

シールが効きづらいほどの急斜面では、一瞬だけポールに体重を預けて登るテクニックもある。ただし、ポールにかなりの負荷がかかるので、ごく短い距離の場合に使おう

前へ滑らせると、一歩で進む距離を稼ぐことができる。一歩で稼ぐ距離は小さいが、積み重なれば大きな差が生まれ、一日のツアーで進める距離や体力の消耗度合いも違ってくる。

良くも悪くも最強のスキーアイゼン

アイスバーンなどでシールの効きが悪くなってきたら、スキーアイゼン（クトー、クランポンとも呼ぶ）を装着する。アイゼンの歯が雪面に刺さることで強力なグリップ力が得られるので、かなり難しい斜面もこなせるようになる。

ただ、その高い登高力が裏目に出ることもある。本来ならブーツアイゼンに替えるべきタイミングを逃し、気づいたときには進退窮まってしまうこともある。進む先の斜面を想定し、安全な場所で装着しよう。

深雪のラッセル

深い雪で、雪をかき分けながら進むことをラッセルという。ラッセルでは何か特別な用具を使うことはないが、重労働のため、足さばきのコツなどを知っておくと、疲労を抑えることができる。

スキーアイゼンを使う

クライミングサポート併用時の注意

クライミングサポートでかかとの位置を上げると、踏み込んだときにスキーアイゼンの歯の刺さりが浅くなり、スキーアイゼンの効果が弱くなるので注意しよう

良くも悪くも悪雪に強い

スキーアイゼンは、硬い雪やクラスト気味の斜面など、悪雪の登高時に有効なアイテム。登高力が高く、実力以上の斜面まで登れてしまう場合もあるので気をつけたい

ラッセルは交替で

深い雪のなか、重い雪をかき分けて進むラッセルは重労働だ。なかでも先頭の負担は大きい。グループでは先頭を交代しながら進んでいく

ラッセル

ラッセルの足さばき

スキーのトップを、斜め内側に抜くように、前スキーで踏んでできた空間に持ち上げる。そのスペースを使って後ろのスキーを前に踏み出し、トップをなるべく沈めないように雪面に置く

スプリットボードで歩く

スノーシューを持たずにシール登高

スプリットボードは、歩行時は縦に二分割し、シールを貼って歩くことができるスノーボードだ。スノーシューを持たずに行動できるので、登りはもちろん、ライディングの際の負担が大きく減る。

スノーシューよりもはるかに大きな接雪面積をもち、沈みにくいのもうれしい。緩い下りの斜面では、シールをつけたまま下ることもでき、アップダウンが多いルートでは、スピードアップにつながる。

歩行モード変換時は左右を確認

ハイクアップの際は、ボードを分割して、歩行モードにする。このとき、スプリットボードの左右を間違えないことが作業におけるポイントだ。板を分割したらそのままの流れでバインディングを装着するほうが、左右を間違えることもなく、道具をバラバラにすることがないので斜面に流してしまう可能性も低く、なにより効率よく作業ができる。

歩行モードへの変換

1 バインディングを外す

2 クリップとフックを外し、ボードを分割する

3 ボードの左右を入れ替えてバインディングを装着する

4 シールを装着。トップの金具を引っかけて貼っていく

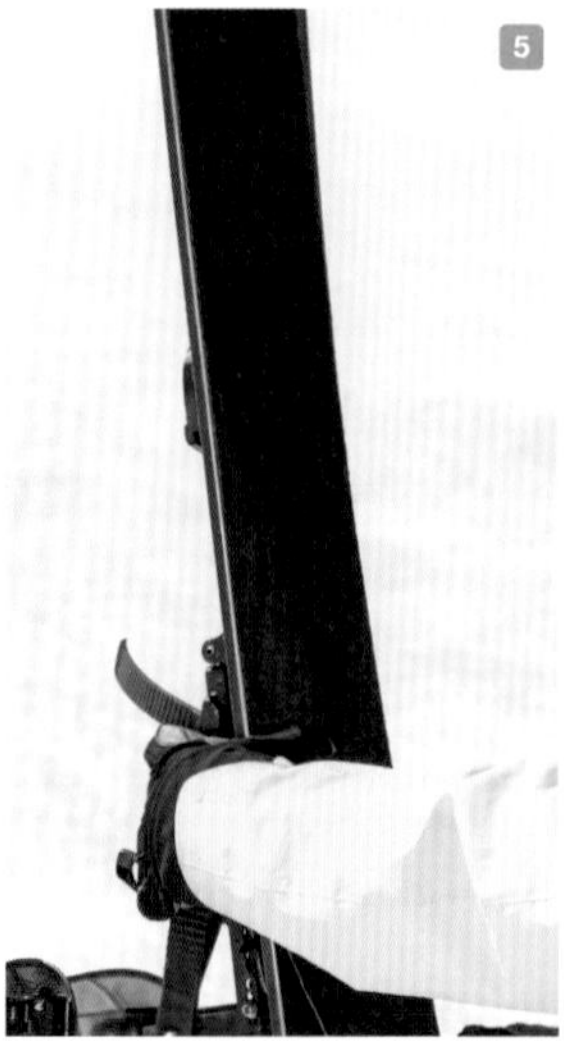
5 アウトエッジに沿わせ、エッジが隠れないように貼る

6 テールのフックを固定する。上からなでつけて密着させる

シール歩行の基本を身につけよう

シール歩行の基本はスキーと同じ。P72～77も参考にして、基本の歩き方を身につけよう。

　スキーと同じで、大切なのは体の姿勢（ポジション）を保つこと。歩く際は重力に対して垂直に荷重し、母指球を接雪させたまま、かかとを上げてグライドさせるのがコツ。登りではシール全体の面積を使うことでトラクションを得られ効率的に登れる。

　スプリットボードは左右で形状が異なるので、歩く際の足運びにコツがいる。また、ブーツやバインディングも柔らかいのでトラバースの際は体軸を崩しやすく、山側のポールを短く持つなどバランスを保つよう意識するとよい。

ラインの引き方

　進む先の斜面を先読みして、どのようなラインで登るのかは、体力の消耗や安全に大きく関わる要素だ。特に斜登高の際は、登る角度や方向転換の場所などを考え、効率のよい快適なラインを見極めることが大切となる。

シール歩行（P72～77も参照）

足を持ち上げず、まっすぐ滑らせる

足をパタパタさせず、滑らせるように歩こう。よい姿勢を保ち、板に真上から荷重する。斜登高では、写真のように山側のポールを短めに持つとよい姿勢を保ちやすい

アウトエッジを平行にするのがコツ

歩いているときはついインエッジに目が行きがちだが、スプリットボードでは、アウトエッジを意識しよう。アウトエッジが平行になるように足を出すと、まっすぐ歩きやすい

方向転換

山側のポールを、進みたい方向へ突く

山側の足を進みたい方向へ置く

谷側のポールを進みたい方向へ突く

山側の足に体重を乗せ、谷側の足を持ち上げる

つま先をすね側に近づけ、板のトップを上げる

足をそろえて雪面に置く

方向転換

前ページで紹介しているキックターンは、スプリットボードでも方向転換を行なうのに必要なテクニック。

最初は難しく感じるかもしれないが、板が軽くて短いスプリットボードは、実はスキーよりもキックターンがしやすい。コツさえつかめば、スプリットボードでも上手に行なえる。

キックターンをいきなり急斜面で行なうのは難しいうえ、慣れないとバランスを崩す危険もある。本番前に平坦な場所で練習しておくとよいだろう。

トラバース

スプリットボードはブーツやバインディングが柔らかいうえ、サイドカーブが左右非対称、山側のエッジがストレートとなるため、エッジングがしづらい。このためにトラバースが苦手な人も多いだろう。

トラバースの際は、足首から緊張感をもたせて、重力に対して体軸を垂直に保つとよい。また、山側と谷側の足では雪面までの高さが異なってくるので、腰骨を運ぶ意識をもつといいだろう。

トラバース

よい姿勢

上体を起こし、板に真上から荷重する。山側のポールは短めに持つとよい。強いエッジングをせずに、足首やひざを柔軟に使ってシール全体を効かせるように意識する

足場をつくる「シザーズ」

「シザーズ」とは、トラバースの際に足場をつくりながら歩くテクニック。谷足のノーズ側を開き、テールは接雪させたまま、ハサミのようにチョキチョキと雪面に足場をつくる

アイゼンを使う

アイスバーンやクラストなど、シールが効きづらい状況で威力を発揮。横ズレも防いでくれる。登高力が高いのでブーツアイゼンに替えるタイミングを逃さないよう注意

クライミングサポートを使う

クライミングサポートは、ボード側に付いているタイプと、バインディング側に付いているタイプがある。急斜面の登高の際に用いると、かかとの位置を高く保ち、足の疲労を防いでくれる

状況に応じたテクニック

急斜面では、クライミングサポートを使って足の負担を軽減しよう。また、アイスバーンなどシールが効きづらい雪面状況になってきたら、スプリットボード用アイゼン（クランポン）を装着する。状況に応じて適切に道具を用いると、安全に快適に登ることができる。

なおクライミングサポートとスプリットボード用アイゼンを併用する際は要注意。クライミングサポートでかかとを上げると、スプリットボード用アイゼンの歯がほとんど刺さらなくなってしまう。どちらの効果を優先したいか、状況を見ながら判断しよう。

シールをつけたまま滑る

ちょっとした短い下り斜面が現われたとき、その都度シールの着脱をするのは時間も手間もかかる。このようなときは、シールをつけたまま、スキーのように前向きに滑る。最初は難しいかもしれないが、本番前に緩斜面で何度も練習しておくとよいだろう。難しい場合はバックステップという方法もある。

シールをつけたまま滑る

かかとをつけ、前傾姿勢をとる

シールで滑る際には、やや低めの前傾姿勢をとる。かかとが浮かないように、足裏全体で板を押さえる。滑走中は、腰やひざ、足首などの関節を柔らかく使って、衝撃を吸収しよう

1

2

3

4

難しい場所は バックステップで

シールをつけたまま滑るのが難しい斜面の場合は、無理に滑るのではなく、バックステップで降りるとよい。後ろ向きで歩きながら、少しずつ斜面を降りていく方法だ。一歩一歩、シールの効きを確認しながら下りよう

スノーシューで歩く

スノーボードを担いでの登高時に活躍

スノーボードの場合は、板をバックパックに取り付け、足にはスノーシューを装着する。スノーシューを履くことで、接雪面積が増え、つぼ足では沈んでしまうような新雪でも楽に歩けるようになる。

ボードをバックパックに取り付ける際は、ハイク中にゆるまないように取り付けよう。バックカントリー専用のバックパックだと、スノーボードを取り付けるために、背面や側面にストラップが備わっていて便利だ。重心を意識し、バランスよく装着することも大切。

スノーシューの装着は難しくはないが、足にフィットするようにストラップで適度に締める。締め方がゆるいとつまずきや転倒の原因になる。

スノーシューは浮力を得るため幅が広い。歩行の際には少し足幅を広めにとり、左右の足が交差しないように歩く「二軸歩行」を意識しよう。急斜面の登高、トラバース、下降などの際も、よい姿勢を保ち、バランスを崩さないように注意したい。

ボードをバックパックに取り付ける

バインディングにも気配りを

バインディングのストラップがブラブラすると、歩いている間に重心が振られて歩きづらく、見た目もかっこ悪いので、コンパクトにまとめておこう

重心を考えバランスよく

装着位置が低すぎると足に当たるが、高すぎても木の枝などに引っかかりやすい。また頭に当たらないよう調整しよう。重心も低すぎず高すぎず、最も楽に背負える位置に

スノーシューを装着する

よい装着

ブーツとの間に、隙間があかないようにしよう。ブーツの足裏の雪は落としてから装着すること

真上から足を置く

スノーシューに真上から足を置いてからストラップを締めると、きちんとフィットした装着ができる

左右を間違えないように

スノーシューには左右がある。締め終わった際に、ストラップの末端が外側にくれば正しく装着できている

二軸歩行で姿勢を保つ

右足と左足を交差させず平行に前へ出す「二軸歩行」を意識する。斜登高やトラバースの際も、左右、前後のどちらかに極端に体を傾けることなく、重心が振られないように歩く。

トラバース

山側のポールを短く持ち、左右の腕の位置をなるべく水平にするのがポイント。上体は垂直に保つ。上体が左右に傾くとバランスを崩しやすく、急斜面では滑落の危険もある

よい登高姿勢

上体を起こし、ポールは体の横か少し後ろに突く。ポールを前方に突くのはNG。斜登高では、下の写真のように山側のポールを短く持つと、自然な姿勢を保って歩ける

クライミングサポート

急斜面ではクライミングサポートを使い、足の負担を減らそう。ポールのグリップ側で上げ下げすると、かがまずに操作できる

下降する

斜面を下降する際は、腰を落としてかかとから着地すると安定する。ポールを支えにしながら、一歩一歩確実に下りる

つぼ足、アイゼンでの歩行

急斜面はスキーやスプリットボードを担いで

「つぼ足」とは、ブーツで斜面を登ること。シール登高が難しいほどの急斜面が現われたら、スキーやスプリットボードをバックパックに取り付け、ブーツで斜面を登ろう。このスタイルをシートラーゲン（シートラ）と呼ぶこともある。

歩行のテクニック

雪山の歩行では、「滑らない」「転ばない」歩き方が必要となる。このため、足の運び方に特殊なテクニックが用いられる。

つぼ足で斜面を登る場合は、「キックステップ」を用いる。ブーツアイゼンでの歩行は、基本は雪面に足を平らに置く「フラットフッティング」だが、つぼ足よりもさらに多くの歩き方があり、雪面や斜面の状況に応じて使い分ける。ここではすべてを紹介することが不可能なため、詳細は専門書に譲ることとする。

歩き方は繰り返し練習して足で覚えよう。実力以上の斜面が現われたら無理せず引き返すこと。

スキーの装着

スキーの装着方法は主に3通り。それぞれメリットとデメリットがあるので、状況に応じて適した方法を用いよう。なお、エアバッグの場合は取り付け方に制限があるので注意する。

たすき型。ザックの背面に斜めに固定する。体から遠いのでバランスは悪いが、素早い装着が可能。短時間の歩行に向いている

A型の変形。バックパックの側面のみで固定する。パックの中身がしっかり入っている場合に用いる。板が頭に当たりにくい

スキーをバックパックの側面と上部で固定する。体に近い位置に装着するのでバランスがいい。長時間歩く場合に適している

スプリットボードの場合

板はカーブしているほうを体側にして装着すると、枝などが引っかかりづらい。バインディングはハイバックをたたみ、ストラップを締めてコンパクトにまとめるとよい

雨蓋に挟む

昔ながらの方法で、スキーを横にして雨蓋に挟むという方法。側面にスキー装着用のストラップがないバックパックでも使えるが、バランスをとりにくいことが多い

つぼ足での歩き方

斜面を登るときは「キックステップ」を用いる。担いだ荷物の重さで後ろに引っ張られないように、やや前傾姿勢を意識しよう。足を置く際は垂直に体重をかけると安定する。

キックステップ

ブーツを雪面に蹴り込んでステップ（足場）を刻みながら登る。蹴り込む力が弱いと安定した足場がつくれずスリップや転倒の原因になる。足場を確認して体重を移動させよう

斜登高

山側の足を進行方向に向け、つま先と外側を雪面へ蹴り込む。谷側の足は、つま先と内側を蹴り込む

直登

ひざを支点にして、つま先を雪面に蹴り込む。しっかりと足場ができたら体重を乗せて、次の足を出す

アイゼン歩行

キックステップでも歩きづらいような硬い雪面や凍った斜面が出てきたら、ブーツアイゼンを装着する。斜面で装着を行なう場合も多いので、安全な場所で練習しておきたい。

講習会や専門書で正しい歩き方を学ぼう

基本は、足を雪面に対して垂直に置き、すべての爪を食い込ませる「フラットフッティング」だが、斜度や雪質によって歩き方は変わる。右の写真は、足を交差させながら登る「ダイアゴナル」という歩き方。状況を見て適切な歩き方ができるようになろう

斜面での装着は上向きで行なう

斜面でアイゼンを装着する際は、体を上に向ける。アイゼンをつける足を一段上に置けば、安定した体勢をとることができる。また、雪崩や落石など上からの異変にも注意しよう。靴底に付いた雪を落としてから、ズレやゆるみがないよう、しっかりと装着する

スノーボードのつぼ足歩行

スノーボードブーツでも、基本はスキーと同じ。スキーブーツより軟らかいので、キックステップの際は、足首をしっかり固定するのがコツ。アイゼン歩行もスキー同様行なえる。

急斜面では ボードをアンカーにして登る

短い距離の急斜面を登る場合は、ボードを横にして両手に持ち、雪面に刺してアンカーにしながらキックステップで登る。安定感が得られるうえ、バックパックへの装着の手間も省ける一石二鳥のテクニックだ

アイゼン歩行

装着時は、ズレや隙間がないか、バンドのゆるみやねじれがないかを確認すること。末端が長い場合はバンドに挟むなどして処理する。歩行技術も専門書や講習会で学んでおこう

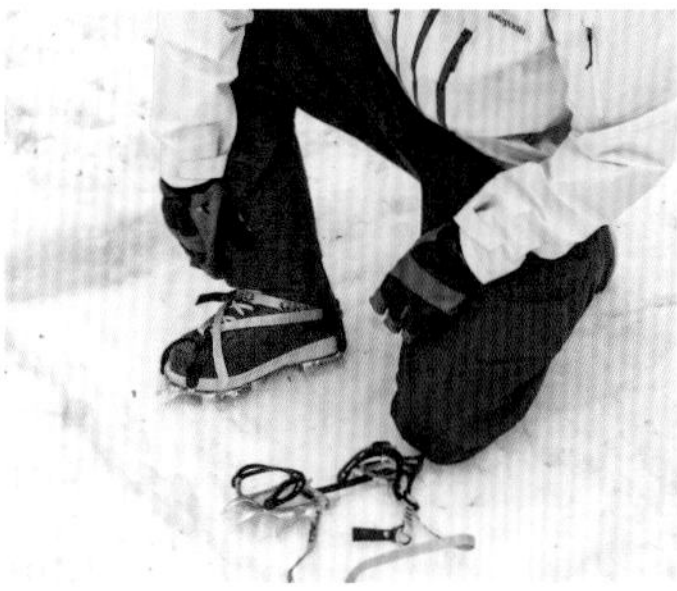

スノーボードの登高を快適にする小技

■アイゼンバンドの処理

購入後はブーツに装着した状態で、リングから15～20㎝程度残した状態で長さをカットする。長すぎると、凍結したり引っかけたりする原因になるからだ。余長は斜めにカットし、熱で末端処理する。ウエアの裾はブーツを覆えるようゆったりつくられているので、裾を引っかけ転倒につながる可能性もある。写真のように裾の上からバンドを締めると引っかけにくい。

■スプリットボードの運搬

シール歩行時、板を手に持ち、少しの時間歩くことがある。これが、慣れていない人、筋力の少ない女性にはけっこうつらい。方法として、左右のバインディングのアンクルストラップを結び2本の板をまとめるやり方がある（写真左）。

なお、スキーストラップをポールに巻きつけている人を見かけるが、板を背負うなどしないかぎり使わないので、頻繁に使わない道具はバックパックの中に入れるのがよい。（旭立太）

休憩する

次の行動を見据えて準備を

ツアーの間は、適度な間隔で休憩を挟むことで、疲労の蓄積を軽減しながら登ることができる。休憩をとるときは、周囲の安全を確認し、雪崩や落石の危険のない場所を選ぶようにする。

天候がよいときなら山頂での大休憩もアリだが、スピーディな行動が求められる雪山での休憩は、基本は体が冷えない程度にとどめておくのが前提となる。休むというよりも、次の行程を見据えて、体温調整や補給、現在地の確認などを行なうのが目的と考えたい。

雪山での行動に慣れないうちは、休憩といっても意外とやることが多く、忙しく感じることもあるだろう。短時間で手早く作業をするために、パッキングを工夫することが大切だ。行動食や保温ボトル、防寒着、日焼け止めなどは、すぐ取り出せる場所に入れておくとよい。また、春で凍結の心配がない日なら、水筒やハイドレーションシステムを使うのもいいだろう。

補給はこまめに行なう

水分やエネルギーの補給は、こまめに行なう。行動食は雪山でも凍りにくい水分の少ないもの、カロリーの高いものが適している。休憩時だけでなく、行動中でもつまめるようなものがいいだろう

体温調整をする

暑くて汗をかきすぎたり、休憩時に体が冷えたりすると行動のパフォーマンスも下がる。アウターウェアや防寒着の脱ぎ着のほか、ベンチレーションの開け閉めでも細かく調整できる

時には立ったまま休憩

休憩のたびにスキーを着脱していると時間がかかり、体も冷えてしまう。厳冬期はスピーディに行動する必要があり、立ったまま休憩することも多い。短時間で手早く補給を行なえるようにする

日焼け対策も忘れずに

雪山では、雪面からの照り返しがあるため、紫外線は非常に強い。日焼け止めやリップクリームは忘れずに。目の炎症である「雪目（雪盲）」を防ぐために、サングラスも必ずかけること

効率のよい補給についての一考察

エネルギー補給は重要だ。体内に蓄積できるエネルギーには限りがある。それを使いきる前に補給をしていくことで、最後まで余裕のある行動が可能となる。

では、どのようなものを補給すればよいのか？　基本的にはカロリーだが、単純に摂取したカロリーのすべてが動くためのエネルギーとして使えるわけではない。実際には胃で消化する際に多くのエネルギーを費やしている。また、胃で消化された内容物が腸に届くまでにはかなりの時間がかかる。つまり補給に適したものは、消化がよく、高カロリーなものとなる。

僕が本気の山行で持参する行動食は、エネルギージェル。ブランドにより違いはあるが、僕の摂取するジェルは成分的に胃で消化された後の状態と同じもの。そのため胃をスルーしてダイレクトに腸に届き、無駄なカロリーを消費せずに素早いエネルギー補給ができる。

（藤川 健）

Column 4

登りの美学

～斜面に見合うラインを描く～

「斜面に見合う美しいラインを残したい」。滑りを探求すれば、おのずとそう思うのが滑り手だろう。

真っ白な斜面に一筆書きのラインを描く。地形や積雪状況に合ったターン弧や大きさ、角度に幅。ラインを見ればどのような滑り手なのかが想像できる。描いたラインは斜面に残り、風や降雪、または次のストームが来るまでそれが消えることはない。

冒頭の「斜面に見合う美しいラインを残したい」という言葉。滑り手たちは理想どおりに描くことができなくとも自分の描いたラインを常に見直し、美しさを求めている。それぞれの美意識や感性が表われるラインはアートであり、それを描く滑り手はアーティストそのもの。

滑りと同様に登りのラインにも美学があり、斜面に残るトレースを見れば、それをつけた者の好みや感性がわかるのだ。

スムーズに、時に力強く、緩斜面や急斜面、地形の起伏と積雪状態に合わせたライン。現場で知見を生かし、状況に合わせてバランスを考え、ラインを描いていく。こういったことも山の楽しみのひとつだ。

久しぶりに昨年、とある山で山麓から源頭まで自分たちだけのラインを引くことができた。急な樹林帯では快適な登高角度を感じながら歩き、キックターンをしないようなめらかに切り返したり細かな地形を利用したり。強い風の影響を受けたアルパインに出てからは、ウインドスラブを刺激しないよう常に積雪の状況に留意する。雪崩地形に入るときは安全のマージンを確かめながら仲間とスペースを空けて通過した。

もちろんそれはその日の状況に合わせたもの。トレースの利用に関してはそもそも使わないという判断もある。残っているラインが使いにくかったり、状況が変わっているなら修正(リタッチ)をすればいい。

人が多い山域では、自分たちだけでラッセルして登りのラインを描くという機会は少ないかもしれないが、ただ人のトレースを利用したり追ったりするのではなく、そのラインを描いた人がどのように考えそのラインを描いたのか考えてみてはどうだろう?

急すぎない登高角度、切り返しのポイント。少ない力でハイクできれば、筋肉疲労を軽減し、なにより遠くに行ける。地形に合わせたラインは美しいだけでなく体にもやさしいのだ。

写真・文／旭 立太

どんな斜面でどんなラインを引くか。
登りのラインにも個性が表れる

Part 5

滑走技術

滑走モードへの切り替え

安全に注意して手際よく

ハイクアップが終わったら、いよいよ滑走の準備に取りかかる。スキー・スノーボードともに、ギアのモードチェンジが必要だ。

モード変換の際は、さまざまなものをバックパックから出し入れするため、斜面に持ち物を落とさないように充分注意したい。特に、スキーやスノーボード、スプリットボードなどが斜面に流れ落ちてしまうと、大変な事態になる。スキーブレーキが付いていても、装着していたシールを外したあとは板を裏返しに置くなどの配慮をしよう。

作業をする場所は、雪崩や落石、風などが当たらない平らな場所で行なうのが理想だが、やむを得ず斜面で行なうケースもある。荷物を落とさないように注意し、手際よく行なおう。

強風や吹雪のときには作業に手間取ることも多い。特にスプリットボードは組み立てが必要で、細かい作業もある。スムーズに行なえるように事前に練習しておこう。

準備と注意点

作業を行なう前に、周囲の安全を確認し、足元を整えよう。作業を行ないやすくするだけでなく、リスクマネジメントにもつながる。強風時は物を飛ばされないように注意。

バケツを掘る（足場をつくる）

足元の雪を少し掘ったり、ブーツで踏み固めたりして、平らにならすことを「バケツを掘る」という。物が落ちるのを防ぎ、作業もしやすくなる。ザックを下ろす前に行なう

物は体より上に置く

体から外したものは、必ず自分の体より斜面の上側に置く。また、作業をする際は、斜面の上を向いて行なう。物が斜面に落ちるのを防ぐためと、雪崩や滑走者など上からの異変にいち早く気づくためである

無造作に物を置かない

ジャケットや手袋、シールの収納袋など、作業中はバックパックから取り出すものが増える。作業に熱中して雪面に無造作に物を置くと、気づかぬうちに雪に埋まったり、風で飛んだりする恐れが。強風時には、チートシートなどは一瞬で飛ばされるので気をつけよう

スキーの滑走モード

ジャケット、ヘルメット、
ゴーグルなどを装着し身支度する

雪の浸入を防ぐためジャケットの
ベンチレーションは閉じる

ブーツを歩行モードから
滑走モード（スキーモード）に変換

ゆるめていたブーツのバックルは
しっかりと締める

スキーのブレーキを下ろし、
雪詰まりがないことを確認する

シールをスキーから剥がす

シールを剥がしたスキーは、
すぐに足に装着する

もう片方のスキーのシールも剥がす

シールを剥がしたら
すぐにスキーを装着する

バックパックを背負う

スプリットボードの滑走モード

ブーツをバインディングから外す

シールを剥がす。
剥がしたら板が流れないように注意

バインディングを
ツーリングブラケットから外す

ボードの左右を入れ替え、
滑走モードの状態にする

左右のボードを組む。
足の甲の上にボードを置くと
雪が噛まず作業しやすい

トップ側のフックとクリップを留める

上下を逆にし、
テール側のフックとクリップを留める

インターフェースに
バインディングを装着する

滑走モードの状態

バックカントリーでの滑走

長い登高が報われる瞬間

オープンな斜面では距離やスピードを感じにくく、思いのほかスピードが出ている場合がある

滑走は安全第一で

滑走準備を終えて、真っ白な雪面に飛び込む瞬間。長い登高のご褒美であり、バックカントリーにおいて至福を感じるひとときだ。

そんな瞬間を目いっぱい楽しむことは大切だが、それは何も考えず無心で全力滑走するということとは少し違う。管理されたゲレンデとは違い、自然の雪山には、岩やクラック、雪庇、ツリーホールなどさまざまな危険が潜んでいる。不慮の事態に対し、いついかなる場合でも減速や停止ができるように、どんな上級者でも安全を担保した滑りをするものだ。実力の半分くらいを出すつもりで滑るのがよいだろう。

滑り方の引き出しを増やす

バックカントリーで出会える雪は、実にバラエティ豊かだ。たとえばパウダーとひとくちに言っても、サラサラの極上パウダーからクラスト気味のパウダーまでいろいろだ。

バックカントリーの雪に対応するためには、滑り方の引き出しを増やすことが欠かせない。どんな雪のときにどんな滑りをするか、時にはワンターンずつ状況判断しながら滑り方を変えていくこともある。

理想の滑りをイメージ

また、「理想の滑り」をイメージすることも大切だ。DVDや動画サイトで、「こんなふうに滑りたい」と思う手本を見つけるとよい。身近にいる先輩でもいいし、世界の有名ライダーでもよい。彼らは、滑り方だけでなく、滑走に対する姿勢や考え方なども教えてくれるだろう。

ゲレンデでの練習も大切

山で経験を積むことも大切だが、滑走がうまくなりたいなら、ゲレンデでの練習は欠かせない。山はあくまで「応用」の世界であり、山ばかり滑っていると自己流に陥る可能性も高い。先生について上達のアドバイスをもらうのもよいだろう。

転倒したときは
スムーズに立ち上がる

バックカントリーでは、転倒がきっかけとなり、滑落や衝突などにつながる恐れがある。また、転倒すると体力を消耗し、気分も下向きになりがちだ。このため、なるべく転倒しないように余裕をもって滑ることが基本といわれている。特に、急斜面やアイスバーンは滑落の危険が高いので、転倒を避けたい。

　とはいえ、実際には転倒は起きるものだ。もし転んだら、ケガの防止を第一に考えよう。難しいかもしれないが、転倒中は足首などの関節に力を込め、板と足とのねじれや骨折などを防ぐよう努力する。止まる前に、できるだけ頭が上になるように体勢をもっていこう。止まったら板を体の谷側にもってきて、速やかに立ち上がる。

　なお、深雪で転倒すると、起き上がるのに非常に苦労することが多い。スキーはポールなどを使って立ち上がろう。ボードは、板をつけたままが無理そうなら板を外し、滑走できる地点まで移動して再装着する。

転倒したときの起き上がり方

ボード

バックサイドで転倒

体を板に近づける

ノーズを上げ、手を突いて立ち上がる

テール側から前足へ乗り込んで滑走開始

スノーボードのテールを支点にする

転倒時も、極力ボードを足から外さずに立ち上がりたい。この方法は、パウダーや深雪でもスムーズにリカバリーできる方法なので、覚えておくとよいだろう。

スキー＆ボード

バックパックを体のそばに置き、手を突いて立ち上がる

体勢が安定したらバックパックを背負う

バックパックを支点にする

バックパックが重くて立ち上がれないことがある。そんなときはバックパックを外して雪面に置き、そこに手を突いて立ち上がろう。スキー・スノーボードともに使える方法だ。

スキー

ポールを十字にして雪面に置く

ポールを支えにして立ち上がる

ポールを支点にする

ポールを持って滑るスキーヤー向けの方法。深い雪でポールが雪面より沈む場合、ポールから手を放してしまい行方不明にならないよう注意したい。

さまざまな状況と滑り方

いろいろな雪を楽しむために

山では滑りだす前に、ある程度、雪質や斜面の状態について予測をしておきたい。登る山やルートによっては、計画段階からなんとなく予測ができるかもしれないし、ツアー当日にも、日照、気温、降雪、斜面の向き、時間などを考えながら登り、「今日はこんな雪じゃないかな」と予想して滑り方をイメージしておくとよい。雪質や地形を見て滑走ラインを考えることで、安全で快適な滑りを楽しめるだろう。滑走前には板の滑り具合を確認するとよい。

バックカントリーでの滑走は、一見豪快そうだが、実は繊細さが求められる部分も多い。刻一刻と変わる雪面状況をとらえるためには、足裏の感覚を研ぎ澄ましておく必要がある。雪の状態に合わせて、瞬時に板を制御しながら攻略していく楽しさは何物にも替えがたい。滑りやすいパウダーかザラメ以外は、悪雪と呼ばれるような滑りにくい雪も多い。雪が悪くても楽しいのが山だが、良い雪を当てられるとさらに楽しい。

雪質

パウダーといっても雪質・深さなどさまざま

新雪（パウダー・深雪）

厳冬期の醍醐味、パウダーライド。舞い上がる雪を全身に浴びる気持ちよさは格別だ。空気を多く含むふかふかのパウダーは、ゲレンデのような整地に比べて雪の抵抗（反発）が弱い。ごく弱い雪の抵抗を足裏で敏感に感じ取りながら、ソフトタッチで滑ろう。

パウダー滑走の際に意識したい「沈み込み角」

雪面
沈み込み角
スキーが沈み込むと
この角度になる

雪面に対してやや後傾に見えるが、正しく荷重している

パウダー（深雪）と整地の大きな違いのひとつは、「スキーが沈む」こと。パウダーではスキーが沈むことで、板の角度は実際の斜面よりも水平に近くなる。たとえば雪面が30度の斜面でも、スキー板の角度は20度くらいになっていて、見かけよりも緩い斜度感覚で滑っている。

これを「沈み込み角」などと呼ぶが、パウダー滑走の際は、この角度を意識してポジションを考えよう。正しいポジションは、板に対して直角に荷重できる位置。正しい荷重により、スムーズなターンやコントロールが可能になる。

雪質

ザラメ

ザラメ雪は、適度にゆるんだソフトな感触でとても滑りやすく、春の滑走における醍醐味のひとつでもある。大きな抵抗や引っかかりがなく、独特の気持ちよさだ。春は雪質の変化が大きいため、よいザラメを当てるのはパウダーより難しいかもしれない。

アイスバーン

アイスバーンでは、転倒が滑落につながる恐れがある。安全第一で、転ばずに確実に降りることを優先しよう。強くエッジングをするとエッジがツルリと滑って転ぶこともあるので、横滑りで降りるとよい。停止の際も急に止まろうとせず、ソフトなエッジングで。

トリッキーな雪面

バックカントリーでは、自然が生み出すトリッキーな雪面も多い。強い風によってできる風紋、降雨によってできる縦方向の溝、水溜まりによって形成されるスプーンカットと呼ばれる穴などさまざまだ。足裏で凹凸を感じながら慎重に滑り降りよう。

クラスト

積雪表面のみが凍って硬く、下が軟らかいクラスト雪は、滑るのが難しい雪質の代表格。クラストとひとくちに言っても、生成過程によりさまざまなので、滑ってみないとわからない。テクニックを駆使して楽しむ上級者向けの雪といえる。

地形・植生

ツリーラン

樹林帯では、視野を広くもつことが大切。視点を1カ所にロックせずに、樹間の広いところを探しながら滑る。目の前の樹木に集中すると上手に滑れないので、3本くらい先を見るようにしよう。樹木のすぐ下を通るような滑走ラインをイメージして。

オープンバーン

障害物がなさそうに見えるオープンバーンだが、岩や樹木が隠れている可能性もある。万一のときにすぐ減速できる、余裕のある滑りをしよう。日射や風の影響を受けやすく、雪質の変化が大きいのも特徴。足裏で雪質を感じながら滑りをコントロールする。

急斜面

急斜面で恐怖を感じる人は多い。怖がって止まろうと強くエッジングをすると、ポジションを崩して転倒する恐れがある。急斜面で急停止はNGだ。減速を意識しながら板をコントロールして滑ろう。ゲレンデで斜度やスピードに慣れておくことも大切だ。

ゲレンデで技術を磨く

①スキー編

ゲレンデでの練習の際、目的がバックカントリーなら、それを念頭に置いて練習するほうがいい。ここでは、バックカントリーに出る前にゲレンデで練習しておくとよいテクニックを紹介する。

スキーを始めたばかりで、一日でも早くバックカントリーデビューをしたい人の場合は、「上手下手は関係なく、とりあえずどんな場所でも降りてこられる」ことを優先したい。ゲレンデの上級者斜面でも、スキーを制御しながら安全に降りられることが目標となる。

ある程度スキー経験がある人の場合は、ターンの質の向上、不整地滑走など、より実践的な練習をしよう。パークで変化の大きな地形を経験してみるのもおもしろいものだ。

切り替えやターンといった動きには、荷重、角付け、回旋など多くの要素が関係している。あまり理論に偏る必要はないが、理論が理解できると上達のきっかけになるかもしれない。

キックターン

ここでは下りのキックターンを紹介する。急斜面や悪雪でどうしてもターンができない場合、斜滑降とキックターンを組み合わせて降りる。また、ブッシュ帯の通過など、狭い場所での方向転換の際にも役立つ。

1 谷足（左足）のトップを持ち上げる

2 体を谷側に向け、谷足の向きを180度変えて雪面に下ろす

3 体を谷足と同じ向きに回し、ポールを体の前方に突く

4 ポールを支えにして山側の足を持ち上げる

5 持ち上げた足を谷側にもってくる

6 谷側にもってきた足を雪面に下ろし、両足をそろえる

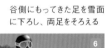

プルークボーゲン

いわゆる「ハの字」滑走。基本的な制動・滑降技術で、バックカントリーのすべてのシチュエーションで有効なテクニックとなる。外側のスキーへの荷重を意識すること。感じた雪面抵抗に合わせて荷重し、スキーを操作する感覚を身につけよう。

外足（右足）へ荷重する。ひざを柔らかく使い、雪面の抵抗を受け止めよう

荷重をゆるめると同時に、板の真ん中に立ち上がる

谷スキーの角付けがゆるみ、スキーがフォールラインへ向いてくる

4〜6：外足（左足）への荷重を強めると、次第に外スキーが角付けされてターンになる

外スキーへの荷重をゆるめる

両スキーのずらし（ズレ）を意識する

スキーの滑走面をずらすことで雪面抵抗を受け、進行方向を制御することができる。左右のズレをできるだけ均等にしてみよう

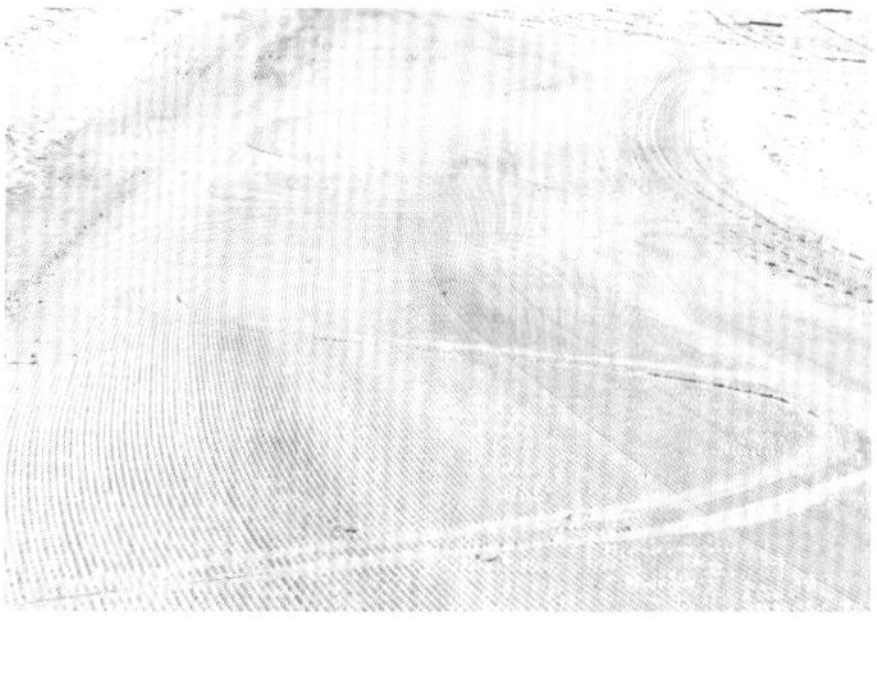

スケーティング

平坦に近い斜面では、スケーティングを行なうことで移動速度を上げることができる。スケーティングには、荷重、体重移動、エッジング、角付けなど、スキー操作に大切な要素が多く含まれている。スキーをスムーズに滑らせられるよう練習しよう。かかとから押し出すようにスキーを滑らせるのがポイントだ。

下り

1

軽くひざを屈伸させ、左足を引き寄せたら、ポールを突く

2

ポールを後方に押し出すと同時に、左足に乗り込み、スキーを滑らせる

3

次に右足を引き寄せ、ポールを突く

4

引き寄せた足に乗り込み、ポールを後方へ押し出してスキーを滑らせる

登り

1

右足のスキーに体重を移動させ、同時にポールを突く

2

ポールを後ろに押し出し、かかとからエッジを押すようにスキーを滑らせる

3

左足を引き寄せ、次の体重移動への準備を行なう

4

左足に乗り込み、スキーを滑らせる

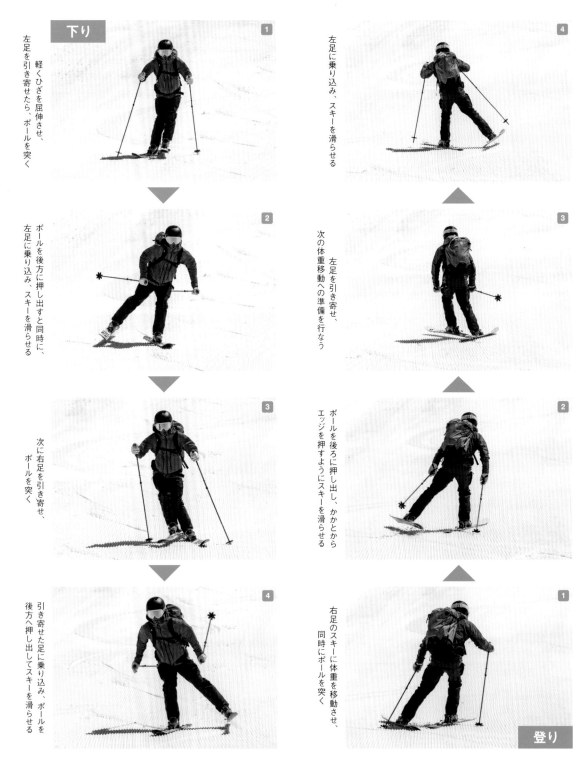

横滑りからの真下切り替え

「切り替え」はスキー操作において重要だ。しかし、重心移動やエッジングを含む、さまざまな要素が関係するので、上達には時間がかかる。最初は抜重の動きを利用して、スキーへの荷重が弱まったタイミングでスキーを回し、切り替えの感覚をつかもう。

足首やひざをしっかり曲げて、横滑り。
スキーへの荷重やエッジングはなめらかに

角付けを弱めると、エッジングが弱まる。
滑走面がフラットになるとスキーが下へ向く

足首をうまく使ってスキーを回旋させると
エッジが切り替わる

切り替えができたら外足（谷足）への荷重を強める。
なめらかなエッジングのまま横滑り

角付けを弱めながら立ち上がり、
滑走面をフラットにしながら切り替える

スキーの真ん中に乗りながら横滑り

プロペラターン（ジャンプターン）

切り替えのテクニックのひとつ。瞬間的にスキーの方向を変えることができるので、ターンが難しい悪雪などで有効。上体は常にフォールラインを向くように意識し、体の上下動とひねり戻しの動作を使ってスキーを回す

しっかりとスキーに荷重し足場をつくる

2〜3：足場の上で軽くジャンプし、ブーツを中心にスキーを回して切り替える

4〜5：着地と同時に両足にしっかりと乗る

軽くジャンプする

7〜8：ブーツを中心にスキーを回して切り替える

両足でしっかりと着地する

ターン弧の調整

パラレルターンがスムーズにできるようになったら、エッジングの強弱によってターン弧を調整してみよう。エッジングを強めるとターン弧は深くなり、弱めるとターン弧は浅くなる。自在にターンできるようになれば、ツリーランなどでも楽しめるようになるだろう。

ゲレンデでは思いきった練習もできる。エッジングを強めて、深いターンに挑戦してみよう

【テレマークスキー】両足均等に荷重する

テレマークスキーはターンのときに足を前後に開くこともあり、正しいポジショニングの感覚がつかみにくい。両足均等に、スキーに真上から荷重できる体の位置が正しいポジションだが、初心者は、前足荷重が強く、後ろ足に乗れない人が多いようだ。不安定な雪面でも、常に両足でしっかりとスキーに乗れるよう、正しいポジションを意識して練習を重ねたい。

両足均等荷重により、安定したターンができる。正しいポジショニングが身についたら、さまざまな滑りに挑戦しよう

ゲレンデで技術を磨く

②スノーボード編

バックカントリーでは、状況に応じて適切に滑り方を変えなくてはいけない。時にはワンターンごとに変化する雪質を足裏で敏感に感じ取りながら、ボードを操作していく必要がある。

非圧雪やパークも練習の舞台に

バックカントリーをめざす人なら、ある程度ゲレンデでの滑走経験を踏んでいるだろう。

しかし、山はゲレンデよりも雪質や地形が多様で、変化に富んでいる。そんなバックカントリーに入るためには、ゲレンデでも、できるだけいろいろなシチュエーションを滑っておきたい。

急斜面やゲレンデ脇の非圧雪のほか、これまで入ったことのないパークで、小さめのキッカーやパイプを使ってより立体的な地形を滑るのも練習になる。ゲレンデで楽しく遊びながら、板の操作を身につけていくとよいだろう。

不整地やパークに入る

整地での滑走がある程度上達したら、ゲレンデにある「3D地形」にチャレンジしてみよう。ゲレンデ脇の壁で遊んでみたり、小さめのキッカーやパイプに挑戦したりするのもよいだろう。なお滑走前には周囲の安全を確認して。

パークで遊ぶ

最初はゆるやかなウェーブなどからチャレンジし、少しずつ難易度を上げていこう。キッカーの壁を使ってトリック（技）に挑戦するのも楽しい。トリックはボードコントロールの練習になるほか、バックカントリーで自然地形の楽しみ方も増やしてくれる

バンクドスラローム

バンク（壁に囲まれた連続カーブ）という地形を滑るバンクドスラロームは、地形変化への対応力を高めるのによい練習だ。バンクの形によってライン取りを考え、スピードをしっかりコントロールしながら滑ってみよう

苦手な人が多い ヒールサイドトラバース

急斜面を横切るトラバースを苦手とする人は多い。特にヒールサイドでのトラバースができずに、ズルズルと横滑りになって目的の斜面へ行けないケースがよく見られる。

山では比較的長い距離をトラバースしなくてはならないこともある。だが、斜面を横切ることは滑落や雪崩などの危険があり、トラバースをする場所は、できるだけスムーズに通過したい場所であることも多い。安全に早く通過できるよう、ゲレンデで練習しておきたい。

板の手入れも大切

両足が固定されているスノーボードは、平地の移動に苦労することが多い。平坦な地形ではポールを手に持って滑るのもひとつの手だが、いちいちポールを出し入れするのも面倒だ。

滑走面の広いスノーボードは、ワクシングによる滑走性の違いも大きく、平地での「もうひと滑り」に助けられることも多い。特に春などはお手入れを意識してみよう。

トラバース

悪い姿勢

視線が斜面の下方を向いていて、骨盤がフォールラインを向いている（ボードと平行）。この姿勢だと、ボードに荷重をしてもトラバースでなく横滑りになり、ズルズルとフォールラインに落ちていく

よい姿勢

よいトラバースのコツは、「視線」と「骨盤の向き」。視線と骨盤を進行方向へ向けよう。ボードに真上からしっかり荷重すると、姿勢も安定する。お尻が出てしまわないように気をつけよう

Column 5

滑走時のマナー

〜みんなが楽しむために〜

バックカントリーは自由な世界。ノートラックの大斜面、どこをどのように滑るか、自己責任で好きなところを登って滑る……は、確実に他者がいない限られたエリアでの話。実際のバックカントリーエリアではほかのスキーヤー、スノーボーダー、登山者などとトレースや斜面を共有して利用する場合がほとんどだ。山の中の行動で、明確なルールというものはあまり存在しない。だが、暗黙の了解でマナー的なものは確実にある。事故やトラブルを避け、バックカントリーで誰もが楽しむために守るべきマナーを知っておくことは大切だろう。

雪崩地形やその他の危険地形、ルートミスなど、さまざまなリスクマネジメントを行ない、さあ滑ろうと思ってもまだ考えなければいけないことがある。自分たち以外、他者との斜面共有について考え、行動することも大切なリスクマネジメント。

新雪滑走時、特にファーストトラックが絡んでくるようなシチュエーションではタイミングにより微妙な場面が多々ある。基本的には、ラッセルを頑張って最初にドロップポイントまで登った人・グループが最初にその斜面を滑るべきだろう。しかし、後追いして途中で追い越してしまったり、先行者が大休憩を始めてなかなか滑りださなかったり、常に順番どおりに滑りだせないこともある。そんなときに大切なのはコミュニケーションだろう。たとえば、先行者を追い抜くときはラッセルとトレースを使ったお礼を言い、どのあたりを滑る予定なのかを聞いておく。そのうえで別の斜面をめざせばいい。別グループのラッセルしたトレースを使って登り、先行者がまだ上に登っているうちに途中からさっさといい斜面を滑ってしまうのはまずい行為といえる。ただ、最初に登り始めたからといってすべての優先権が得られるわけでもない。最初に上がった者は、後続者のことも考えて斜面を選び、滑るシュプールにも配慮したい。

かつては、新雪を滑るときは手前から順に奥へ滑り、規則正しいショートターンのシュプールがきれいに並んでいたものだが、スノーボードやファットスキーの登場で斜面いっぱいのロングターンを刻む人が増え、そのようなスキーシュプール文化は消えたと言っていい。

先行者も後続者も、おたがいに他人に配慮しながら滑るラインを考え、限られた斜面をみんなで楽しむ気持ちが大切。そんな気持ちがあれば、山の中でのマナーはおのずと見えてくるはずだ。

写真・文／藤川 健

別のパーティはどこを滑るのか？ 他者にも配慮してみんなで楽しもう

昔はショートターンで斜面を譲り合う文化があった

Part 6

バックカントリーの危険とリスクマネジメント

■執筆・監修／P114-117 旭 立太

雪山に潜む危険

危険を知ることがリスク回避の第一歩

抜けるような青空をバックに銀色に輝く雪山は、見る者を魅了してやまない。その斜面に自分の思い描いたシュプールを刻むことは、バックカントリー愛好者にとって無上の喜びであり、バックカントリーならではの醍醐味だと言っていい。

しかし、バックカントリーのフィールドとなる雪山には数々の危険が潜んでいる。それを認識しないまま、楽しさを追い求めて雪山に踏み込んでいくのはあまりに軽率だ。危険に対し、無知ゆえの無防備でいることほど怖いものはない。

雪山でのリスクには、雪崩をはじめとして悪天候やルートミス、低体温症、凍傷、立ち木への衝突などさまざまなものがある。それらを認識することが、リスクマネジメントの第一歩となる。それらをどう評価し、どう行動判断を下すかは、人それぞれだ。体力や技術、経験、知識、パーティとしての総合力などによって判断は当然違ってくるし、そこに正解というものはない。しかし、その判断を誤ったときに事故は起きる。

バックカントリーに限らず、山での遭難事故の多くは判断ミスによって引き起こされている。その判断ミスは、危険そのものを認識しないこと、あるいは危険度を過小評価してしまうことによるものも少なくない。そして判断ミスを犯すのは、経験の浅い初心者ばかりではない。雪山の怖さをよく知っているはずの経験豊かな者でさえ、油断や慢心が生じれば、たちまち雪山の罠に絡めとられてしまう。

これからたどる予定ルートにはどんな危険が潜んでいるのか、それをうまくかわして楽しむにはどうすればいいのか、万一、危険に遭遇してしまったらどう対処すべきか――雪山では、常にリスクと対策を考えながら行動することが求められる。

本章では、そのための必要最低限のノウハウを解説しているが、できれば山岳気象や雪崩、ファーストエイドの専門書を読むなどして、より理解を深めていただきたい。

バックカントリーの楽しさと危険は表裏一体。まずは危険を認識することから始めよう

雪山の地形とそこに潜む危険

⑦谷・沢筋

沢状の地形は雪崩の走路となりやすい。小規模な雪崩でもより大きな被害をもたらす深い谷や漏斗状の沢にも警戒が必要だ。

④雪庇

尾根上の風下側に積雪がひさしのように張り出す現象。不用意にその上に乗ると、崩落して風下側の斜面に転落してしまう。

①悪天候

雪山での悪天候は行動に支障をきたす要因となる。風雪が強まることでルートミスや雪崩、低体温症などのリスクも高まる。

⑧雪渓

谷を埋めた雪が遅くまで残っている雪渓は、構造上、脆弱になっている箇所があり、うっかり踏み抜いてしまう危険がある。

⑤オープンバーン

木立のない開けた斜面は、積雪の安定度によっては雪崩のリスクが高まっている可能性も。視界不良時のルートミスにも注意。

②雪崩

斜面に降り積もった雪が一気に流れ落ちる現象で、雪山での大きな脅威のひとつ。状況次第では大きな事故につながる可能性も。

⑨樹林帯

滑走時の立ち木への衝突、視界不良時のルートミスなどに注意。滑走時に仲間の姿を見失ってしまうトラブルも散見される。

⑥急斜面

雪崩は緩斜面より急斜面で発生しやすく、斜度30～45度の斜面で多発している。登高時、滑走時ともに滑落にも注意したい。

③ヤセ尾根

両側がすっぱり切れ落ちたような尾根上では転・滑落に要注意。特に風が強いときはあおられてバランスを崩しやすい。

リスクに備える

計画・準備段階でのリスクマネジメント

実際の現場でのトラブルやアクシデントを回避するには、計画・準備段階でしっかりリスクマネジメントを行なっておく必要があり、そのために欠かせないのが情報収集だ。集めた情報をもとに綿密な計画を立てることにより、安全性はより向上し、いざというときにも迅速で的確な対応ができるようになる。

予定している山・ルートの状況については、バックカントリーのルートガイド本のほか、国土地理院の地形図、インターネットの登山関連サイトや個人のブログにアップされた記録などが情報源となる。ただし、ルートガイド本には最新の情報が掲載されているわけではなく、情報が古い場合もある。また、ネット上に投稿された山行記録は、発表者の目線で書かれたものが多く、鵜呑みにはできない。技術・体力レベルが未知の他人が主観で書いた記録を、自分たちの計画に当てはめようとするのは危険であり、あくまで参考程度にとどめるべきだ。現地の最新情報は、入山に利用するスキー場のウェブサイトをチェックしたり、ルート状にある山小屋に問い合わせるなどして入手するといい。

予定ルートで過去にどんな事故が起きているのかを知ることはリスク回避に役立つが、情報源は少なく、雪崩関連書籍をチェックするか、インターネットで検索して調べるしかない。一部の山域では、関係機関や団体がシーズン中に雪崩情報を随時発表しているので、該当エリアへ行く際には必ずチェックしたい。

気象に関する情報は、気象庁をはじめとする気象情報サイトで入手できる。情報をもとに自分で天候を予測するには、ある程度の基本的な知識が必要となる。山行直前だけでなく、日頃から気象情報をチェックして自分なりに予測する習慣をつければ、いざ山に行くときにも役に立つだろう。高層天気図を活用した予報は一般的にはハードルが高いが、標高の高い山には有効なので、興味があるなら勉強してみる価値はある。

冬～春の特徴的な気象現象

12月から2月にかけて日本列島は西高東低の冬型の気圧配置が多くなり、寒さがいっそう厳しくなる。特に温帯低気圧通過時に山は暴風雪となるので、充分に注意したい。

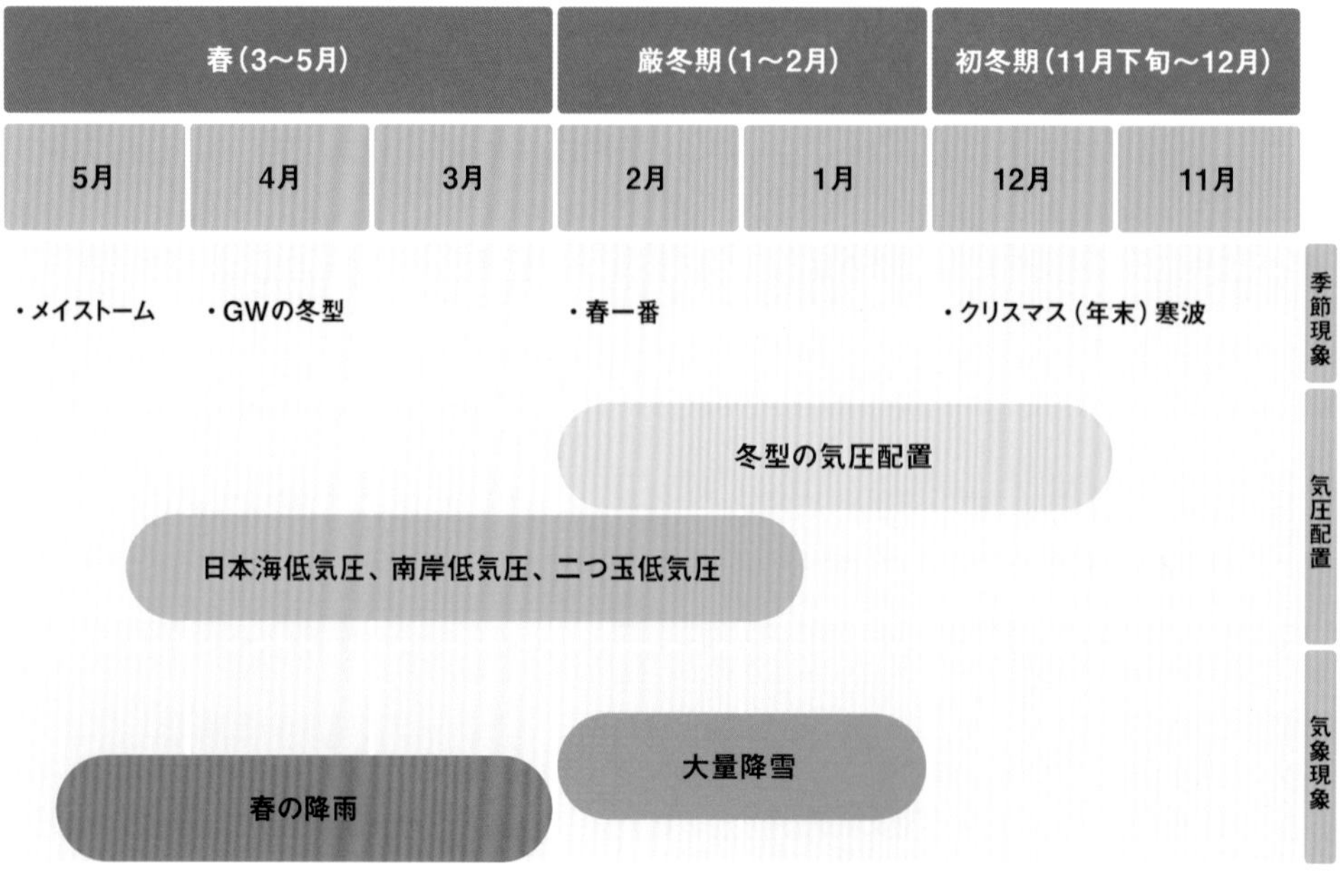
春（3～5月）
厳冬期（1～2月）
初冬期（11月下旬～12月）
5月
4月
3月
2月
1月
12月
11月
季節現象
・メイストーム
・GWの冬型
・春一番
・クリスマス（年末）寒波
気圧配置
冬型の気圧配置
日本海低気圧、南岸低気圧、二つ玉低気圧
気象現象
大量降雪
春の降雨

天候に関する情報収集

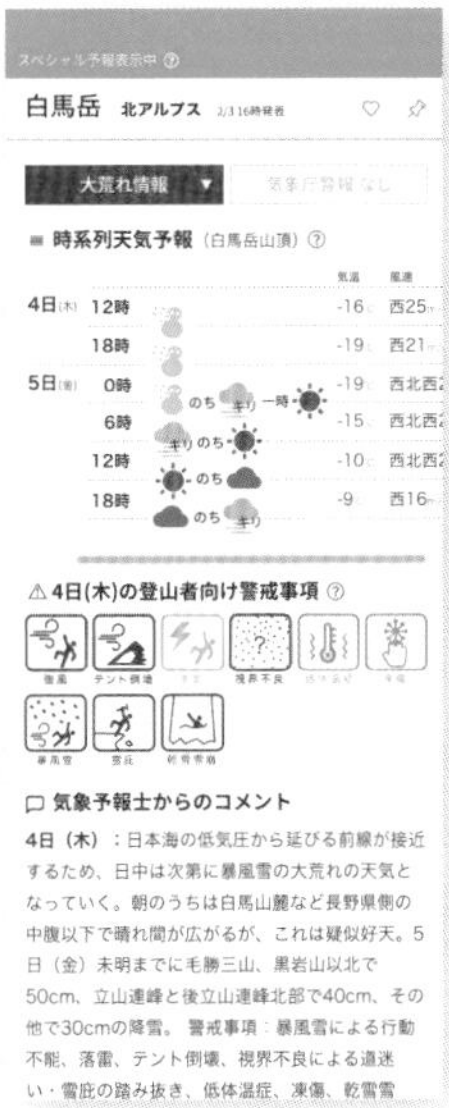

ヤマテン

https://i.yamatenki.co.jp 山の天気を予測する国内唯一の専門サイト。2021年秋に大幅リニューアルし、予報対象の山は59から332に拡充された。山岳気象に精通した気象予報士が、山頂の気象予報のほか、各種リスク情報などを提供する。有料（月額330円）。

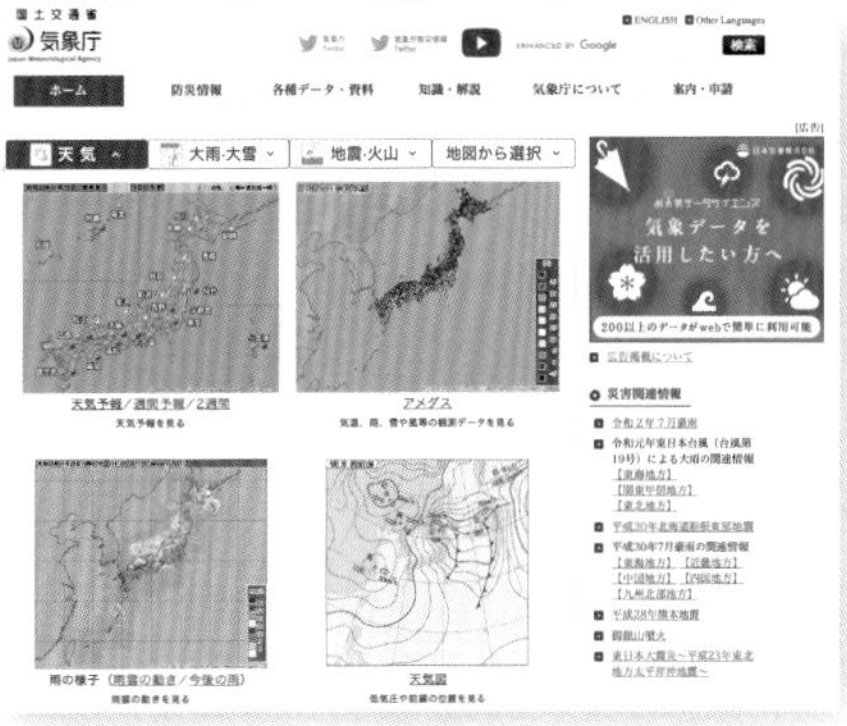

気象庁

https://www.jma.go.jp　気象情報サービスの総本山的存在。質・量ともに充実した情報が提供されており、山行前はもちろん、山行中にも役立つ。専門知識があれば、さまざまな予報も可能となる。

山、ルートに関する情報収集

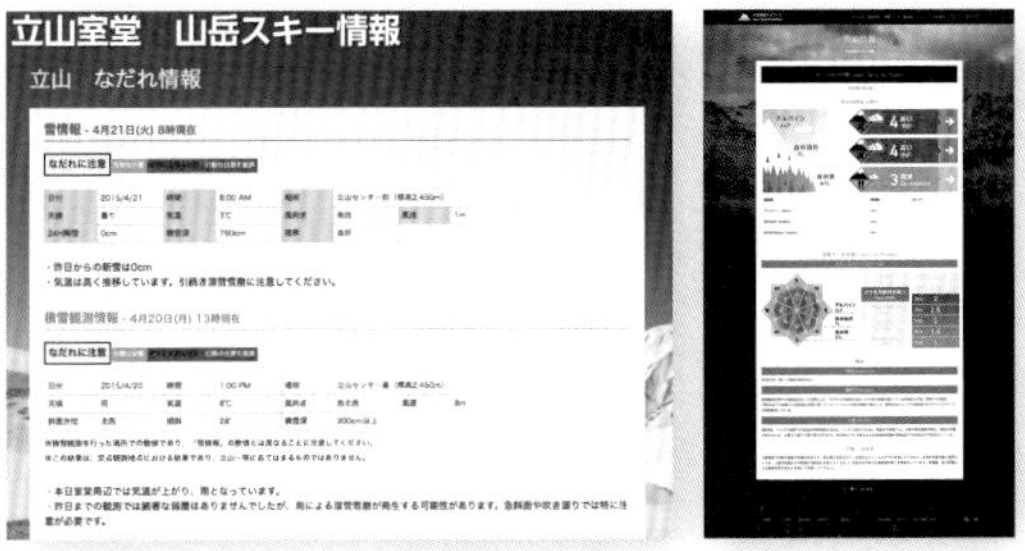

雪崩情報

日本雪崩ネットワークや富山県山岳遭難対策協議会などが、シーズン中に随時配信している、特定山域における雪崩の危険度や積雪状況に関する情報。行動開始前には要チェック。

ルート集

出版社から刊行されているルートガイド集で、山岳ガイドやバックカントリー愛好者らが執筆している。時期や降雪量などによってルートの状況は変わるので注意が必要だ。

インターネット

ネット上に投稿された個人の山行記録。山やルートの最新情報を知るのに役立つ。ただし、難易度やコースタイムなどには主観が入りやすく、100%信頼するのは危険だ。

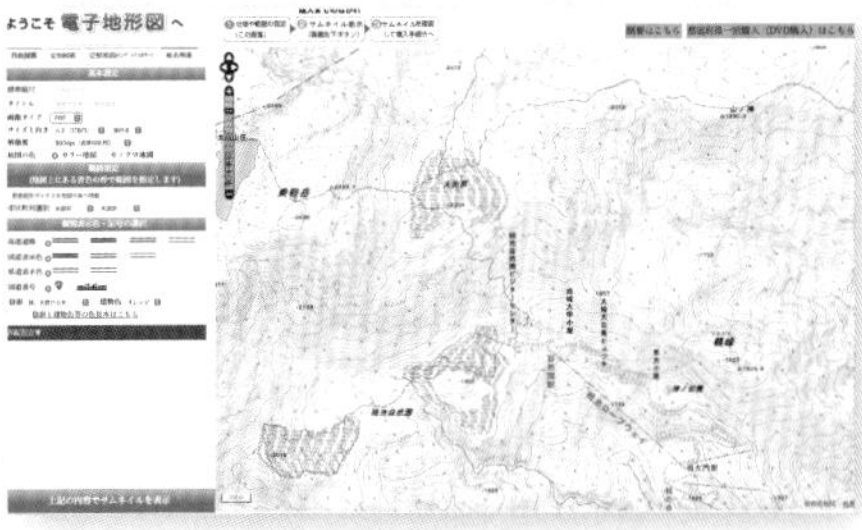

電子地形図25000

https://net.jmc.or.jp　国土地理院が刊行し、日本地図センターが販売する2万5000分ノ1地形図の画像データ。最新情報が随時更新され、地図の範囲や大きさを自由に設定できる。1ファイル178円〜。

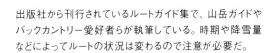

悪天候

気象予報を活用して判断

雪山で想定されるさまざまなリスクは、悪天候下でより高くなる

日本の冬の天気は、「冬型→移動性高気圧→温帯低気圧の通過→冬型」というサイクルを繰り返しながら変化する。「西高東低」ともいわれる冬型は、千島近海や東海上に低気圧が進み、日本の西側で気圧が高く、東側で気圧が低くなる気圧配置のこと。冬型のときは、太平洋側では晴天が続くが、日本海側では雪や雨となる。この冬型がゆるんで大陸から移動性高気圧がやってくると、高気圧に覆われたエリアでは好天に恵まれる。しかし、そのあとに温帯低気圧（日本海低気圧、南岸低気圧、二つ玉低気圧）が日本列島付近を発達しながら通過するときと通過後には、山は大荒れの天候となる。

また、寒さが和らぐ3〜5月の春山シーズンは、冬型が長続きせず、移動性高気圧や温帯低気圧が交互に通過するため、天気はめまぐるしく変わる。発達した低気圧が通過したあとの一時的な冬型、低気圧が急速に発達して台風並みの暴風雪（雨）となるメイストーム（春の嵐）、低気圧の通過時に一時的に天気が回復する疑似好天など、遭難事故の引き金となるこの時期ならではの気象現象もいくつかある。

自然環境が無雪期よりもいっそう厳しくなる雪山では、ひとたび天気が悪化すると、ルートミス、転・滑落、低体温症、凍傷、雪崩などに遭遇するリスクが格段に高くなる。特に次ページに挙げた気圧配置のときは、山は間違いなく大荒れの天候に見舞われる。過去に起きた雪山での大きな遭難事故の多くは、このような気象現象のときに起きている。

気象遭難のリスクを下げるには、山行前に気象予報をよくチェックして、山が好天になるタイミングをとらえるようにしたい。悪天候が予測される場合は、原則的に行動しない＝計画を変更・中止するのが賢明だ。とはいっても悪天候を100％回避するのは難しいので、万一を想定したエスケープルートや、進退の判断を下すターニングポイントは事前にしっかり決めておくことだ。

注意すべき天気図

日本海低気圧

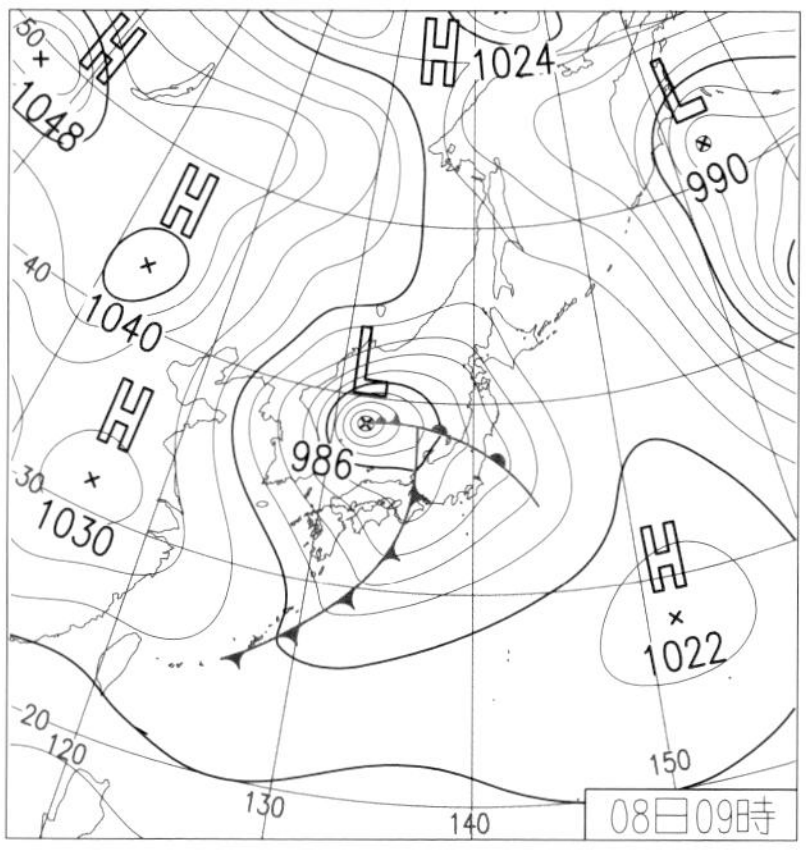

大陸や黄海で発生し、日本海を東〜北東方面に発達しながら進む低気圧。通過前は南寄りの風が強くなって気温も上昇し、「春一番」や春の嵐をもたらすことが多い。通過後は北から寒気が入って北西の風が強まり、日本海側の山を中心に猛吹雪となる。

強い冬型

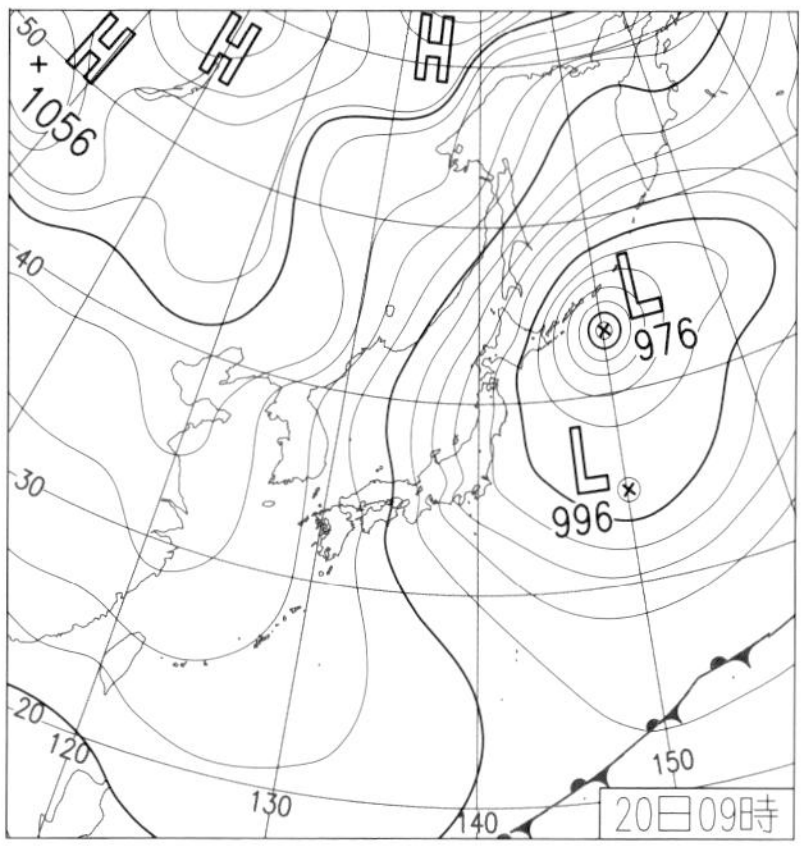

冬型の気圧配置のときに高気圧と低気圧の気圧差が大きい状態を指し、天気図上では間隔の狭い等圧線が南北に走っていることで表わされる。強い寒気が日本付近に流れ込み、北寄りの強く冷たい季節風が吹くため、日本海側の山を中心に暴風雪に見舞われる。

二つ玉低気圧

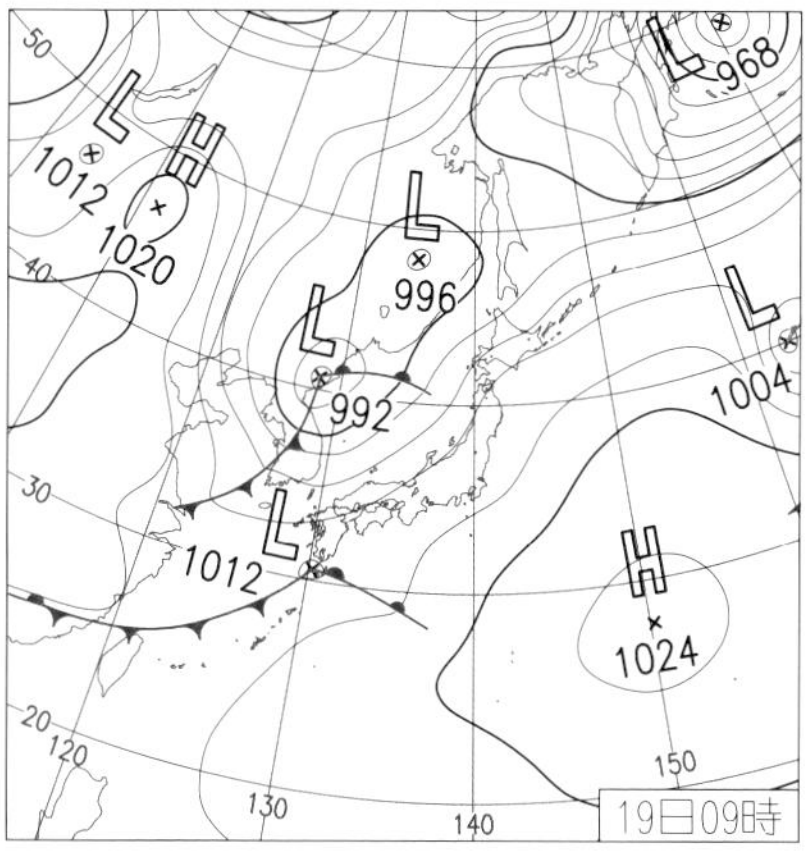

日本海低気圧と南岸低気圧が、日本列島を挟むようにして同時に進行する気圧配置。通過時には全国的に悪天候となり、山は大雨、大雪、強風に見舞われる。通過後は一時的に冬型の気圧配置が強まって気温が急下降し、暴風雪をもたらすこともある。

南岸低気圧

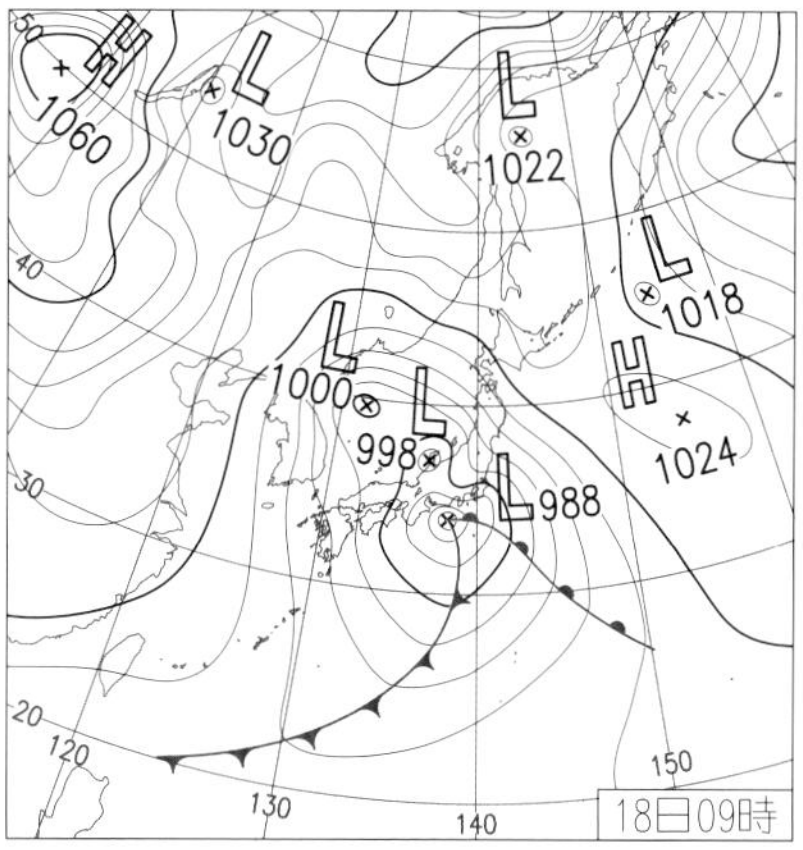

大陸や東シナ海で発生し、本州の南岸沿い、あるいは南海上を東寄りに進む低気圧のこと。低気圧が発達しながら進むと、西日本や東日本の太平洋側の山を中心に、広い範囲で大荒れの天気となる。関東平野部でもまとまった雪が降ることが多い。

疑似好天

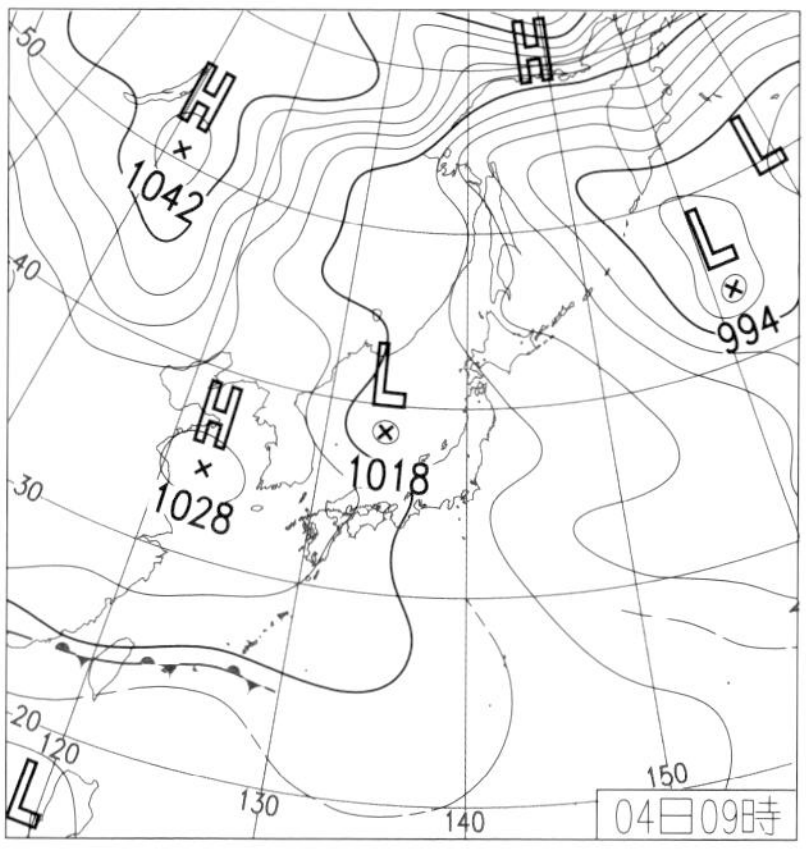

悪天候のさなか、一時的に天気が回復することをいうが、数十分〜数時間後には再び悪天候となる。二つ玉低気圧が通過するときや、日本海上で寒冷低気圧や寒冷前線が接近したときなどに見られる。好天にだまされて行動し、遭難してしまうパターンが多い。

爆弾低気圧

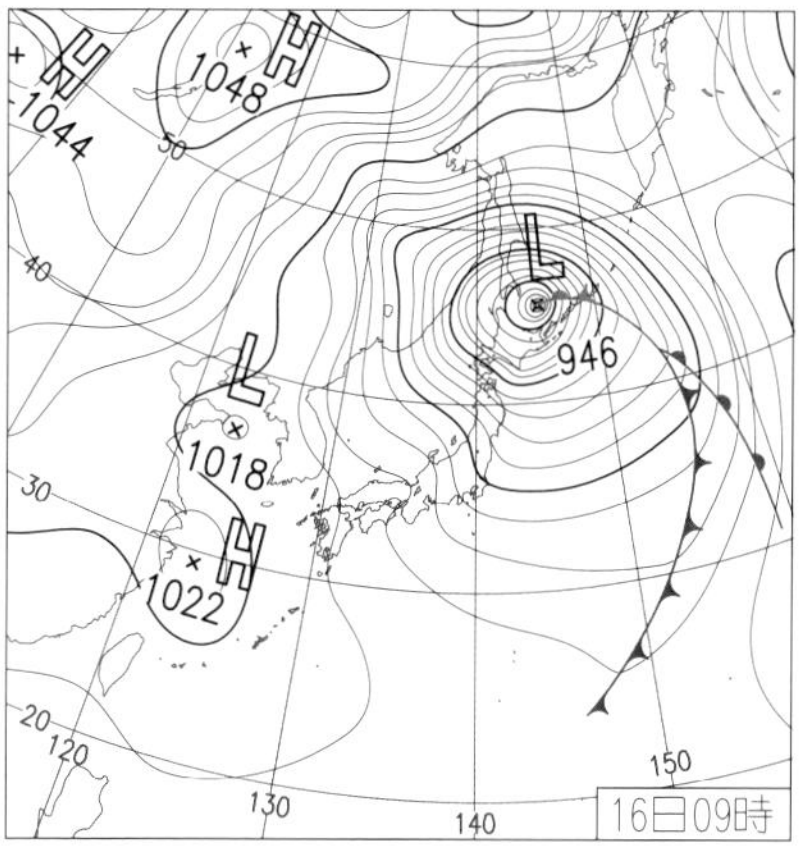

一般的には24時間で気圧が24hPa以上発達する温帯低気圧のことをいうが、気象庁では「急速に発達する低気圧」と表現している。季節の変わり目となる春と秋に多く、山は大荒れの天候となる。二つ玉低気圧が合体し、爆弾低気圧になることも。

雪崩

①「雪崩地形」を見抜く

雪崩対策の最も大切なポイント

雪山ではすべての場所に雪崩の危険があるのではなく、「雪崩地形」と呼ばれる特徴的な場所に危険は存在する。まずは雪崩地形を見極め、賢く行動することが最も重要なこととなる。雪山における経験が浅い人でも、着目するポイントを押さえれば、雪崩地形を見抜けるようになる。ポイントは雪崩の発生区を見極めること。その場所に天候を重ね合わせて、「そこに大量の雪が載った場合、どこまで雪崩は流れるだろうか？」と考えることで、雪崩の走路や堆積区が見えてくる。そして、地形の特徴から「最大どの程度まで雪崩が到達しうるのか？」と考えることが大切だ（小さい雪崩の場合は発生区内で止まることもある）。

なかでも最も重要なのは「雪崩の発生区」の見極めだ。これは「斜度」「風の影響を受けた雪の堆積」「形状」「植生」などから見抜ける。

地形の罠

小さい雪崩でも、流されると重大な結末を招きやすい地形を「地形の罠」と呼び、地形選択の際、とても大切になる。例として、深い沢、崖、斜面内や下部の樹林、窪みなどがある。滑走したい斜面の先に、地形の罠がないか確認しよう。

雪崩地形

雪崩の危険にさらされる場所を「雪崩地形」という。雪崩地形は、過去に雪崩が起きたかどうかではなく、あくまで地形的な特徴から見極めることが重要。

山を注意深く観察し、雪崩地形を見抜くことが雪崩対策の第一歩（写真＝AD）

雪崩地形の3要素

発生区	雪崩が発生する可能性のある場所
走路	発生した雪崩が流れていくところ
堆積区	雪崩が到達する場所。流れた雪が堆積する場所

発生区を見極めるポイント

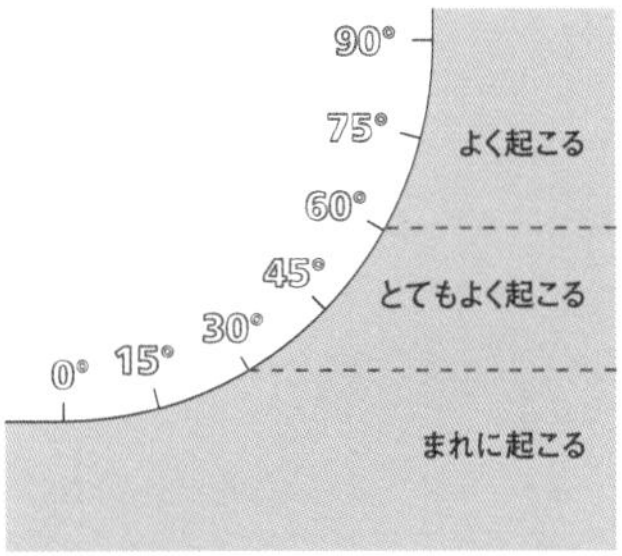
90°
75°
60°
45°
30°
15°
0°
よく起こる
とてもよく起こる
まれに起こる

斜度

発生区を見極める際の最も重要な要素。多くの雪崩は斜度30～45°で発生している。人間の感覚は信頼性がないので斜度計（スマホアプリで充分）を使おう

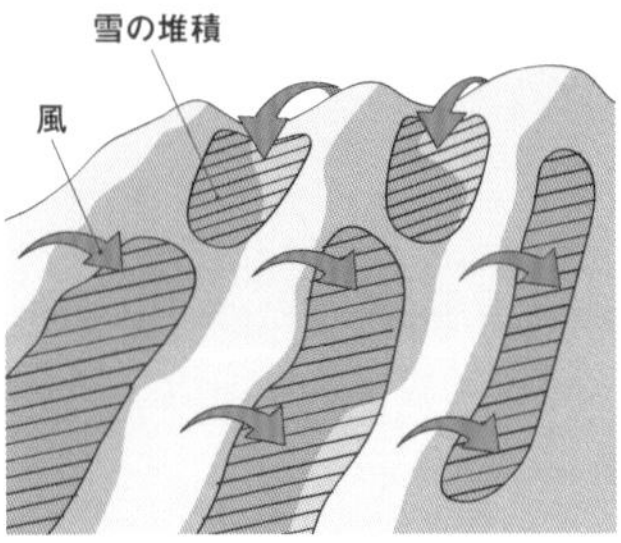
雪の堆積
風

風による雪の堆積

風で雪面を転がり、砕かれて小さくなった雪粒は、堆積してスラブと呼ばれる板状の雪を形成する。スラブが動きだすと雪崩になる。風がどちらから吹き、どこに雪が堆積しているかを観察しよう

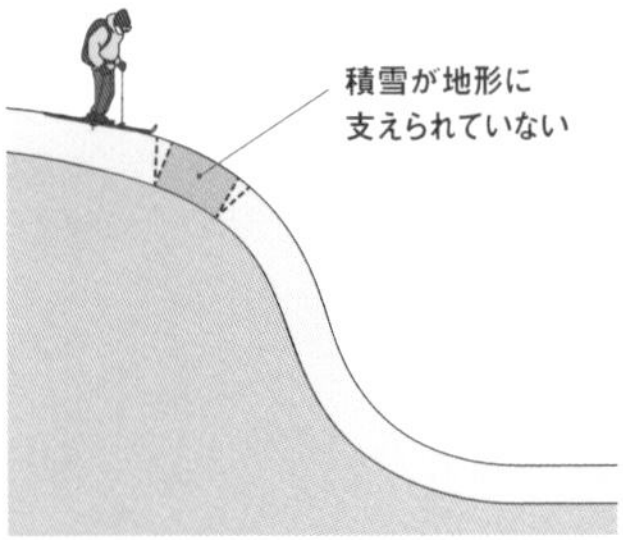
積雪が地形に
支えられていない

地形

斜面が落ち込むような凸状地形も発生区になりうるポイントだ。積雪が地形に支えられていないので、積雪が下方に引っ張られる。逆に凹状地形では、積雪が地形に支えられている

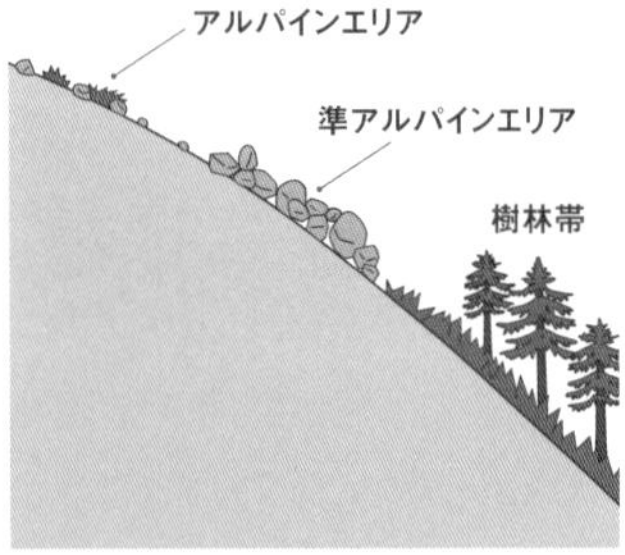
アルパインエリア
準アルパインエリア
樹林帯

植生

地表の凹凸は積雪を保持するアンカーになる。ゆえに密な樹木が生えていない開放斜面は雪崩の発生条件が整いやすい。なお開放斜面にまばらに生えた灌木は信用できず、雪崩れた際にはむしろ凶器となる

雪崩

②把握しやすい「不安定性」を見逃さない

不安定な積雪の兆候

シューティングクラック

斜面に入った瞬間、亀裂が入るシューティングクラックは、積雪が不安定であることの明瞭な証拠。他にもワッフ音などを聞き逃さないように（写真＝AD）

風の状態

風で雪面の雪が激しく移動しているようなときは、尾根上は硬くても、その風下側には危険な雪崩が潜んでいることが多々ある。行動中は常に風の状態に注意を払おう

真新しい雪崩があったら、近隣の斜面にも発生した雪崩がないか探してみよう（写真＝AD）

ふたつの不安定性

雪崩を発生させるような積雪の不安定性には2種類ある。

ひとつは「荒天の不安定性」と呼ばれるもの。雪崩の発生に降雪や風などの気象現象が密接に関連しており、不安定性は比較的早く（数時間～数日）解消する。

もうひとつは「持続型の不安定性」と呼ばれるもの。人が刺激を与えることで雪崩が発生しうる不安定性が、長期間（1週間～2カ月）継続する。把握が難しく、経験豊富なガイドも死亡するなど厄介なものである。

後者は見極めが難しいが、前者は把握しやすいため、不安定性を見逃さないようにしたい。

荒天の不安定性

雪は積もると雪粒同士が結合し、強度を高めていく。しかし、強度が高まるよりも積もり方が早いと、積雪内の雪粒の結合が壊れて雪崩となる。大量降雪の最中やその直後に雪崩が多いのは、この理由による。

強い降雪（1時間で3cm以上積もる）が数時間続き、さらに雪面の雪が動く強さの風（7～11m/s）が断続的に吹けば、人を埋めるくらいの規模の雪崩が発生しうる状態に近づくと考えよう。また、降雪がなくとも強い風で表層の雪が動き、雪崩を発生させることもある。

不安定な雪の重要な兆候

荒天の不安定性の場合、積雪が不安定であることを教えてくれる重要な兆候が見られることもある。たとえば、真新しい雪崩の跡やシューティングクラック、積雪内から聞こえてくるくぐもった音などである。

持続型の不安定性

雪面あるいは積雪内で雪粒が変化し、結合力の弱い雪が形成することで持続型の不安定性は生まれる。的確な把握が難しいため、雪崩情報（＊）が必要だが、国内ではまだ充分に提供されていないのが現状だ。

＊雪崩情報：フィールドで観察された各種データを分析・評価したもの。どのような種類の雪崩が、どのような場所に存在し、どの程度の誘発可能性をもっているのかを示す。

③地形を使った行動で雪崩リスクを軽減

リスクを軽減するための行動

雪崩地形を避けて登る

登るときは、可能なかぎり雪崩地形を外したラインを考える。そして、走路や堆積区などを横切るときは、適度な間隔を空け、素早く移動すること。また休憩の際は周囲を見回し、雪崩地形の中にいないか確認しよう

雪崩が起きるならどのくらいの規模でどこまで到達するか？
地形を見て考えよう。樹林帯や尾根なら安心というわけではない

複数人で同時に滑走しない

複数の人が雪崩に流されると、その捜索救助はとても難しいものになる。一人ずつ滑走し、滑走していないときは安全な場所（＝雪崩地形の外）で待機しつつ、仲間を見守ろう

他者の動きに注意

人気エリアでは複数のグループが近くで行動している場合がある。その際は、互いの行動に注意を払い、同じ雪崩地形内に複数グループが入らないように気をつけよう

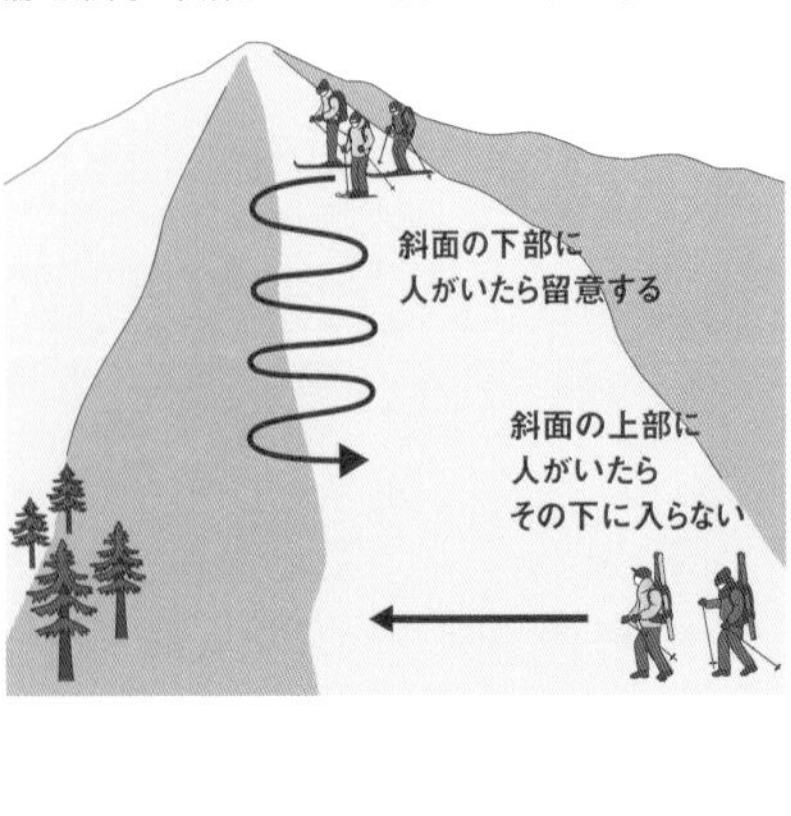
斜面の下部に
人がいたら留意する
斜面の上部に
人がいたら
その下に入らない

リスクが生じるとき

雪崩リスクは、危険要素（ハザード）にさらされる場所、すなわち雪崩地形に入ると生じる。ゆえに地形内に入る人数と時間を上手にマネジメントすることが大切だ。これは昔からいわれている、「滑るときは一人ずつ」「危ない場所では素早く間隔を空けて」と同じである。

また、人間側の雪崩への耐性も考えよう。つまり、雪崩という大きな外的刺激に、その人がどの程度の耐性をもつか、ということだ。具体的には、雪崩装備の携帯、行動者の身体的な強靭さなどである。

斜度と地形規模

ある程度まとまった降雪があったり、ツアー当日の朝まで強い風が吹いていたりと、強い気象現象があった場合は、滑る斜面をしっかり選択しよう。斜度を落としつつ、発生区の地形規模が小さい場所を選ぶことで、比較的簡単にリスクを軽減できる。

雪崩 ④自分や仲間が雪崩に遭ったら

仲間が流されたら

迅速な対応がすべて

仲間が流されたら、一刻一秒でも早く助けなくてはいけない。捜索・救助には下記の対応チャートのような一連の手順がある。いざというときに迅速に対応できるよう、雪崩の専門書や講習会で学んでおきたい

雪崩事故発生時の対応チャート

- 雪崩発生
- 状況確認
  - 許容できない危険 → 安全地帯への退避
  - 許容可能な危険 ↓
- 自分たちの安全確認
- 埋没区域の推定
- ビーコン捜索
- プロービング
- 掘り出し
- 応急手当て・保温
- 組織救助隊へのバトンタッチ

（救急要請）

雪崩に巻き込まれたら

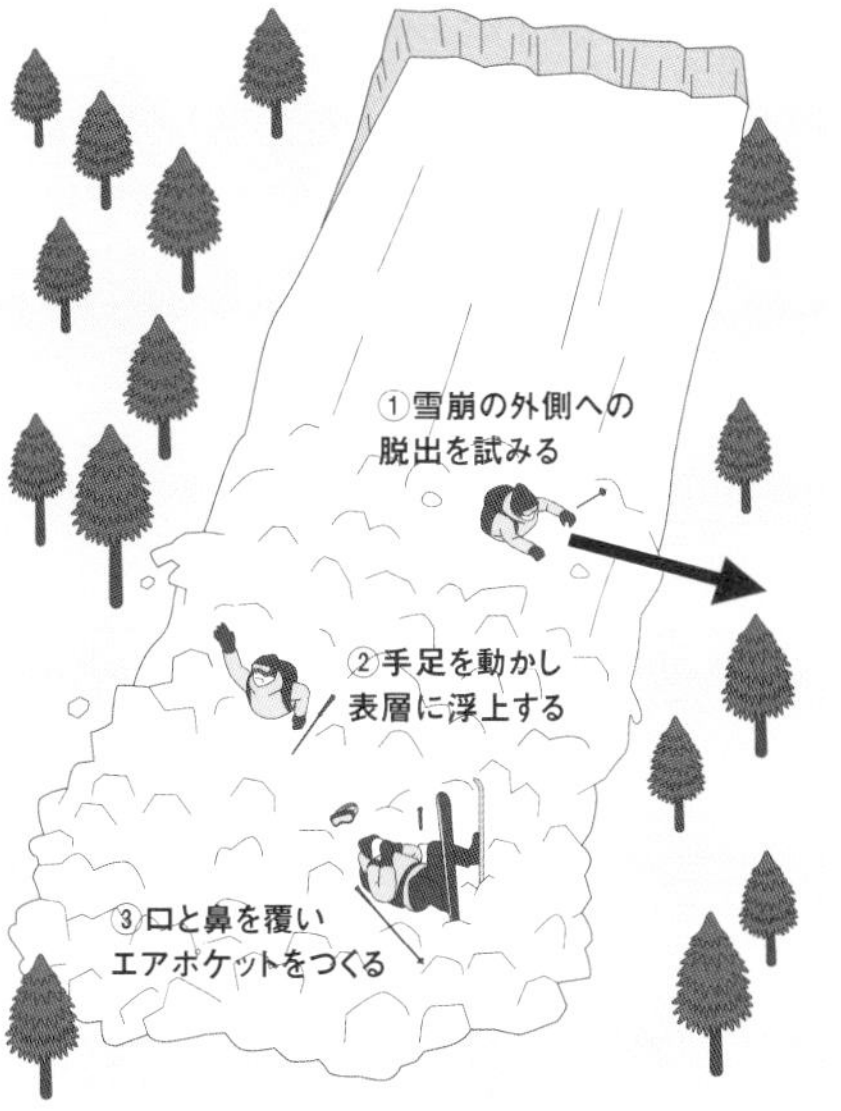
①雪崩の外側への脱出を試みる
②手足を動かし表層に浮上する
③口と鼻を覆いエアポケットをつくる

サバイバル

自分が雪崩に巻き込まれたら、上のような方法でサバイバルのための努力をしよう。なお、ポールのストラップに手を通していると深い埋没の原因となる。40ℓ程度のザックならウエストベルトは締めたままでOKだ

サバイバル

雪崩に巻き込まれた場合には、なによりも自分自身で助かろうとする努力、つまり「サバイバル」が大切だ。人の体は雪崩よりも重いため、流されるままだと深く埋もれてしまう。

まず、雪崩の発生に気づいたら速度を落とさないように斜め横方向へ逃げよう。滑走用具が雪崩の下に入っていかないように頑張ること。

そして、必死にもがいて、流れる雪崩の表層にとどまれるよう努力しよう。雪崩でもみくちゃにされ、それもままならない状況になったら、手で口を覆い、口の周りに「エアポケット」（空気のスペース）をつくる。

雪崩が停止する前に、雪面方向へ片手を突き上げ、手が雪面から出るように努力する。雪崩が停止したら、少しだけ体を動かしてみて、埋没が浅いかどうかを確認し、自力脱出が無理とわかったら、仲間を信じて静かに待とう。心を落ち着かせることが酸素の消費を抑える。

仲間による捜索

仲間が流されたら、可能なかぎり目で追う。見えなくなったところが消失点だ。何人流されたのかを確認し、安全確保と、自分たちで捜索できるような地形であるかを判断する。

ビーコンを受信モードに切り替え、捜索を開始する。この際、全員のビーコンが受信モードであることを必ず確認するように。

消失点から下の雪面に仲間の残留物がないか注意しつつ、ビーコン捜索を実施しよう。埋没点に近づきつつあるのならば、自分ですべてを行なおうとせず、積極的に仲間への声かけをし、掘り出しのための準備をしてもらう。

一連の捜索の手順や用具の使い方は、山岳関連団体で組織された日本雪崩捜索救助協議会のサイト（＊）などに掲載されているので、事前に練習しておこう。フィールドでの実践を含む講習会（P150参照）に参加するのもよい方法だ。

＊雪崩捜索救助協議会 https://avsarjapan.org/

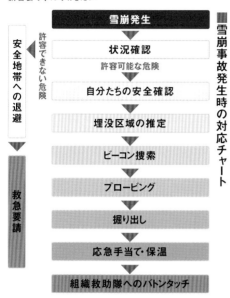

ルートミス

現在地を確認しながらルートファインディングを

ルートミスを防ぐために、こまめに現在地を確認しながら行動しよう

ルートファインディングの基本

- ■周囲の地形をよく観察する
- ■地図やGPSで現在地を確認しながら行動する
- ■リスクの低い場所をつないでいく
- ■状況によって臨機応変にルートを変えることも

無雪期の登山であれば、整備された登山道や道標などに従ってルートをたどっていくことが可能だが、雪山ではそういうわけにはいかない。登山道や道標は雪に埋まってしまうので、原則的には自分たちでハイクアップや滑走のラインをルートファインディングしながらたどっていくことになる。

ルートファインディングの基本は、リスクの低い場所をつないでいくことである。ただし、常にそれが正解だとは限らない。たとえば、リスクは低いが大幅に遠回りになるルートと、リスクは高いが滑走の満足度が高いルートがあるとしたら、どちらを選ぶか。それは、リスクの度合いとそのほかの要素（時間、天候、パーティの人数や力量など）を天秤にかけて、どう判断するかによる。どんな場合でも安全第一を優先させればいいというものではなく、リスクを回避したつもりなのに、遠回りになって時間がかかったことで、別のリスクが生じてしまうこともある。

ルーミスを起こしやすい地形・状況

樹林帯

同じような景色が広がっている樹林帯、特に冬でも葉が落ちない密な針葉樹林帯の中は方向を定めにくい。滑走時はじっくり観察・確認していられないのでルート選択に要注意

悪天候

悪天候下の吹雪やガスで視界が悪いときやホワイトアウトになってしまったときは、方向を定めるための目標物がまったく確認できず、方向感覚さえも失われてしまう

枝尾根

主稜線から枝尾根が分岐している箇所では方向を誤りやすい。下降時に予定ルートを外れて枝尾根を下っていってしまうのは、雪山でのよくある遭難パターンのひとつだ

平坦地

目標物や起伏のない平坦地は、雪が積もるとなおさら変化に乏しく見える。ホワイトアウトなどで視界が利かないときは、リングワンデルングに陥ってしまうこともある

また、バックカントリーでは予定していたルートをたどれないことも少なくない。積雪量や積雪コンディション、天候などによって一部ルートの変更を迫られるのは、よくあることだ。現地の状況次第で臨機応変にルートを変えることが多いのは、バックカントリーならではかもしれない。つまりはリスクや状況をどう評価して行動・判断するか、ルートファインディングはその連続だと言っていい。

ルートミスを予防する

ルートファインディングをしながら予定ルートをたどっていくうえで、注意しなければならないのがルートミスだ。天気も視界もよければ、周囲の地形や植生などを観察しながらルートをたどれるが、悪天候で視界の利かないときはルートミスを犯しやすい。また、変化に乏しく目標物のない平坦地や樹林帯の中、尾根が枝分かれしているところなども要注意ポイントだ。特に視界が悪いときにこのような場所に差しかかったときには、進むべき方向を慎重に見定める必要がある。

雪山に限らず、尾根や谷が山麓に

ルートミスを未然に防ぐ

現在地の確認

GPSや地図とコンパスを使い、要所要所で今どこにいるのかを確認する。この作業を怠ると、ルートミスをしたときに修正に苦労する。ルートミスに気づいたらすぐに修正を

周囲の地形の観察

展望が開けるところでは、周囲の地形をよく観察して地図と見比べ、これからたどるルート、たどってきたルートを確認する。予定ルートに潜んでいそうなリスクも要チェック

斜面の誘惑に注意

魅力的な斜面では、誘惑にかられるまま滑走すると、いつの間にか予定ルートを外れてしまうことがある。滑走に夢中になって高度を下げすぎてしまうことにも要注意

トレースを過信しない

先行者のトレースがついていても、なにも考えずに跡をたどっていってはならない。それが自分たちの予定ルートと同じだとは限らないので、必ずルートを確認すること

向かって四方に派生している山では、下りでルートミスが多発する。バックカントリーでも、尾根一本、あるいは谷ひとつ間違えて滑走していくと、目的地とはまったく違う場所に行ってしまう。しかも、数キロの距離でもスキーやスノーボードで滑走するのはあっという間だが、ルートミスに気づいてそこを登り返すのは容易ではなく、体力と時間を著しくロスしてしまうことになる。

ルートミスを防いで効率よく予定ルートをたどるには、無雪期の登山同様、地図やGPSで現在地を確認しながら行動するのが基本である。ただし、入山する山域と予定ルートの地形の概念は、山行前に頭の中にしっかり入れておきたい。地図を見ながらルートをたどるのではなく、地図を見なくてもたどれるくらいになっているのが理想だ。そのうえで、見通しのいい場所や休憩時、ちょっと不安を感じたときなどに、こまめに地図で現在地を確認することによって、ルートを外すリスクは大幅に軽減できる。

予定ルートに戻るには

行動中にもしルートを間違ってい

ルートミスのリカバー

登り返す

予定ルートへの復帰は、たどってきたルートを引き返すのが原則。ルートを外れて滑走してしまった場合、登り返すのは大変だが、それがいちばん確実な方法である

現在地の確認

ルートミスに気づいたら、現在地と、予定ルートからどれぐらい外れているのかを確認する。地図とコンパスだけではピンポイントでの特定が難しいので、GPSを活用したい

トラバースしての ルート復帰はあり?

登り返さずに斜面をトラバースして予定ルートに合流できる場合もあるが、トラバースルートにはどんな危険が潜んでいるのかわからない。実行するには慎重な判断が求められる

ることに気づいたら、登山の鉄則に従い、たどってきたルートを引き返すのが基本だ。何百メートルも滑走したあとだと、登り返すのが大変だが、その労力を惜しんではいけない。トラバースして予定ルートに合流するというリカバーが可能な場合もあるが、雪崩を誘発したり滑落したりするリスクも考えられ、あまり奨励はできない。ただ、トラバースする斜面の地形や積雪コンディション、メンバーの技術や体力、行動可能な残り時間などによっても対処は違ってくるので、慎重に判断したい。

　ナビゲーションツールとしては、地図とコンパスにハンディタイプのＧＰＳを併用するのが望ましい。ただし、いずれにしても携行していればいいというものではなく、実際に使いこなせなければ持っている意味はない。ＧＰＳは、容易に現在地を特定することができるので、吹雪やガスで視界が利かなくなったときなどに有効だ。その一方で、ＧＰＳだけを見て行動すると、周囲の地形や状況の観察がおろそかになり、リスクを見落としてしまうことにもつながりかねないので、あまり頼りすぎないようにしたい。

衝突

立ち木や仲間への衝突に要注意

スピードコントロールができないと立ち木に激突してしまう危険も

衝突の回避術

木の下側で回る

立ち木のある斜面でターンするときは、木への激突を避けるために、木の手前で回るのではなく、木の下側で回るようにする

減速して合流する

集合ポイントでは減速してしっかり停止する。停止技術が身についていないと、止められずに仲間のなかに突っ込んでしまう

樹林帯を滑走するツリーランでは、立ち木に激突して死傷する事故が散見される。また、集合地点で待機している仲間に滑走者が突っ込んでしまうというケースも起こりうる。

バックカントリーでの衝突事故は、スピードコントロールやスキーコントロールのミスによるものがほとんどだ。回避のためには、コントロール技術や停止技術をしっかり身につけておくことが前提となる。滑走中に突然、雪質が変わってコントロールできなくなることもあるので、「下のほうに行ったらクラストしているかもしれない」などといったように、滑りだす前に雪質のコンディションをいろいろイメージして、それに対応できるスピード、ライン取りで滑るようにしよう。

また、ツリーランでは、木の手前ではなく木の下側でターンするラインをとれば、スムーズに滑走できる。木の手前でターンしようとすると、コントロールミスをしたときに流されて木に衝突してしまう。

転・滑落

急斜面での行動に要注意

積雪がクッションになることもあるが、立ち木や岩に激突したら無傷ではすまない

転・滑落の可能性がある斜面

氷化した雪面

カチカチに凍ったアイスバーンなどでの転倒は命取り。無理にエッジを立てようとせず、横滑りで降りていこう

急斜面

滑落事故が多発している急斜面では、確実な登高・滑走技術が要求される。危険を感じたら傾斜を落として対処する

雪山で転・滑落のリスクが高い状況といえば、急斜面や氷化した雪面が考えられる。登りのシール登高では、シールが効かずにズルズル落ちていくパターンが多いので、無理をせず板を背負ってつぼ足で登るなり、アイゼンを装着して登るなりしよう。

滑走時は、自分の技術ではリスキーな斜度だと判断したら、斜度を落としたルート取りを考える。板を脱いで歩いて降りるのもひとつの手段だが、硬い斜面など状況によってはかえって転・滑落のリスクが高くなることもある。

氷化した斜面、特にエッジが効かないようなアイスバーンでは、エッジを立てようとするとつるんと滑って転倒してしまうので、横滑りで降りていくしかない。エッジを立てて力強く踏むよりも、無理に止まろうとせずにやさしく板をずらしながら減速するのがコツだ。雪面が少しでも軟らかくなっているところまできたら、ブレーキをかけるなり曲がるなりすればいい。

踏み抜き

雪庇や沢などの通過にはルートを見極めて

雪庇の張り出した稜線上では、地形をよく見極めた安全なルート取りが要求される

こんな場所で踏み抜き事故が

グライドクラック

斜面上の積雪が張力によって下方にゆっくりと動くことで生じる裂け目で、斜面の先が落ち込んでいるところにできやすい

沢

沢状地形のなかでの行動は、踏み抜きのリスクがつきまとう。特に積雪が薄くなる春以降は、慎重なルートファインディングを

谷や沢を埋める積雪の構造は、シーズン初めや春には中央部が薄くなっている。また、積雪が沢の両岸に接するところには、シュルンドと呼ばれる隙間も生じる。滑りやすそうに見える大きな沢状地形であっても、中央部やシュルンドがいつ崩落するかわからないので、構造的にいちばん厚くなっていると思われるラインを滑るようにする。

沢にできるスノーブリッジは強度の判断が難しく、雪質や構造、周囲の地形などをよく観察してから渡ること。スキーは荷重が分散されるので、可能ならばスキーをはいたまま渡ったほうがいい。

稜線上では、風下側にできる雪庇の踏み抜きに注意したい。大きく張り出した雪庇はほぼ平坦で、広々として歩きやすいが、下には支えがないので、荷重がかかると簡単に崩落する。逆に風上側の斜面は、傾斜があるので歩きにくいが、崩落する心配はない。安全なラインは、雪の下の地形をイメージして判断しよう。

初冬、春の沢に要注意

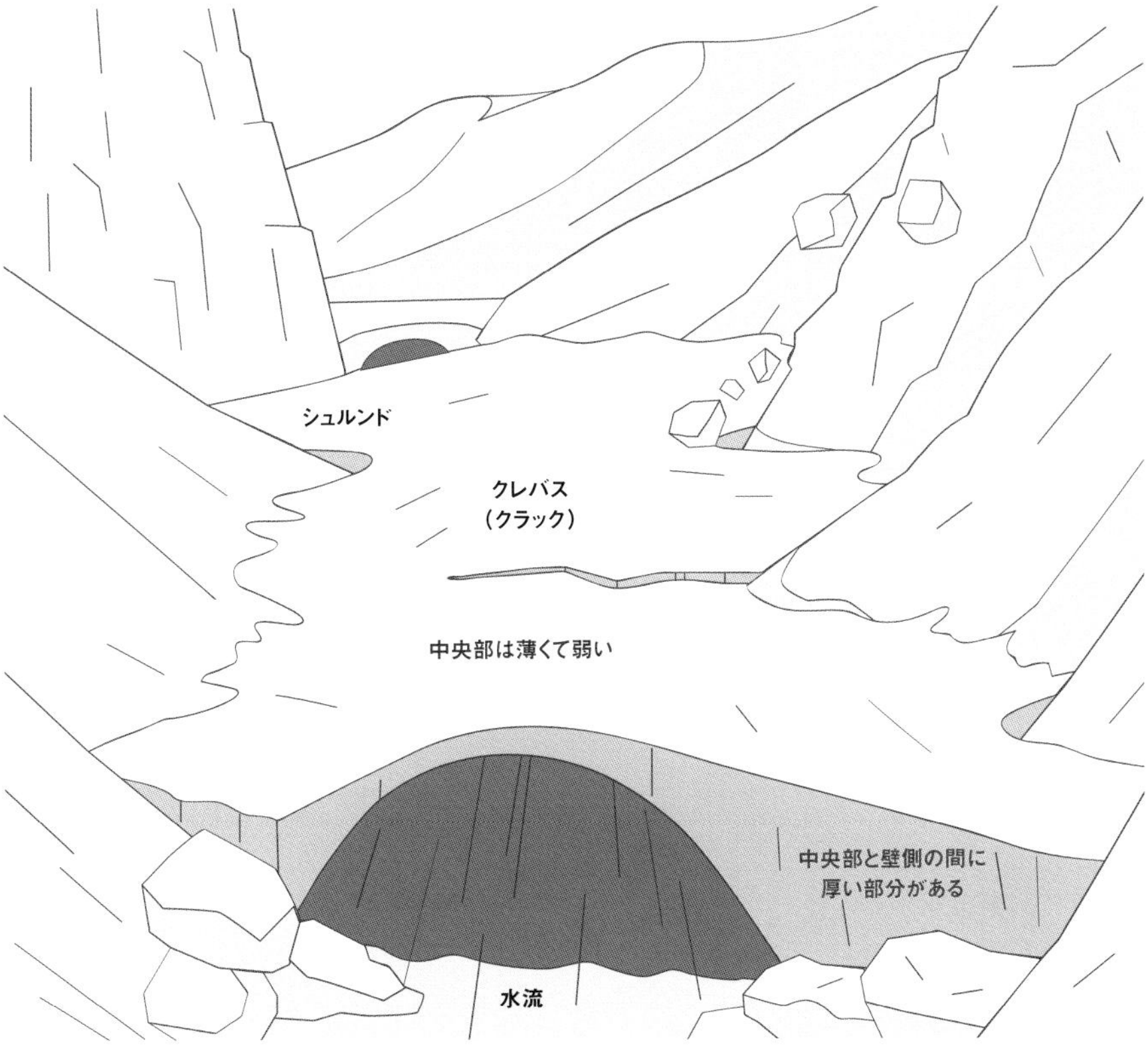
シュルンド
クレバス
（クラック）
中央部は薄くて弱い
中央部と壁側の間に
厚い部分がある
水流

冬の谷や沢は、雪に埋もれていてもその下には水流がある。特に初冬や春は図のように中央部の積雪層が薄くなっているので、うっかりその上に乗ると踏み抜いてしまうことも。クレバスやシュルンドにも要注意

スノーブリッジ

積雪が沢の両岸にまたがって橋のような形になっているのがスノーブリッジ。強度が弱いと渡るときの荷重で崩落してしまう危険もあり、通過には最大の注意を要する

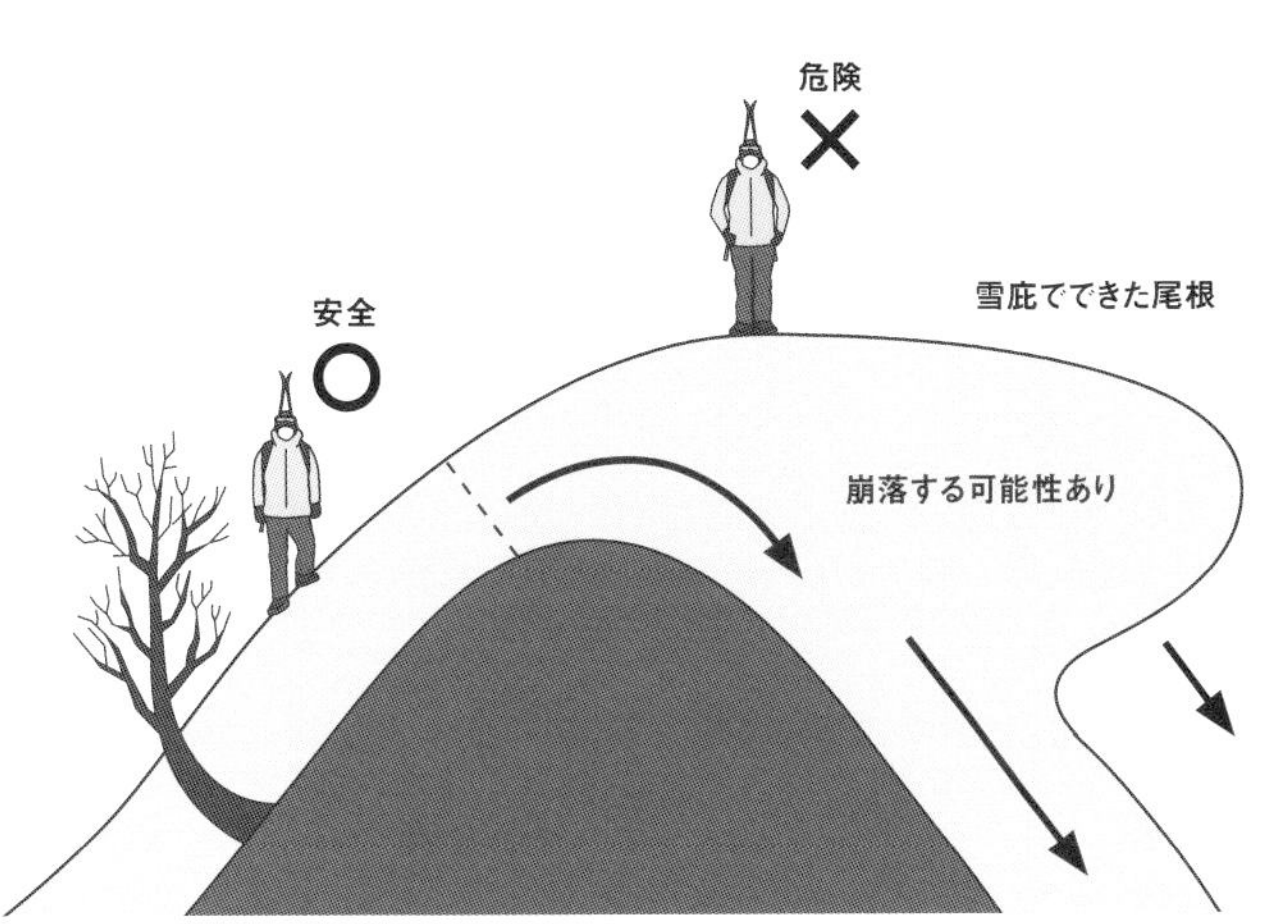
危険
雪庇でできた尾根
安全
崩落する可能性あり

雪庇の構造

風の影響を受けて、積雪が稜線の風下側にひさしのように張り出すもので、大きなものは10m以上にも発達する。実際の稜線と雪庇の稜線には大きなズレがあり、不注意にその上に乗ると崩落して風下側斜面に転落してしまう

低体温症

レイヤリングで体温を適切に保つ

寒冷下で産熱（代謝によって発生する熱）と放熱（体から逃げていく熱）のバランスが崩れ、体の深部体温が35度以下になってしまうのが低体温症である。低体温症が進行すると、さまざまな機能障害が起こり、最終的には死に至ってしまう。

低体温症に陥る過程において、人の体から熱を奪う現象には、次の4つがある。

●**対流**＝皮膚に触れて暖まった空気が上方に移動し、代わりに冷たい空気が移動してくる。風が吹くと対流が大きくなり、体温が奪われる。

●**伝導**＝冷たいものに触れることで、体温との温度差によって体から熱が奪われる。

●**蒸発**＝かいた汗が蒸発するときに、気化熱として熱が奪われる。

●**放射**＝暖かいものから熱が赤外線となって放出されることで、人間の体からは常に熱が放射されている。

登山中にこれらをもたらすのは「低温」「濡れ」「強風」の3要素で、特に雪山ではこの3つの条件がそろ

低体温症を予防する

エネルギー源の補給

エネルギー源が切れると、体内で熱を生み出せなくなる。行動中はこまめに高カロリーの行動食を摂取するよう心がけよう

防寒具、アウターを着る

寒冷下では放射熱によって体温が奪われていくので、寒さを感じたら、防寒具やアウターを着て体温を逃さないようにする

■体温の低下のそれぞれの症状

体温	症状
36℃	寒さを感じる。寒けがする
35℃	手の細かい動きができない。皮膚感覚が麻痺したようになる。しだいに震えが始まってくる。歩行が遅れがちになる。
35~34℃	歩行は遅く、よろめくようになる。筋力の低下を感じる。震えが激しくなる。口ごもるような会話になり、時に意味不明の言葉を発する。無関心な表情をする。眠そうにする。軽度の錯乱状態になることがある。判断力が鈍る。
	＊山ではここまで。これ以前に回復処置を取らなければ死に至ることがある。
34~32℃	手が使えない。転倒するようになる。まっすぐに歩けない。感情がなくなる。しどろもどろな会話。意識が薄れる。歩けない。心房細動を起こす。
32~30℃	起立不能。思考ができない。錯乱状態になる。震えが止まる。筋肉が硬直する。不整脈が現われる。意識を失う。
30~28℃	半昏睡状態。瞳孔が大きくなる。脈が弱い。呼吸数が半減。筋肉の硬直が著しくなる。
28~26℃	昏睡状態。心臓が停止することが多い。

＊『トムラウシ山遭難はなぜ起きたのか』（ヤマケイ文庫）より

いやすい。そこで低体温症を予防するには、しっかりした防寒・防風・濡れ対策が必要であり、その基本となるのがベースレイヤー、ミドルレイヤー、アウターシェルを効果的に組み合わせるレイヤリングだ。状況に応じたウェアの着脱によって、行動中でもできるだけ体温を適切に保つように努めれば、低体温症のリスクはかなり軽減できる。

また、汗による濡れは低体温症の一因となるので、厚着にならないよう気をつけること。ベースレイヤーは汗抜けのいい素材のものを着用しよう。

もうひとつ、低体温症を予防するうえで重要なのが、体が熱を生み出すためのエネルギー源の補給だ。ハイカロリーな行動食をこまめに補給していれば、カロリーの一部は直接熱に変わり、低体温症に陥りにくくなる。さらに、体を動かすことで大量の熱が産生されるので、寒冷下では休憩時間を短めにして、行動し続けるのが望ましい。

低体温症の初期症状が表われ始めたら、とにかく体を温めることだ。回復の兆候がなく、症状が悪化するようなら、早急に救助を要請する必要がある。

低体温症の応急手当て

風雪を避ける

近くに山小屋などがあればそこに運び込む。避難場所がなければ、ツエルトを張るか雪洞を掘るかして、できるだけ風雪を遮る

加温を行なう部位

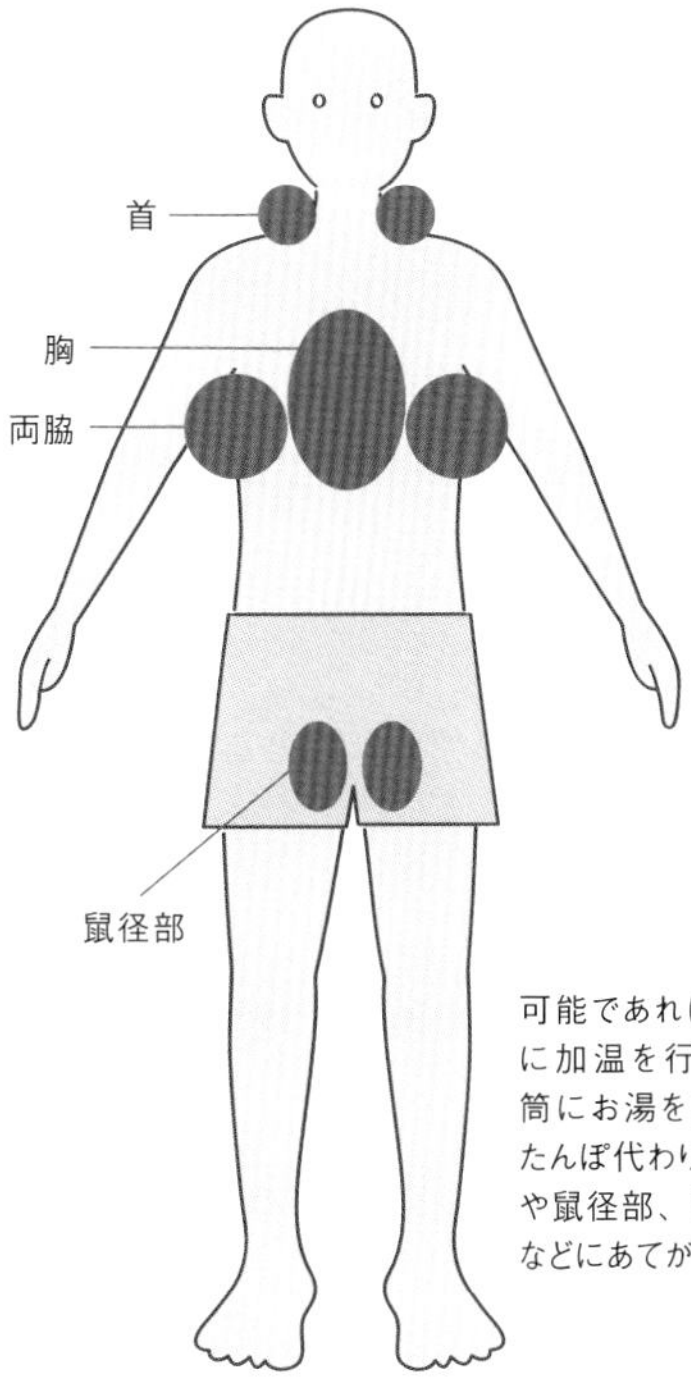

可能であれば積極的に加温を行なう。水筒にお湯を入れて湯たんぽ代わりにし、首や鼠径部、両脇の下などにあてがう

保温する

着られるウェアはすべて着込み、その上からサバイバルシートやツエルトなどで体を包む。温かい飲み物を飲んだり、お湯を入れた水筒を懐などに入れて湯たんぽ代わりにするのも効果的だ

凍傷

指先、顔面、耳を確実に保温して予防

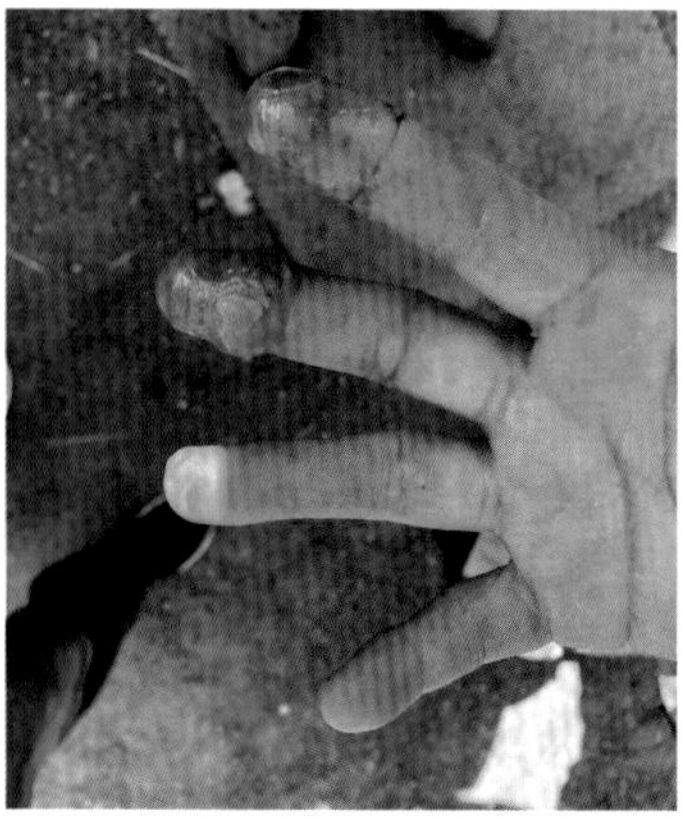

第Ⅱ度の凍傷（写真＝寺田達也）

■凍傷の障害の程度

第Ⅰ度	皮膚が痒くなったり赤く腫れたりする
第Ⅱ度	皮膚の感覚がなくなり、水疱が生じてくる
第Ⅲ度	皮膚が壊死して白くなり、のちにどす黒く変色する
第Ⅳ度	指先などが脱落する

皮膚が暗紫色に変色し、水疱が生じた第Ⅱ度の凍傷。この段階で適切な治療を行なえば、傷はほぼ完治するが、さらに悪化すると組織が壊死して切除しなければならなくなる

凍傷にかからないようにするために

- ■素肌を冷たい外気や風にさらさない
- ■手足の指や顔面、耳は確実に保温する
- ■グローブが濡れたら、すぐに乾いたものに取り替える
- ■板やポール、ピッケル、アイゼンなどの金属部に素手で触らない
- ■適切なサイズのブーツを選ぶ
- ■ブーツを締めすぎて血流を妨げないようにする

素肌をできるだけ露出させず、グローブが濡れたらそのまま放置せず、乾いたものに交換する。脱水も凍傷の引き金の一因になりうるので、適切に水分を摂取すること

凍傷とは、寒冷によって皮膚や皮下組織が凍ってしまう傷害のこと。その程度は、別表のとおり4段階に分けられており、症状が第Ⅲ度以上に進行すると、壊死した部分を切り落とさなければならなくなる。

凍傷になりやすい部位は、体の末端となる手足の指先、耳や鼻、顔面（頬）など。雪山での行動中は、これらの部位を確実に保温することが凍傷の予防につながる（上記参照）。エネルギー源を補給したり温かい飲み物を飲んだりするのも、体を内部から温め血行を促進させるので効果的だ。行動中に手足の指や耳たぶなどが冷たくなってじんじん痛んできたら、指先を動かす、マッサージするなどして血流をよくさせよう。

顔面の露出箇所が部分的に白くなったときは、手袋を脱いで手で覆って人肌で温めると血流が戻る。手の指の凍傷の応急手当ての場合も、脇の下に差し入れて温めるのがいい。温水で加温するのは、循環不全を起こしてしまうこともあるので要注意。

■凍傷監修／杉田礼典（杉田クリニック院長）

凍傷の応急手当て

慌てて復温させず、ゆっくり血流を回復させるのがポイント。循環不全を起こしている患部を急激に温めると、逆に凍傷を悪化させてしまう。手の指なら、脇の下に挟んで温めるのが効果的だ。ぬるま湯で温めるとしても、人肌程度の温度よりも高くならないようにすること

そのほかのリスク

雪山ではちょっとしたミスやトラブルが大きな危険を招いてしまうことも。たとえば、強い紫外線により目の角膜や結膜に炎症が起こる雪目（雪盲）は、発症すると自然治癒を待つしかなく、行動に支障をきたしてしまう。

道具の破損も行動不能につながる可能性があり、その場で応急処置できなければ窮地に追い込まれる。また、雨が木の幹を伝って根元の周りの雪を解かしてできるツリーホールには、人がすっぽり入ってしまうほど大きなものもあり、滑走時に穴に落ちると死傷事故にもつながりかねない。

雪目

サングラスやゴーグルをかけて行動することで雪目は予防できる。曇天時でも雪目になるリスクはあるので、かけたほうがいい。自分の顔にフィットしたものを選ぶこと

用具の破損

行動中の用具の破損は、状況によっては致命的になりかねない。自分たちで応急処置ができるなら直して対処するが、修理できなければ自力で歩いて下山するしかない

ツリーホール

春のツリーランでは、木の根元の周囲にできるツリーホールに要注意。滑走時は充分に距離をとりながら、木の手前ではなく下側でターンすればうまく回避できる

遭難時の対応

一連の手順をスムーズかつ的確に

自力救助が無理なら迷わず救助要請を（写真協力／長野県警山岳安全対策課）

事故発生から救助までの流れ

事故発生 ▶ 現場の状況確認 ▶ ほかのメンバーの安全確保 ▶ 傷病者の救出 ▶ 安全な場所への搬送 ▶ 傷病者の容態確認 ▶ 応急手当て ▶ 救助要請 ▶ より安全な場所への搬送・待機 ▶ チームレスキューへの引き継ぎ

応急手当て ↓ 自力搬送・下山

バックカントリーで事故が発生して傷病者が出たときには、適切な対処をスムーズに行なう必要がある。その一連の流れは上に示したとおり。まず現場が安全な場所かどうか（転・滑落や雪崩などの危険がないか）を確認し、危険があるならほかのメンバーの安全を確保しつつ、傷病者とともにただちに安全な場所に移動する。次に傷病者の容体をチェックし、その場でできる応急手当てを行なう。応急手当てのノウハウは、メンバー全員が身につけていることが望ましい。

応急手当て後は下山に取りかかるが、「自分たちの手に負えない」と判断したなら、警察や消防に救助を要請しよう。バックカントリー中に起きたアクシデントについては、自分たちで対処・解決するのが原則であるが、「自己責任」にこだわるあまり、傷病者の容態を悪化させてしまうことは絶対に避けなければならない。命を守るための救助要請は、躊躇せず迅速に行なうべきだ。

応急手当て

最低限覚えておきたい傷病者への対処

傷病者に対して現場で行なう応急手当ては、ケガや病気の根本的な治療を行なうものではない。医療機関で専門的な治療を受けるまでの間に、傷病者の苦痛をできるかぎり和らげ、症状を悪化させないようにするための一時的な医療処置のことである。適切な応急手当てが行なわれることによって傷病者の命が救われ、早期の社会復帰も期待できる。野外で活動する人たちにとっては、必須のノウハウであると言っていい。

心肺蘇生法

応急手当てのなかでも重要な位置を占めるのが、心肺停止または呼吸停止に陥った傷病者に対して行なうCRP（胸骨圧迫と人工呼吸）だ。CPRは正しいやり方をとらないと効果がないばかりか、かえって危険な状態を招いてしまう。そのガイドラインについては5年ごとに見直され、細部が改正されることもあるので、インターネットなどで最新のガイドラインをチェックしておきたい。

CPR（人工呼吸と胸骨圧迫）

1

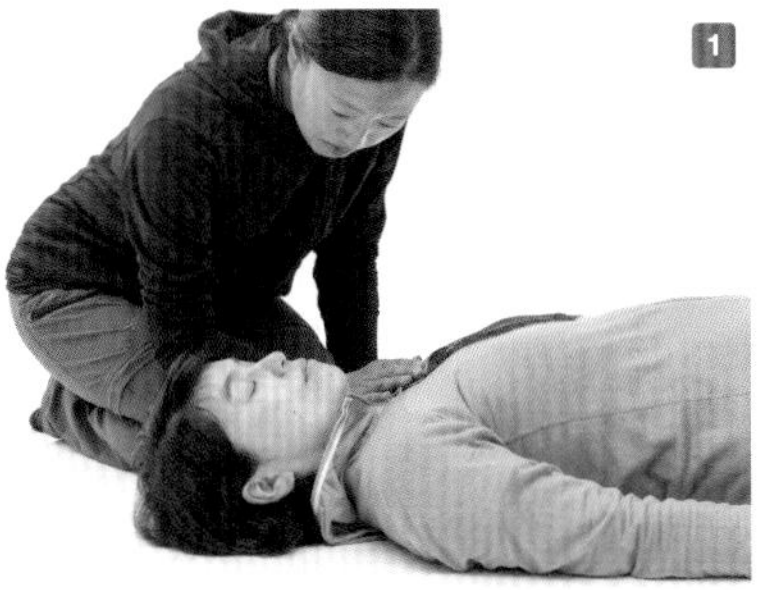

意識の有無を確認するため、傷病者の名前を呼びながら軽く肩をたたく。反応を示さない場合は、ただちに救助を要請する

2

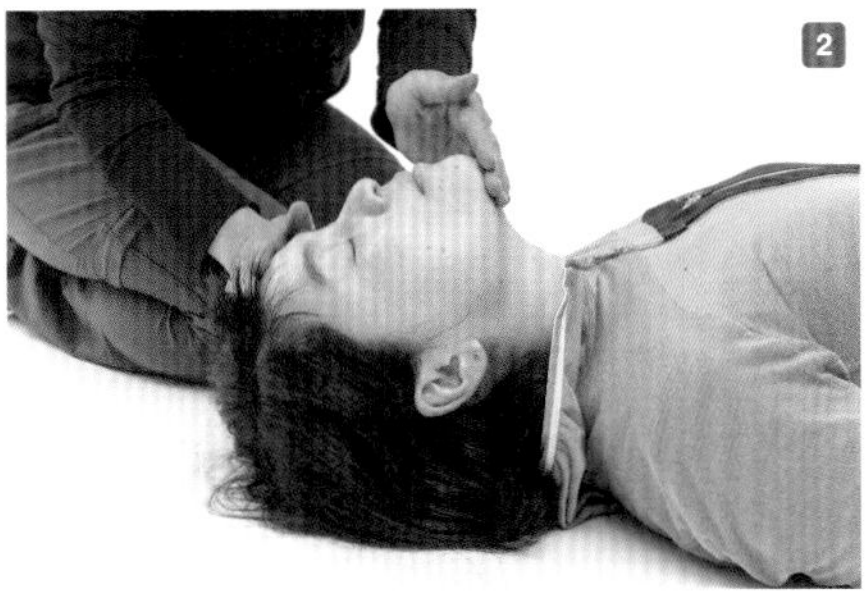

意識を失っていると舌根が気道を塞いで窒息する恐れがあるので、片手で顎を持ち上げ、もう一方の手を額に押し当て気道を確保する

3

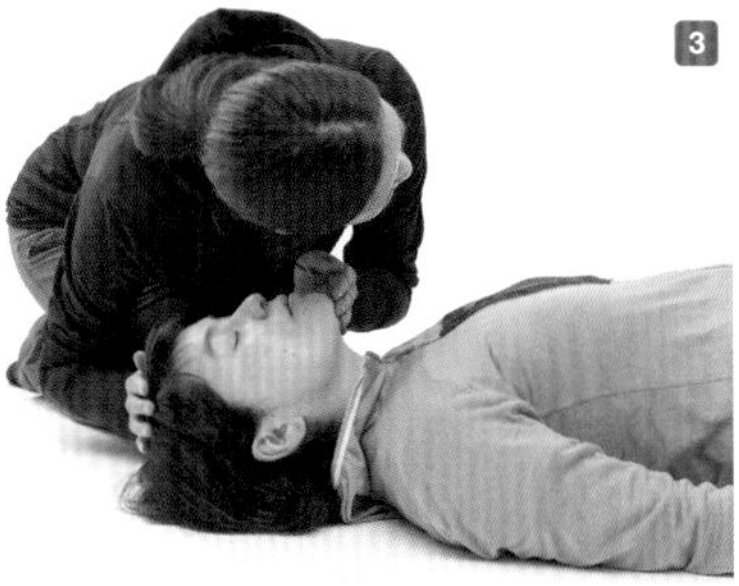

気道を確保したまま傷病者の口と鼻に耳を近づけ、呼吸の有無を（胸が上下しているかどうかも）確認する。なければCPRに移行する

4

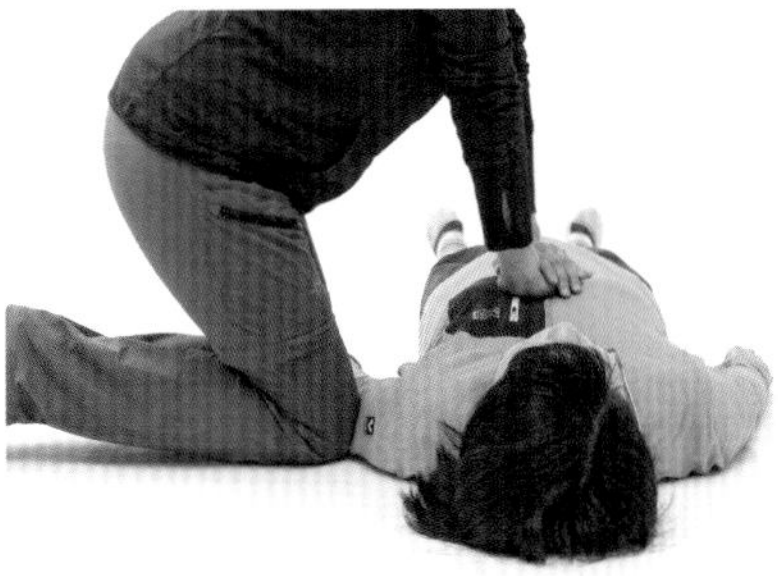

胸骨圧迫（心臓マッサージ）を行なう。両ひざを地面につき、手のひらの付け根の部分で乳頭と乳頭を結ぶラインの真ん中あたりを押す

5

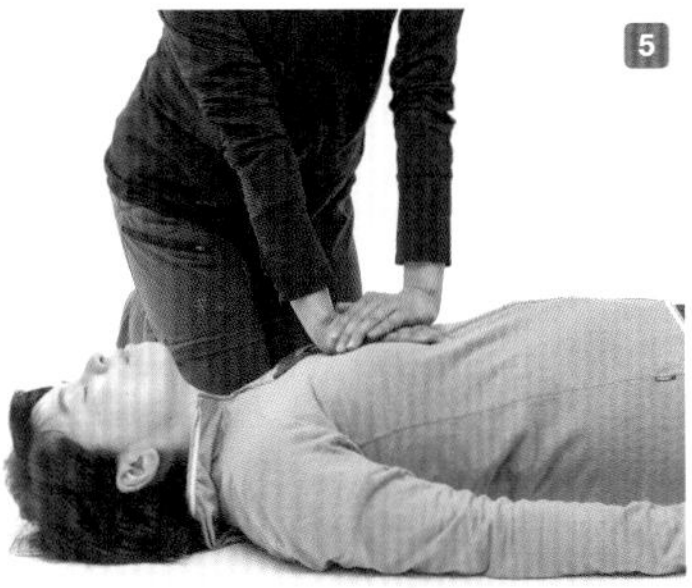

胸が5cmほど沈み込む強さで30回圧迫する（1分間に100～120回のテンポで）。手のひらは重ね、ひじを伸ばして垂直方向に押す

6

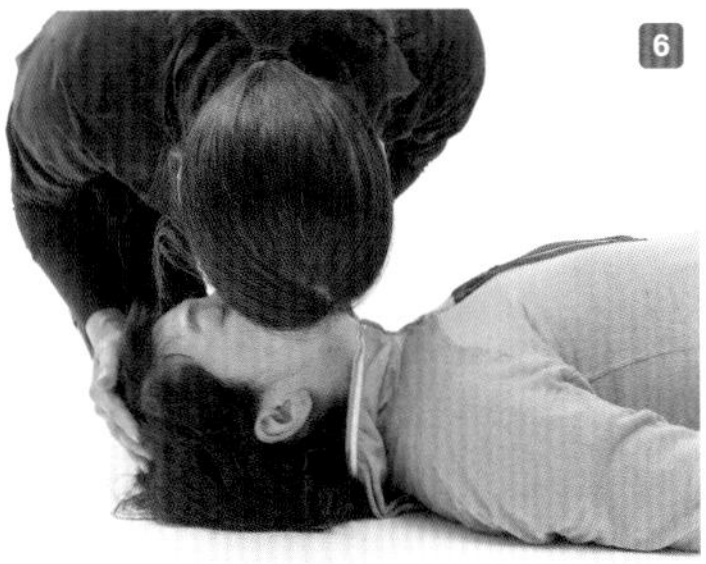

胸骨圧迫を30回行なったのち人工呼吸を2回。気道を確保した状態で、1回1秒かけて息を吹き込む。このサイクルを繰り返す

＊新型コロナウイルス感染リスクがあるため、現時点では人工呼吸を行なわないよう指導されている。

創傷

転・滑落や転倒などによって創傷を負ってしまった場合、その応急手当ての流れは「止血」→「傷口の洗浄」→「傷口の保護」が基本となる。処置の際には、感染症防止のため救急用品のラテックスの手袋などを用い、負傷者の血液に素手で直接触れないようにすることが重要だ。

止血法として最も一般的なのは、傷口を心臓よりも高い位置に上げて強く押さえる圧迫止血法で、ほとんどの出血にはこの方法で対処できる。圧迫止血法では間に合わない大出血の場合は、傷口より心臓に近い部位に止血帯を巻きつけて出血を抑える。ただし、間違った方法だと血管や神経を切断したり末梢神経を壊死させたりする危険があるため、安易に行なってはならない。また、止血帯を使うことができるのは大腿部と上腕のみで、首や胴体などには絶対に用いないこと。

出血が止まったら、傷口とその周辺に付着しているゴミなどをきれいに洗い流し、傷口にワセリンをたっぷり塗ってから、滅菌ガーゼなどで保護しておく。

創傷の応急手当て

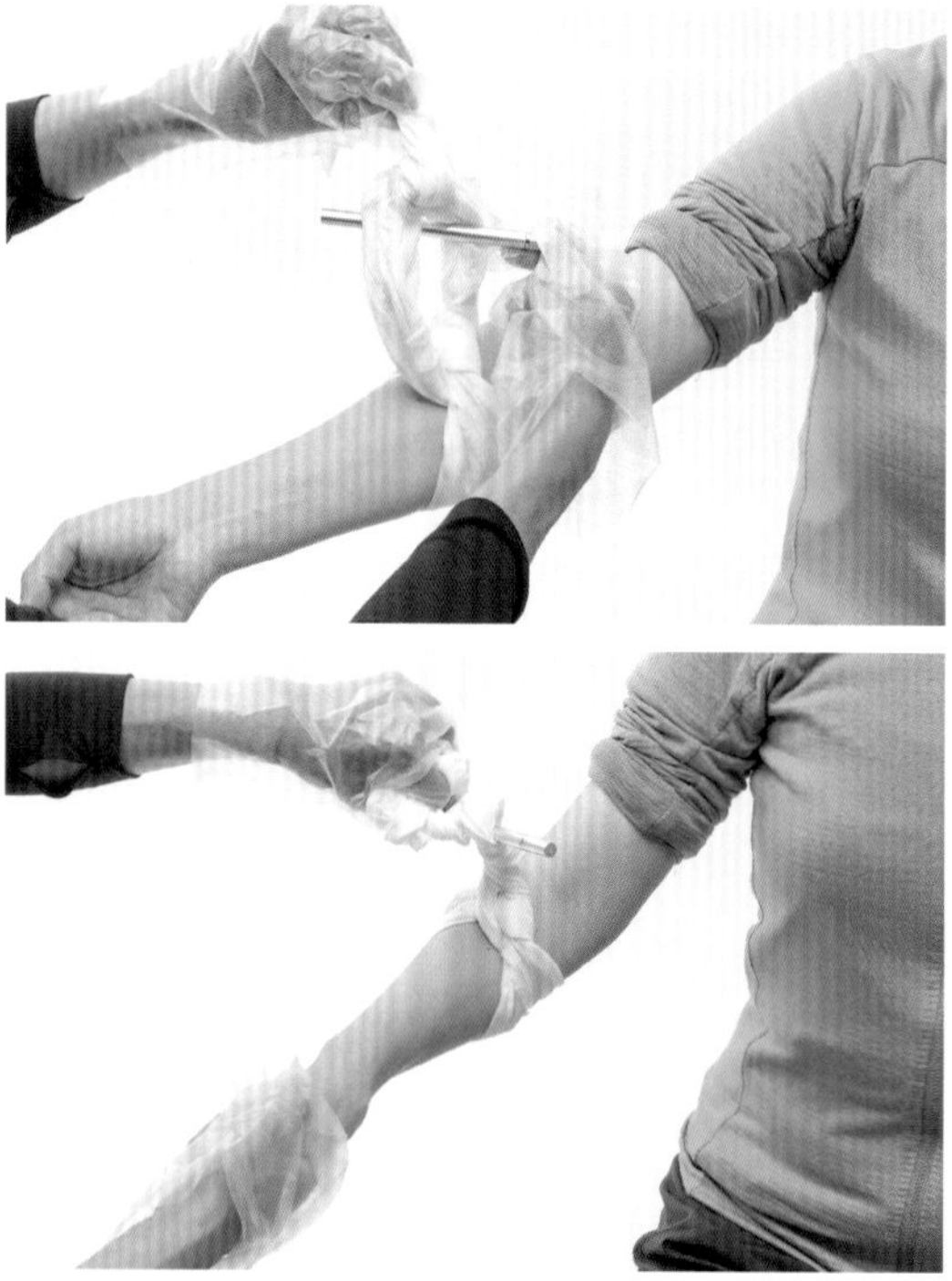

止血帯を用いる

傷口より心臓に近い部位に止血帯をゆるめに結び、ボールペンなどを結び目に差し入れて回し、出血が止まるまで締めて固定する

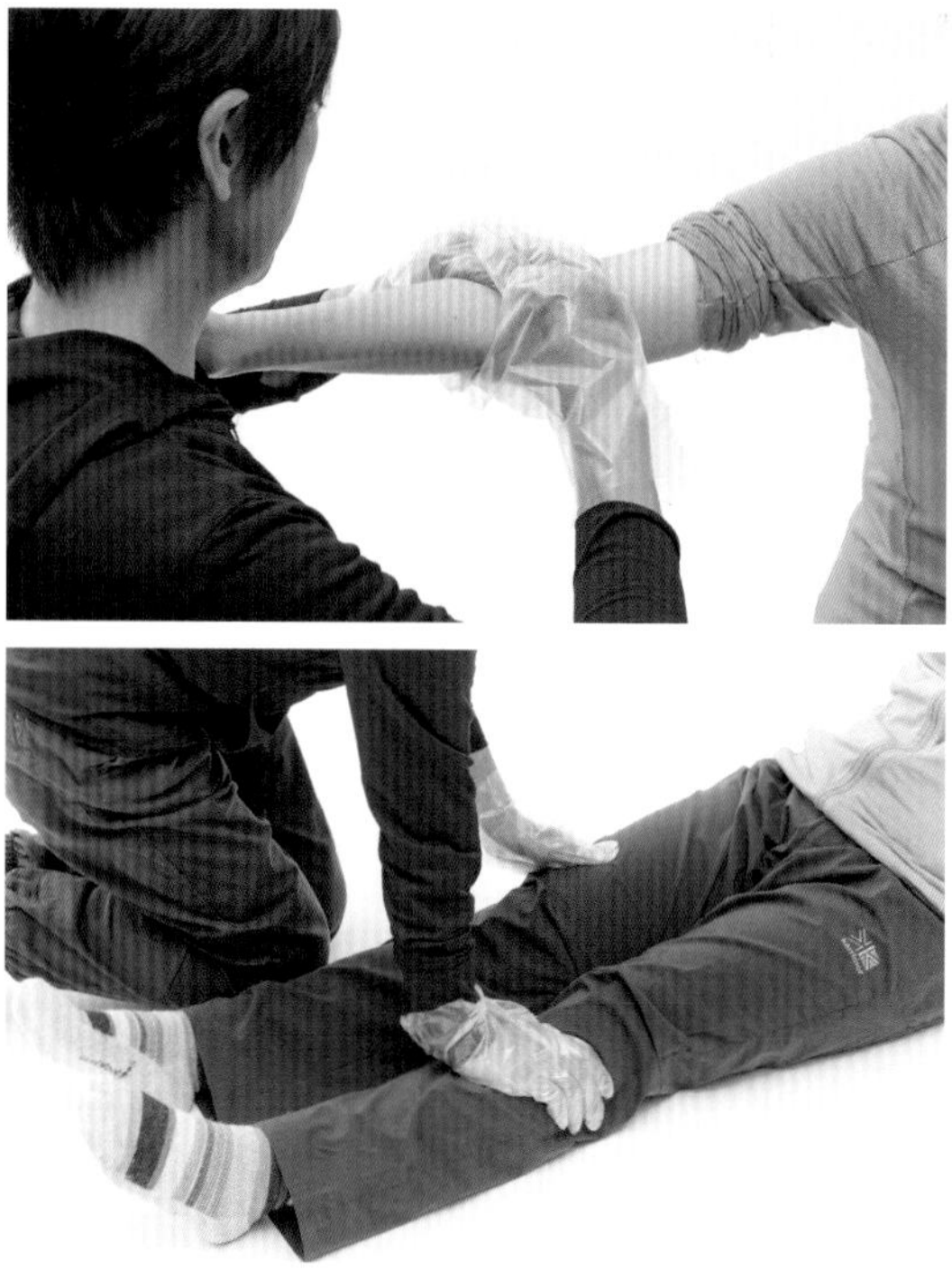

圧迫止血

傷口に指先や手のひらを当て、強く圧迫して止血する方法。圧迫をゆるめずに15分ほど押さえ続ければ、たいていの出血は止まる

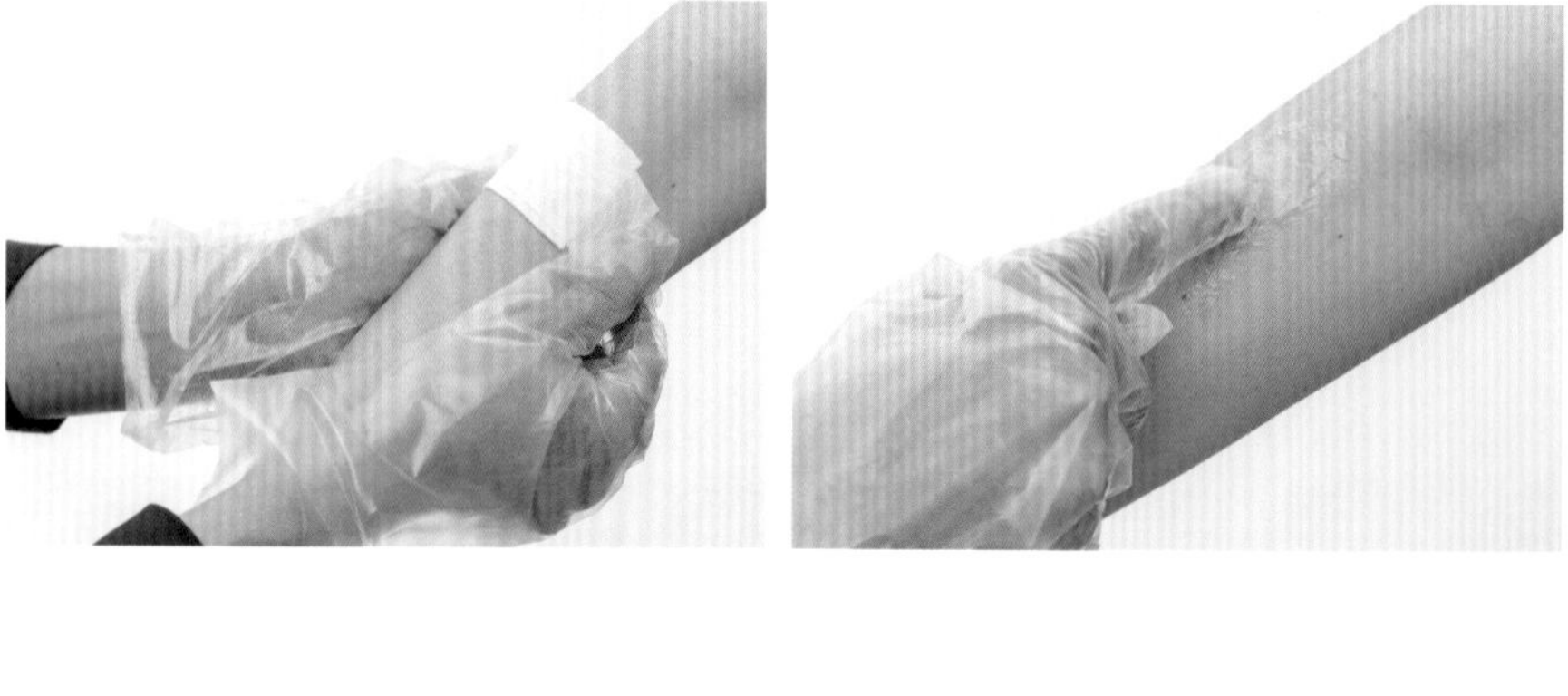

傷口の保護

傷口にワセリンを塗り、その上から滅菌ガーゼや救急絆創膏を貼って保護する。包帯や三角巾を巻きつけて保護してもいい

骨折

骨折の応急手当ては部位によって方法が異なるが、搬送時などに負傷箇所が動かないように副木を添えて固定するのがポイントだ。副木は、骨折箇所だけでなく、その両側の関節部までカバーする長さのものを用意する。ここでは折りたたんだ新聞紙にテーピングを巻きつけたものや、自動膨張式のスリーピングマットを使用しているが、ポールやプローブ、ダンボール、木の板などでもかまわない。アルミニウム合金にウレタンフォームを貼ったサムスプリント（万能副木）があると重宝する。

応急手当ては、副木を骨折箇所に添え、テーピングや三角巾、包帯などでいっしょに縛って固定していく。スキーでの足首の骨折では、シェルだけを脱がせ、インナーブーツを履いたまま固定してもいい。

折れた骨が皮膚から飛び出す開放骨折の場合、神経や血管を傷つけて大量の出血を伴うこともあり、感染症のリスクも高くなる。止血処置をしたら、そのままの状態で固定し、できるだけ早く病院に搬送して治療を受けさせよう。

骨折の応急手当て

上腕の骨折

骨折した腕を体の前で軽く曲げ、上腕から前腕にかけて副木を添え、テーピングで留める

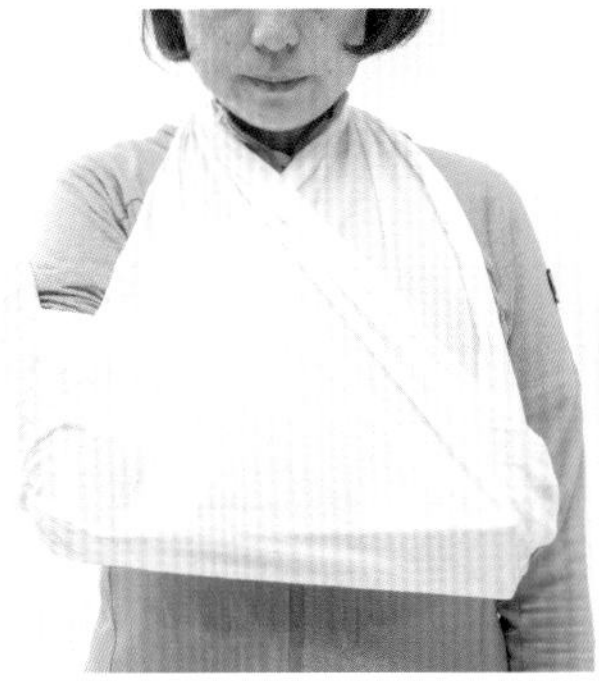

三角巾（ビニールのレジ袋で代用も可）で前腕を包み、首の後ろで両端を結んで留める

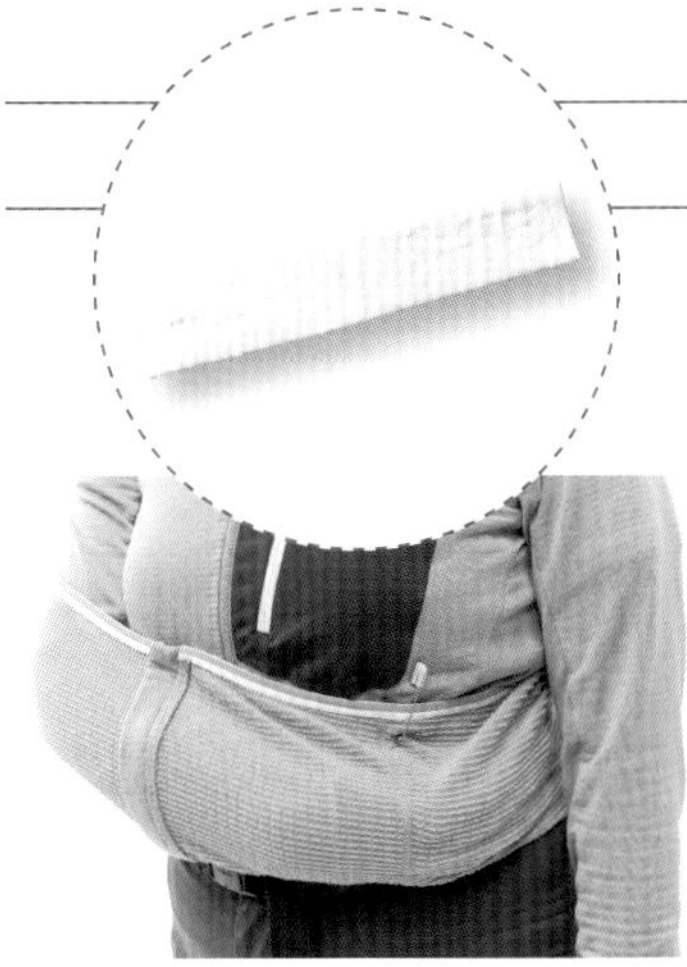

ジャケットの裾を折り返して前腕を包み、安全ピンで留めて固定する方法もある

足首の骨折

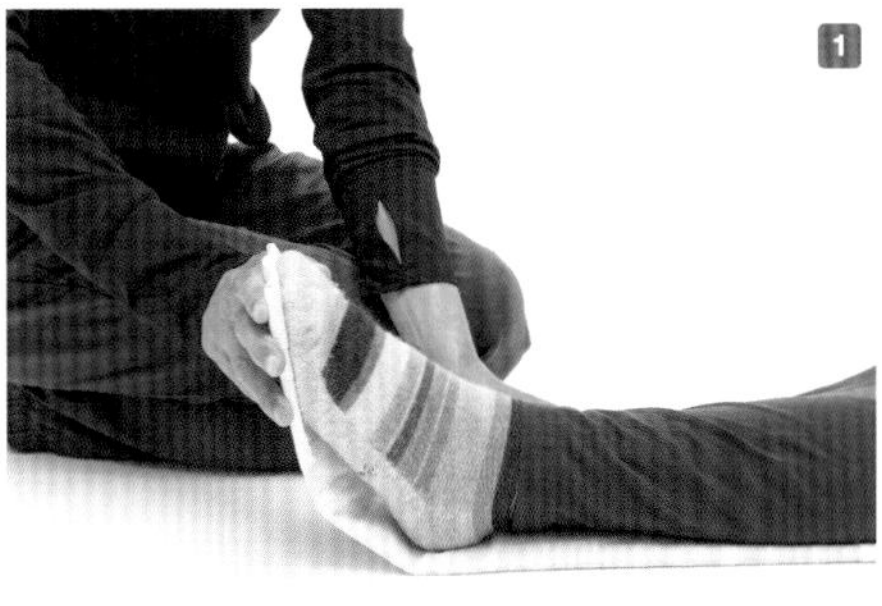

1

足を伸ばして座らせたら、ふくらはぎから足裏のつま先にかけて副木をあてがう

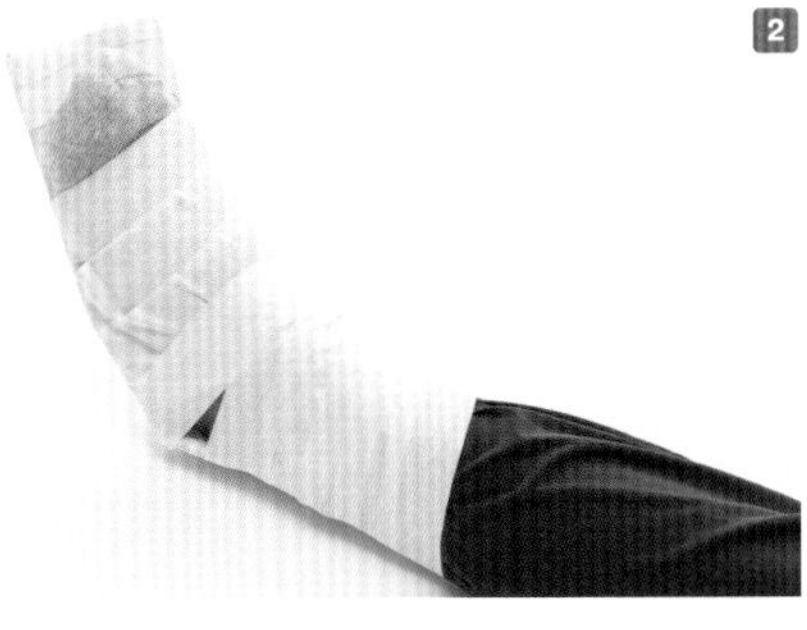

2

脛のあたりからつま先にかけてテーピングでぐるぐる巻きにして、動かないように固定する

下腿骨の骨折

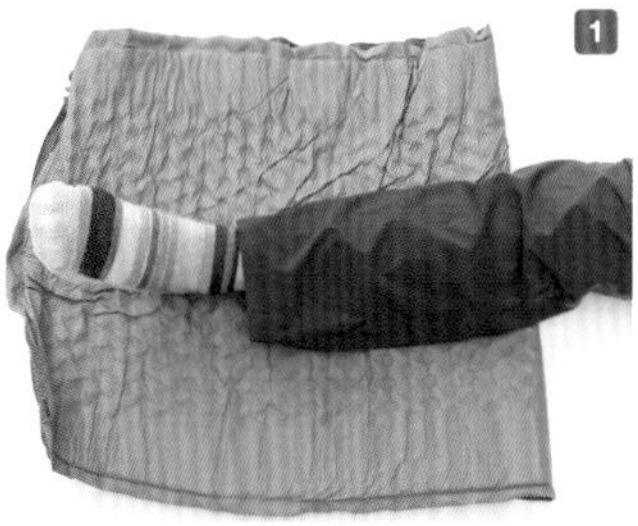

1

ふたつに折った自動膨張式マットの上に、骨折したほうの下腿を乗せる

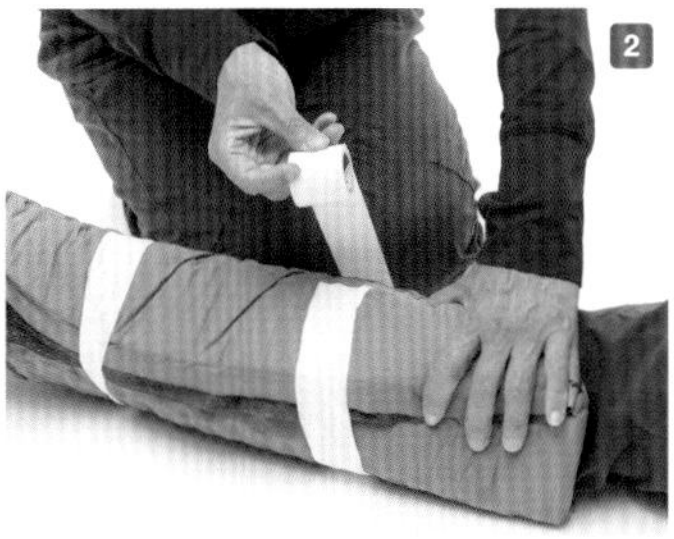

2

マットで下腿全体を包み込んで、テーピングを3カ所ほどに巻きつけて留める

3

バルブから空気を吹き込んでマットを膨張させると、下腿は固定されて動かなくなる

搬送法

傷病者を安全な場所へ移動させる

体力と技術が要求される雪上での背負い搬送。転倒しないことを前提に行なうこと

搬送を行なう前に

搬送ルートを構築する

ルートが決まったら、シール歩行やツボ足でトレースをつける。ルートを構築しておけば、搬送者や傷病者の負担が軽減される

搬送ルートを考える

下ろすのか上げるのか、横に移動させるのか。周囲の地形や植生、天候などをよく考慮したうえで、まず搬送ルートを設定する

救助を要請して傷病者の応急手当てを済ませたら、より安全な場所、そして救助隊が救助活動を行なうのに条件のいい場所へひとまず移動しよう。その際に傷病者が自力で動けなければ、仲間らが協力しあって搬送しなければならない（ただしケガによっては動かさないほうがいい場合もあり、その見極めが重要になってくる）。

レスキューの搬送にはいろいろな方法があり、そのなかから状況に応じて最も適した手段を選択するのが望ましいが、雪山で多用されているのが背負い搬送とシート搬送だ。いずれの手段をとるにしろ、最初に搬送ルートを決め、そのルートに沿って仲間がトレースをつけておくと、搬送がスムーズになる。搬送ルートは、上げるよりも下げるほうが楽だが、シート搬送の場合、勢いがつくとコントロールできずに滑落させてしまう危険がある。体力的にはキツくなるが、緩く登るルートを設定したほうがリスクは少ない。

背負い搬送とシート搬送

シート搬送

傷病者をツエルトなどのシートで梱包し、雪の上を滑らせて搬送する方法。しっかり梱包しないと、傷病者への負担が大きくなり、搬送中に梱包も解けてきてしまう。この方法で手際よく搬送するには、事前に何度も練習してノウハウを習熟しておく必要がある

背負い搬送

最もシンプルな搬送法で、傷病者を背負って移動させる。空にしたザックを背負子代わりに使うことで、搬送者への負担は少なくなるが、長い距離は運べない。不安定な雪上では転倒や滑落のリスクも大きい。背負う人が複数いるなら、短距離を交代しながら搬送する

搬送用レスキューシート

国際山岳ガイドの今井晋氏が販売しているオリジナルレスキューシート

自前のギアで傷病者を雪上シート搬送するには熟練した技術が要求されるが、誰でも容易に梱包・搬送が行なえるレスキューシートが開発・市販されている。使い方はシンプルで、広げたシートの上にスキー板やボードを置いて傷病者を横たわらせたら、シートで包んで固定するだけだ。ツエルトやタープとしても使用できるので、パーティにひとつ備えておくといい。商品の詳細については MG－(Mountain Guide IMAI)や白馬ブルークリフのウェブサイトへ。

ビバークする

保温に努めて救助を待つ

雪崩や転・滑落の危険がなく、風雪が避けられる平坦な樹林帯の中でのツエルトビバーク

冬の山岳地帯では悪天候が何日も続き、たとえ天候が回復しても強風が収まらないことも珍しくない。このような状況下では救助隊も出動できず、最悪の場合、救助されるまでに何日間もかかってしまう。その間はビバークしながら救助隊が到着するのを待ち続けるしかない。

ビバークをするときに最も重要になってくるのは、いかに体温の低下を防いで体力を温存できるか、だ。寒さが過酷な雪山では、体を温かく保ち続けるのは容易なことではないが、それが生死を分けるポイントになるといっても過言ではない。特に傷病者については、容体を悪化させないために、できるかぎりの保温措置を継続して行ないたい。

その点を考慮すると、ビバークの手段としていちばん理想なのは雪洞を掘ることになる。雪洞は風の影響を受けにくく、内部は比較的暖かいうえ、一度掘ってしまえば何日間でもそこで過ごすことができる。掘る場所は、雪崩や転・滑落の危険がないところを選ぶ。風下側の吹き溜まりや雪庇の下などは、雪崩のリスクが高いので避けること。雪洞を掘るにはそれなりの時間がかかり、体力も使うが、中途半端なものをつくると崩落する危険もある。たとえ時間がかかっても、しっかりしたものをつくったほうが寒さを防げるし、後々の体力の温存にもつながる。

雪洞が掘れなければ、ツエルトを用いてビバークするが、半雪洞とツエルトを併用するという方法もある。強風でツエルトが張れなければ、ツエルトをかぶって耐えるしかない。過去には風でツエルトを飛ばされて命を落としてしまったという遭難事例もあるので、強風下でのツエルトの取り扱いには充分注意したい。

ビバーク中は、持っているウェアをすべて着込み、下にザックや板などを敷くなどして、雪面からの冷えを極力防ぐ。ストーブがあれば温かい飲み物を飲み、高カロリーの行動食を食べてエネルギー源を補給し、保温と体力の温存に努めよう。

さまざまなビバーク法

ツエルトを張る

ツエルトを張れば風雪をさえぎることができ、寒さも多少はマシになる。ただし強風下ではツエルトが吹き飛ばされてしまう恐れがあるので、張るよりもかぶったほうがいい

サバイバルシートをかぶる

所持しているウェアをすべて着込み、サバイバルシートを体に巻きつけて保温する、最もシンプルなビバーク法。悪天候など厳しい状況下では、体力の消耗を防ぐのは難しい

ツリーホールを利用する

大きなツリーホールは、雪を掘る手間が省ける天然の竪穴のようなもの。その中に入って上部をツエルトで塞げば、即席のシェルターとなる。ショベルで内部を広げることも可

雪洞を掘る

充分な積雪があり、体力と時間をかけることができるなら、雪洞を掘るのがベスト。崩壊しない雪洞を掘るには、安全な場所の見極めと、上手に掘るテクニックが要求される

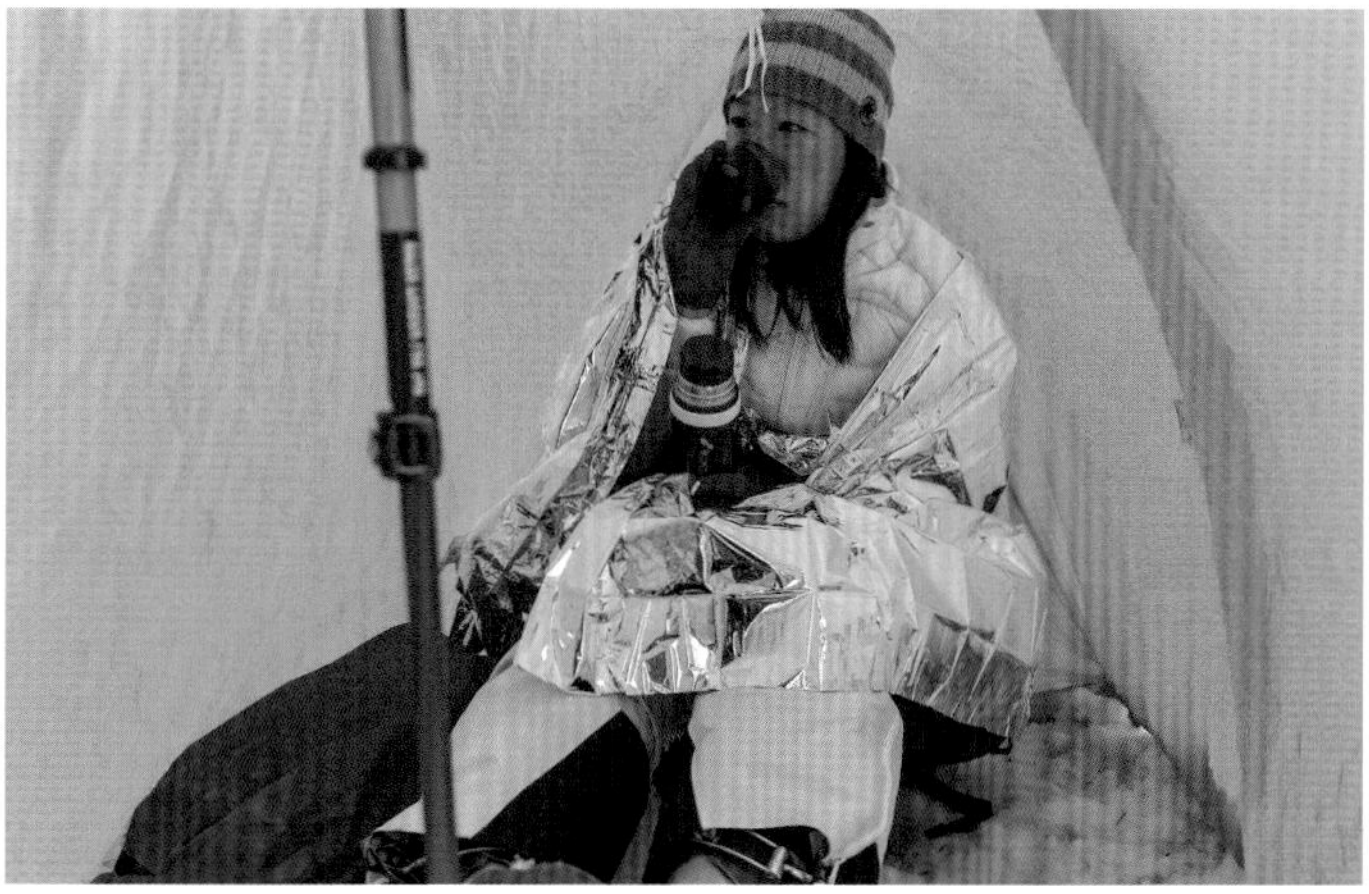

保温する

雪山でのビバークは、いかに体温の低下を防いで保温できるかが最重要課題となる。風雪をさえぎれる雪洞やツエルトの中に退避できたら、濡れたウェアを乾いたものに着替え、すべてのウェアを着込み、温かい飲み物や行動食を摂って保温に努めよう

Column 6

ヒューリスティックと認知バイアス

～心理の罠が事故を引き起こす～

本書ではさまざまなリスクについて触れられているが、実際の事故の原因は「知識の欠如ではなく、状況認知と判断のミス」によるものがほとんどを占める。「怖さを知らない初心者が事故を起こす」といわれがちだが、これは安全対策を考えるうえでミスリーディングといえる。

たとえば、状況が明らかに悪いにもかかわらず、経験豊富と表現される人が事故を起こしてしまうケース。理由はいくつかあるかもしれないが、大きな因子はヒューマン・ファクター。経験や知識、個人の思考や日常環境などの背景が影響を与えている。

ヒューリスティックとは、意思決定において論理で確認しながら判断するのではなく、経験則や先入観に基づく直感で素早く判断することをいう。つまり、経験がある人ほどこれが使われている。

ヒューリスティックには、素早く意思決定できるというメリットがある一方、判断ミスを誘発しやすいデメリットもある。デメリットを避けるためには、自分の思考を疑うことが有効である。

また、認知バイアスとは、人間が物事を評価するとき、自分の利害や希望に沿ったほうに考えが歪められ、経験や先入観にとらわれるなど、人の思考を無意識のうちに誘導するものをいう。

ヒューリスティックや認知バイアスは「無意識」で起こり、そのポイントは「気づけるかor気づけないか」だ。こうした心理の罠から逃れるには、コミュニケーションが大切。仲間と気づいたこと、感じたことなどを話し合える関係性の構築とともに、意思決定のプロセスやグループマネジメントで意識してみてほしい。

写真・文／旭 立太

バックカントリーでのヒューリスティックに係る注意喚起
イアン・マッキャマン氏提案（FACETS）

①**親近感**：慣れ親しんだ場所、成功体験は、判断にネガティブな効果をもたらす。

②**受容**：決定に納得がいかなくても、それに異論を述べるなどして嫌われることを避け、受容することで他者からよく思われたいという行動をとる傾向がある。

③**一貫性**：状況が変わり、新しい情報を得ても当初の目的や目標に固執すること。

④**エキスパート**：実際は違っても、自分より経験があるように見える人や他グループの判断を信じてしまう傾向が人にはある。

⑤**滑走跡・希少性**：先行者のトラックによる安全の錯覚。新雪ノートラック斜面の価値が高まり、積雪コンディションが軽視される。

⑥**社会的促進**：自分たちの行動を見ている他者がいると、私たちは大きなリスクを冒す傾向がある。自身の技量や体力に自信をもっている人のほうが顕著に表われる。

大規模雪崩の破断面。雪崩対策でも、経験や直感だけでなく論理的な判断が大切

Part 7

全国バックカントリーエリアガイド

ルートカタログについて
カタログには、日本を代表するスタンダードなフィールドからいくつかを抜粋して紹介した。紹介した山における代表的な[ルート]や、その体力・技術レベルも掲載したが、あくまで目安。[適期]はそのルートを行くのに適した時期だが、年により前後する。
ルートについて
日本には非常に多くのバックカントリーエリアがあるが、難易度は状況により変化する。ルートよりコンディション優先で考えよう。基本的に「初級者向け」といったルートは存在せず、上級者になるほど多くの状況に対応できるようになるのでフィールドも広がると認識したい。

＊バックカントリースキー・スノーボードには危険が伴います。
本書で紹介したルートでの事故に関して、小社は一切責任を負いません。
初心者のみでの入山は慎み、安全に充分配慮してください。

北海道・東北

積雪豊富でスキー向きの山が多い

利尻山
大雪山・旭岳
十勝岳・三段山
手稲山
ニセコアンヌプリ
札幌岳
羊蹄山
北海道
岩木山
八甲田山
青森県
森吉山
八幡平
秋田駒ヶ岳
秋田県
岩手県
鳥海山
栗駒山
月山・湯殿山
山形県
宮城県
蔵王連峰
吾妻連峰
安達太良山
新潟県
福島県
会津駒ヶ岳
燧ヶ岳

北海道

降雪量は国内トップクラス、そして気温が極端に低いのが冬の北海道。その厳しい自然環境によって生み出される良質のパウダーは、国内のみならず世界中のバックカントリー愛好者の垂涎の対象となっている。

代表エリアのひとつである大雪山のシーズンインは例年12月上旬と比較的早め。アプローチにロープウェイを利用できる旭岳を中心に、さまざまなルートがある。大雪山の南西に位置する十勝《とかち》連峰にもバックカントリーの好フィールドが広がっており、十勝岳や三段《さんだん》山などでは温泉をベースにしたツアーが楽しめる。

ニセコ連峰は山麓部に多くのスキー場をもち、機動力を生かしたツアーが設定できる。やはり厳冬期のドライパウダーがいちばんの魅力だが、天候が落ち着いて好展望が期待できる春シーズンも楽しい。

東北

東北はバックカントリーに適したエリアには事欠かない。積雪は豊富で雪質もよく、春遅くまで滑走を楽しめる。総じてたおやかな山容の山々が多いが、ところどころ急峻な地形もある。ブナの原生林が多いのが特徴で、ツリーランも魅力のひとつ。さらに、どのエリアにおいてもたいてい山麓・山中に温泉があり、温泉とセットで楽しめるのも、東北の雪山ならではの醍醐味だろう。

こうした魅力を堪能できる代表的な山が、多くのクラシックルートが引かれている八甲田山。日本海側に面している月山《がっさん》や鳥海山もバックカントリーが盛んだが、アプローチ道が開く春以降が本格的なシーズンとなる。ほかにも、八幡平や栗駒《くりこま》山、秋《あき》田駒《たこま》ヶ岳、蔵王《ざおう》連峰、吾妻《あづま》連峰などもバックカントリーの好フィールドだ。

東北

八幡平《はちまんたい》

[ルート] 御在所駐車場〜茶臼岳〜恵比寿沢（一例）
体力★★／技術★★
[日程] 日帰り
[適期] 3月〜5月上旬

東北北部の内陸部にある八幡平は、ドライパウダーが楽しめるエリアとして知られている。茶臼岳を中心とした全体に緩やかな山容で、コンパクトながらオープンバーンや樹林帯など変化に富んだ斜面が楽しめる。冬は季節風が強く、悪天候時はホワイトアウトしやすいので注意しよう。天候が安定する春は、ルート取りによってはロングクルージングが楽しめる。

北海道

大雪山《たいせつ》・旭岳《あさひ》

[ルート] 旭岳ロープウェイ姿見駅〜旭岳スキーコース周辺
体力★★／技術★★
[日程] 日帰り
[適期] 12月〜5月

「北海道の大屋根」と呼ばれる大雪山系には、道内の高峰が集中している。なかでも道内最高峰の旭岳は人気で、ロープウェイを使って標高を稼げることもあって多くの人が訪れる。尾根上や山頂付近は氷化するため、冬はロープウェイ姿見駅より下部のスキーコースを滑走するのが一般的。春は山頂まで登って南面や北面からロングルートを滑る人も多い。

眼下に日本海を見下ろしながら滑走できる鳥海山・鉾立ルート

北海道

ニセコアンヌプリ

[ルート] ニセコグラン・ヒラフスキー場〜ニセコアンヌプリ山頂〜東尾根（一例）
体力★／技術★
[日程] 日帰り
[適期] 1月中旬〜4月上旬

北海道において、広大なスキーエリアの代表といえばニセコだろう。ニセコアンヌプリ山頂へは山麓部にある4つのスキー場からアクセスでき、四方に向けてさまざまなルートがとれる。12月下旬〜2月中旬であれば、世界に名だたるニセコのパウダースノーを満喫できるだろう。30分ほどの登りで山頂に立ち、東尾根では広大なオープンバーンを滑走できる。ローカルルールを守って楽しみたい。

東北

鳥海山《ちょうかい》

[ルート] 祓川〜七高山山頂（一例）
体力★★／技術★★
[日程] 日帰り
[適期] 4月下旬〜5月下旬

日本海に面し、冬の季節風によって多量の雪がもたらされる鳥海山。「出羽富士」とも呼ばれる独立峰で風の影響を受けやすく、冬に山頂に立つのは非常に難しいが、春に天候に恵まれればダイナミックな滑走を楽しめる。オープンな大斜面を楽しめる祓川（はらいがわ）ルート、日本海に向かって滑り降りる西面の鉾立（ほこだて）ルートなど、さまざまなラインが引かれている。

東北

八甲田《はっこうだ》山

[ルート] 八甲田ロープウェイ山頂公園駅〜田茂萢岳〜箒場岱（一例）
体力★★／技術★★
[日程] 日帰り
[適期] 3月〜5月上旬

大岳を主峰とする八甲田連峰には、たくさんのクラシックルートが引かれており、ビギナーから上級者まで、レベルに応じたツアーを実践できるのが魅力だ。ロープウェイがある北八甲田エリアは、特に人気が高い。田茂萢（たもやち）岳から箒場岱（ほうきばたい）に降りるルートはごく一例で、上部ではオープンバーン、中腹以下はブナ林のツリーランが楽しめる。

東北

安達太良《あだたら》山

[ルート] あだたら高原スキー場〜安達太良山〜勢至平
体力★★／技術★★
[日程] 日帰り
[適期] 1月中旬〜3月上旬

首都圏からもアクセスのよい南東北の山。あだたら高原スキー場のリフトを使って山頂を往復するルートは手軽だが、冬は山頂が氷結していることも多いので、無理にピークを踏まなくてもいいだろう。くろがね小屋で一泊し、山頂を経由して勢至平（せいしだいら）に滑り込むプランもおすすめ。通年営業の小屋では温かい食事や源泉かけ流しの温泉を楽しむことができる。

八甲田山。雄大な高田大岳をバックに井戸岳の斜面を楽しむ

上信越

首都圏からのアクセス良好。豪雪地帯を含む

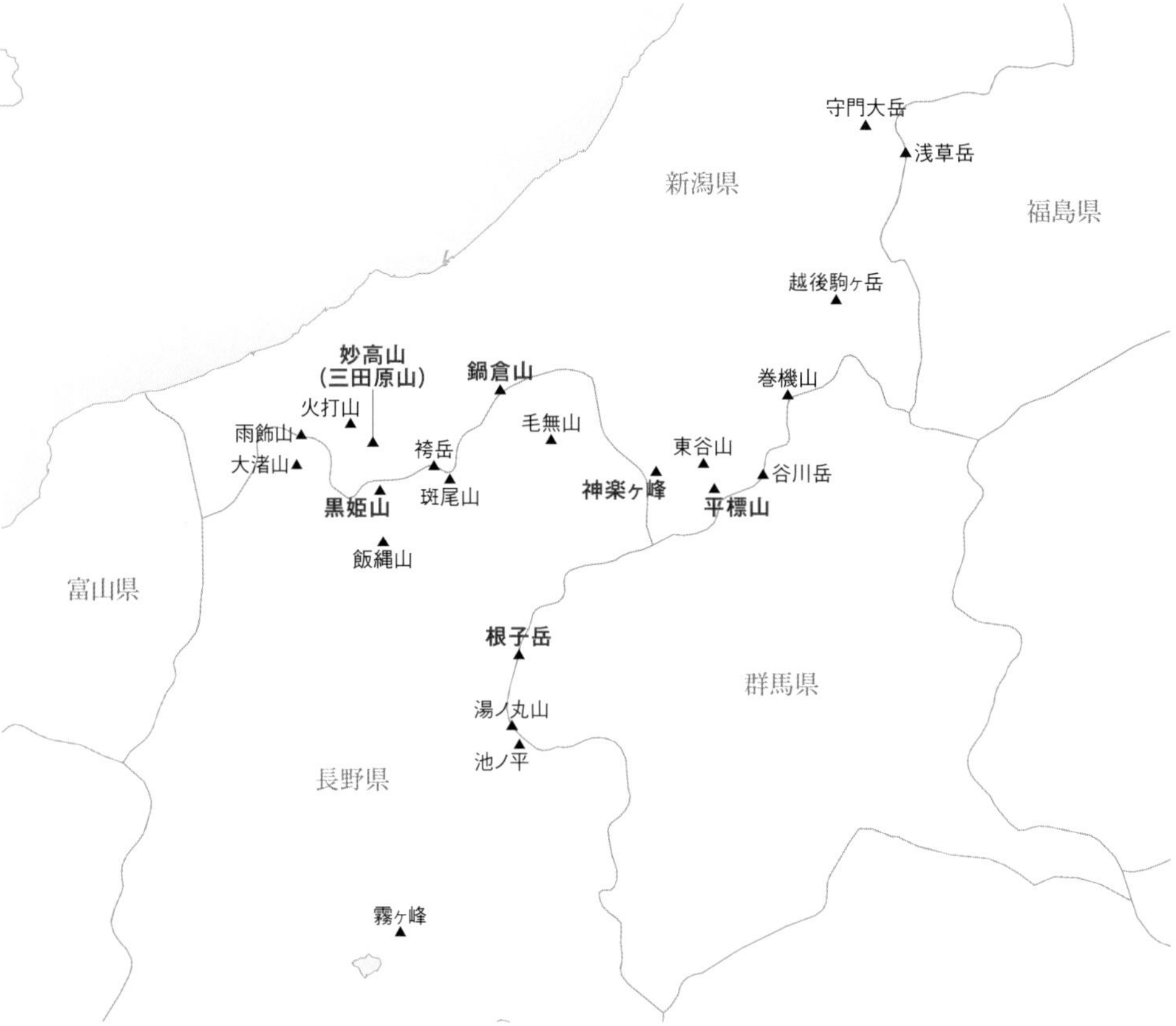
守門大岳
浅草岳
新潟県
福島県
越後駒ヶ岳
妙高山
(三田原山)
鍋倉山
巻機山
火打山
雨飾山
毛無山
袴岳
東谷山
大渚山
谷川岳
斑尾山
神楽ヶ峰
黒姫山
平標山
飯縄山
富山県
根子岳
群馬県
湯ノ丸山
池ノ平
長野県
霧ヶ峰

上信越地方は、場所によって天候・降雪量が大きく異なる。日本海に近いエリアには多量の雪が降るが冬は悪天候の日が多い。一方、内陸部の上信エリアは晴天率が高いものの、降雪量は非常に少ない。

越後・上越

豪雪地帯として名高い越後には、守門大《すもんおお》岳、浅草《あさくさ》岳、越後駒《えちごこま》ヶ岳、巻《まき》機《はた》山といったバックカントリーの名山がめじろ押しだ。天候が安定する3月以降が滑走適期となる。

上越国境に位置する谷川《たにがわ》連峰も国内有数の雪深いエリア。地形的には峻険だが、バックカントリー向きの斜面もたくさんあり、オープンバーンからツリーランまで変化に富んだ滑走を楽しめる。いまなお滑り手を魅了するクラシックルートも数多い。「近くてよい山」と形容されるように、首都圏からのアプローチが容易なのも魅力。谷川連峰の西にある神楽ヶ峰は、スキー場から短時間のハイクアップで滑走に移れるなどの利便性に優れた人気のエリアだ。

日本海を越えてくる季節風が湿った雪を大量に降らせる上越では、山麓のスキー場を起点としたスキーツアーが盛んだ。5つの外輪山をもつ妙高山や火打《ひうち》山などには魅力的なラインが引かれている。一日の行動を終えたあとには、山麓に湧く温泉でくつろげるのもうれしい。

信越

信越地方には、コンパクトながら個性のある山がそろっている。ツリーランが楽しい鍋倉山や袴《はかま》岳、雪質には定評のある黒姫山、山あいの温泉をベースに滑走できる大渚《おおなぎ》山、尾根滑走が爽快な飯縄《いいづな》山など、魅力ある山には事欠かない。

上信

越後地方と比べると上信エリアは断然雪が少ない。湯《ゆ》ノ丸《まる》山や池《いけ》ノ平《たいら》などは、どちらかというとスキーハイクの趣で、入門者のシール歩行デビューにも適している。八《やつ》ヶ岳に隣接する霧《きり》ヶ峰も、なだらかな高原状の地形で、ビギナーにはおすすめのフィールドだ。

里山の雰囲気に満ち、メロウな斜面が魅力的な鍋倉山

上越

平標山《たいらっぴょう》

[ルート] 火打峠～平標山～平標山の家～平原新道（一例）
体力★★★／技術★★
[日程] 日帰り
[適期] 1月上旬～4月中旬

豪雪で知られる谷川連峰にあり、険しい山容ながらバックカントリー向けの斜面も多い山だ。火打峠からの林道アプローチが比較的長いので、体力的にはキツめの山である。ルートはいくつかあり、山頂の南にある平標山の家への周回や、ヤカイ沢などにラインが引かれている。ヤカイ沢は豪快な滑走が楽しめるが、状況によって雪崩のリスクが高くなる。

信越

鍋倉山《なべくら》

[ルート] 温井集落～鍋倉山
体力★★／技術★★
[日程] 日帰り
[適期] 1月中旬～3月下旬

関田山脈の中央部に位置し、冬は豪雪地帯となるため、里山でも豊富な雪がもたらされるエリア。鍋倉山は、集落に近いながら美しいブナの原生林のツリーランが楽しめる山だ。登高・滑走は、東斜面の巨木の谷を挟んだ南尾根や北尾根がよく使われている。地形は比較的わかりやすいが、稜線手前は急斜面もあるので登高の際は気をつけたい。山頂は開けていて、展望良好だ。

越後

神楽《かぐら》ヶ峰

[ルート] かぐらスキー場第5ロマンスリフト終点～中尾根ノ頭～中尾根（一例）
体力★／技術★★
[日程] 日帰り
[適期] 1月中旬～4月下旬

かぐらスキー場のリフトを使って、バックカントリーに容易にアクセスできることから、エントリー層を含めて人気が高い。豪雪地帯のため、厳冬期のパウダーから春のザラメまで、楽しめる期間が比較的長いのも魅力。中尾根ノ頭へ登り、中尾根に沿ってスキー場に戻るルートは、ビギナーでもバックカントリーの醍醐味が味わえる。ほかにもいくつかのルートが楽しまれている。

信越

黒姫山《くろひめ》

[ルート] 黒姫高原スノーパークトップ～稜線～東尾根（一例）
体力★★／技術★★
[日程] 日帰り
[適期] 1月中旬～3月中旬

「信濃富士」とも呼ばれる北信五岳の一座。多雪に恵まれ、雪質も比較的軽いので、パウダー愛好家に人気が高い。東麓の黒姫高原スノーパークのゲレンデトップから入り、稜線まで登ったら、東面の前山尾根を滑走してゲレンデに戻るルートがよく使われる。東面はブナなどの樹林のツリーランだ。上部はパウダーが楽しめるが、下部は雪質の変化が大きい。

パウダーのツリーランが楽しい黒姫山。稜線から妙高山の姿も

上信

根子《ねこ》岳

[ルート] 奥ダボススノーパーク第1リフト終点～根子岳
体力★／技術★
[日程] 日帰り
[適期] 1月上旬～3月上旬

菅平高原にある根子岳は、降雪は多くないが冬でも好天の確率が高い。スキー場のリフト終点から山頂近くまでスノーキャットが運行され、圧雪されていることもある。キャットロードの往復なら斜度もきつくなく、ビギナー向けだ。山頂付近は展望がよく、樹氷（スノーモンスター）が有名。時間や体力があれば、往復ルート以外の斜面を滑ったり、すぐ隣の四阿山へ足を延ばしたりもできる。

越後

妙高《みょうこう》山（三田原《みたはら》山）

[ルート] 杉ノ原スキー場TOP（三田原第三リフト）1850m～三田原山稜線2300m～池ノ峰
体力★★／技術★★
[日程] 日帰り
[適期] 1月中旬～3月下旬

日本百名山として有名な妙高山は、前山、赤倉山、三田原、大倉山、神奈山と5つの外輪山をもつ火山。外輪山はすべてバックカントリーの対象となるが、三田原山は妙高杉ノ原スキー場のリフトを使って標高差450mほどを稼ぎ、稜線に立てることで人気だ。豪雪地帯のため、コンディションによってはパウダーも楽しめるが、雪崩地形に注意したい。

日本アルプス

3000m峰を擁するバックカントリーの宝庫

新潟県
白鳥山
白馬乗鞍岳
白馬岳
富山県
唐松岳（八方尾根）
五竜岳
立山
針ノ木岳・蓮華岳
薬師岳
笠ヶ岳
槍ヶ岳
常念岳
穂高岳
蝶ヶ岳
長野県
岐阜県
焼岳
乗鞍岳
入笠山
木曽駒ヶ岳（千畳敷）
山梨県
三ノ沢岳
仙丈ヶ岳
北岳

日本アルプスのバックカントリーフィールドは、積雪量やアプローチなどの理由から、ほとんどが北アルプスに集中している。

北アルプス

国内の名だたる3000m峰が連なるのが北アルプスだ。山麓のスキー場の機動力を利用したショートツアーをはじめ、稜線からのダイナミックな大滑走、山のなかを旅するロングツアー、ベースを設けての周回・ピストンなど、季節やレベルに応じたさまざまなバックカントリープランを実現できる。

　北アルプス北部には、立山・白馬など、アクセスがよいバックカントリーエリアがいくつかある。ダイナミックなフィールドに容易にアクセスできるのはうれしいが、アルパインエリアに属する場所では、コンディションの見極めに慎重を要することを認識しておきたい。

　立山は、11月下旬からアルペンルート営業終了までの初冬と、アルペンルートが営業開始する4月中旬以降がシーズンで、多くのバックカントリー愛好者でにぎわう。

　白馬岳周辺は、日本を代表する一大バックカントリーエリアとして広く知られ、スキー場からアクセスできるフィールドが多いことから、パウダーを求めて大勢のスキーヤーやスノーボーダーがやってくる。クラシックルートも引かれ、アプローチがより便利になる春以降に入山者が増える。最近は沢地形に入る人も増えてきているが、雪崩などの危険を考えると上級者向けといえるだろう。

　北アルプス南部は、急峻な地形のため、高度なリスク管理ができる上級者向けのフィールドだ。たまに槍《やり》・穂高《ほたか》岳の滑走記録なども見られるが、あくまでエクストリームな志向をもつ人たちの腕試しの場だといえる。北アルプス北部に比べると雪も少なく、アプローチも長いので体力的にも難易度が高い。

　北アルプス南端部に位置する乗鞍岳は、多くの人が訪れる人気エリア。冬でも晴天率が高いが、寒冷で風の影響も厳しい。標高が高く、厳冬期から春遅くまで長い期間、滑走が楽しめるのが特徴。岐阜県側の平湯《ひらゆ》周辺にもルートが何本かあり、パウダーシーズンにぎわっている。

中央アルプス

　中アでバックカントリーに適した場所というと、ロープウェイで標高2500m超まで一気に上がれる木曽駒ヶ岳の千畳敷くらいだろう。春に、カール地形を思いのまま滑ったり登ったりを繰り返すのも楽しい。

南アルプス

　このエリアでバックカントリーを楽しめるのは、アプローチが長い山が多い。上級者向けとしては、滑走に適したカールを有する仙丈《せんじょう》ヶ岳などがある。南ア前衛の山・入笠山は、雪上ハイキング気分で楽しめ、入門者の練習フィールドには最適だ。

3000m峰に囲まれ魅力的なフィールドが広がる立山・室堂平

北アルプス

白馬乗鞍《はくばのりくら》岳

[ルート] 栂池ロープウェイ自然園駅～天狗原～白馬乗鞍岳（一例）
体力★★／技術★★
[日程] 日帰り
[適期] 4月下旬～5月下旬

白馬エリアでも随一の人気で、シーズン中は常に多くのスキーヤーやスノーボーダーでにぎわう。ロープウェイの運行は春からで、冬はスキー場トップから歩く。天狗原から山頂部にかけてはオープンバーンが広がり、さまざまなラインがとれる。山頂付近は強風の影響を受けやすいので、天候によっては無理に山頂まで行かず、天狗原から栂池自然園へ滑走するだけでも充分楽しめるだろう。

北アルプス

唐松《からまつ》岳（八方《はっぽう》尾根）

[ルート] 八方池山荘～八方池～南斜面（一例）
体力★★／技術★★
[日程] 日帰り
[適期] 1月上旬～4月下旬

白馬八方尾根スキー場のゲレンデを経由して歩きだせる八方尾根。しかし風の影響を受けやすく、尾根上に雪が積もることも少ないため、コンディションの整う日は多くない。八方ケルンあたりから南斜面は適度な斜度で、ピストンで楽しめるが雪崩には注意。北斜面のガラガラ沢・無名沢などもメジャーになりつつあるが、雪崩リスクが高く上級者向きだ。

中央アルプス

木曽駒《きそこま》ヶ岳（千畳敷《せんじょうじき》）

[ルート] 千畳敷駅周辺
体力★／技術★
[日程] 日帰り
[適期] 4月中旬～5月下旬

ロープウェイの機動力で一気に標高2640mまで上がれる千畳敷は、そのアルパイン景観が魅力。春の千畳敷は全面がバックカントリーエリアとなり、自由に滑りを楽しめる。4月中旬～5月下旬は、Tバーリフトが利用できる千畳敷スキー場がオープン。カール上部の乗越浄土へ登るルートもあるが、斜度がきつくアイゼンも必要なので、中・上級者向きである。

北アルプス

立山《たてやま》

[ルート] 室堂ターミナル～雷鳥沢～別山乗越（一例）
体力★★／技術★★
[日程] 日帰り
[適期] 4月中旬～5月下旬

室堂ターミナルを中心にした立山エリアは、雄大な山岳景観がすばらしい。アルペンルートが使えるアクセスのよさも魅力だ。滑走ラインが無数にあり、各々のレベルに応じて選ぶことができる。山小屋をベースに、近くの斜面を滑るだけでも充分楽しめるだろう。雷鳥沢も人気だが、別山乗越直下はアイゼンが必要になることも多い。つぼ足への切り替えなどは、傾斜が緩いうちに行なうこと。

南アルプス

入笠《にゅうがさ》山

[ルート] 富士見パノラマリゾート山頂駅～入笠山
体力★／技術★
[日程] 日帰り
[適期] 2月上旬～3月下旬

スキー場の山頂駅から、全体に緩やかな登りを経て、山頂に立てる。ビギナーがバックカントリーの魅力に触れるには最適の山だ。シール歩行の練習などによいが、豪快な滑走は期待できない。積雪量は多くないので状況を確認してから出かけたい。このほかに、入笠山登山口の沢入から入笠湿原を経て入笠山に登り、入笠林道を降りてくる周回コースもとれる。

北アルプス

乗鞍《のりくら》岳

[ルート] 位ヶ原山荘～剣ヶ峰（一例）
体力★★／技術★★
[日程] 日帰り
[適期] 4月下旬～6月上旬

シーズンは6月ごろまでと長い乗鞍岳。3000m峰からの大斜面のダウンヒルは爽快そのものだ。冬季はMt.乗鞍スノーリゾートのリフト終点から位ヶ原経由で登っていくが、稜線上は氷結しているので、無理せず肩の小屋くらいまでで引き返すのがよいだろう。ゴールデンウイークからは位ヶ原山荘までバスが運行するようになり、アプローチが楽になる。

関東周辺・北陸・西日本

滑れる山は少ないが名山も存在

関東周辺

降雪自体が少ない関東近郊において、バックカントリーの対象となる場所は数えるほどしかない。冬に降雪のある北関東エリアにかろうじていくつか見られるくらいである。

その代表的な例が尾瀬《おぜ》エリア。東北との境に位置する燧《ひうち》ヶ岳は、ごつごつした男性的な山容で中・上級者向けのラインがいくつか引かれている。対して、至仏山はなだらかな女性的な山容が特徴で、尾瀬ヶ原に向かって、適度な斜度の広大なオープンバーンを滑走できる。いずれも3月下旬以降がシーズンだ。

那須《なす》連山にも、積雪が充分あれば三本《さんぼん》槍《やり》岳などで滑走を楽しめる。日光白根《にっこうしらね》山は、山頂部は急峻で雪がつかず、滑走には適さないが、群馬県側の丸沼高原スキー場からアプローチして、座禅《ざぜん》山や五《ご》色《しき》沼のあたりまでツアーが楽しめる。

新潟県
三本槍岳
福島県
燧ヶ岳
至仏山
谷川岳
日光白根山
武尊山
栃木県
群馬県
茨城県
長野県
埼玉県
東京都
山梨県
千葉県
富士山
神奈川県
静岡県

関東平野の北端で、かつ上越国境の南に位置する山では、積雪が多く、好天に恵まれやすい。北関東の最高峰である上州武尊《じょうしゅうほたか》山は、山腹にいくつかのスキー場があり、リフトを利用してツアーに出られる。バックカントリールートも豊富だ。

なお、日本一標高の高い富士山は、天候や雪質の変化が大きく、落石なども多いため、リスク管理がしっかりできる上級者向けの山である。広大なオープンバーンのダイナミックな滑走に魅かれるスキーヤー・スノーボーダーは多いと思うが、上部は斜度も急で、登るのにもテクニックが必要だ。あっという間にガスに巻かれることもあるので、コンディションを見ながら慎重に行動しよう。

北陸・奥美濃

豪雪地帯である北陸や奥美濃エリアにも、適した山がいくつかある。

白山《はくさん》は、バックカントリーに適した斜面が多く、人気のあるエリアだ。ただしアプローチの便がよくないのが難点。白山連峰の北側、白川郷《しらかわごう》周辺の山は、登りも滑走も高い技術が要求される上級者向けのエリア。同じ白山連峰の南部に位置する野伏《のぶせ》ヶ岳は、降雪量が多くアクセスも便利で、山スキーの名山として広く知られている。

西日本

西日本でもバックカントリーを楽しめる山が点在する。

日本海側に位置するいくつかの山は、充分な積雪があった場合に滑れるが、近年は暖冬傾向もあって、入れるチャンスは少なくなっているようだ。伊吹《いぶき》山は、西日本で最初にスキー場がつくられた山で、南面には滑走に適した広大な斜面が広がっている。

鳥取と兵庫の県境にそびえる氷ノ山には、スキー場からアクセスできる初心者向けのルートがある。鳥取県の伯耆大山《ほうきだいせん》の滑走記録も多いが、こちらは山麓からフルハイクで、滑走は沢地形のエクストリームな斜面が多いため、上級者向けの山だ。

春の至仏山山頂（奥は尾瀬ヶ原と燧ヶ岳）。鳩待峠まで車でアクセスできるようになると、たくさんの人が訪れる

北陸

大日《だいにち》ヶ岳

[ルート] 高鷲スノーパークゲレンデトップ〜大日ヶ岳
体力★／技術★★
[日程] 日帰り
[適期] 1月中旬〜4月上旬

日本二百名山のひとつで、夏も含めて登られている大日ヶ岳は、西日本でも比較的メジャーな山だ。高鷲スノーパークのリフトを使って標高を稼ぎ、スキー場トップから1時間足らずのハイクアップで、大展望の山頂に立てるのが魅力だ。山頂往復だけでなく、時間や体力、コンディションによっては、山頂から東向きの谷を何本か滑って登り返すのも楽しい。

西日本

氷ノ山《ひょうせん》

[ルート] わかさ氷ノ山スキー場〜氷ノ山
体力★★／技術★
[日程] 日帰り
[適期] 1月上旬〜3月中旬

なだらかな山容で、標高は決して高くはないが、日本海に近いために降雪量が多く、バックカントリーの山として親しまれている。わかさ氷ノ山スキー場からのアプローチが楽だ。稜線の南斜面や東斜面には、緩やかな傾斜の快適なスロープがあちこちに広がっていて、登り返しで滑りを楽しめる。頂稜部は広い平坦な地形なので、視界不良時はルートを見失わないよう注意したい。

関東周辺

至仏《しぶつ》山

[ルート] 鳩待峠〜至仏山〜山ノ鼻（一例）
体力★★／技術★★
[日程] 日帰り
[適期] 4月下旬〜5月下旬

春はアプローチが容易になり、ゴールデンウイークは山頂が混雑するくらいの大にぎわいとなる。ただしそのころは、重点植生保護区域と危険区域の設定により、積雪状況によって一部エリアは立ち入り禁止となるので要注意。事前に地元情報を調べること。主な滑走ルートは山ノ鼻尾根とムジナ沢の2本で、いずれも尾瀬ヶ原を見下ろす大斜面の滑走が楽しめる。

関東周辺

富士《ふじ》山

[ルート] 富士山御殿場口〜双子山
体力★／技術★★
[日程] 日帰り
[適期] 4月中旬〜5月中旬

富士山には、各方面にいくつかのルートが引かれている。厳冬期はコンディションが厳しすぎるため、現実的に滑走ができるのは春になる。とはいっても、春でも上部は雪が硬く、滑落のリスクも高い。さらに天気が変わりやすく、落石・雪崩もあるようなので、実際はリスク管理が非常に難しい山でもある。上部に注意しながら、双子山など山腹で楽しむのもいいだろう。

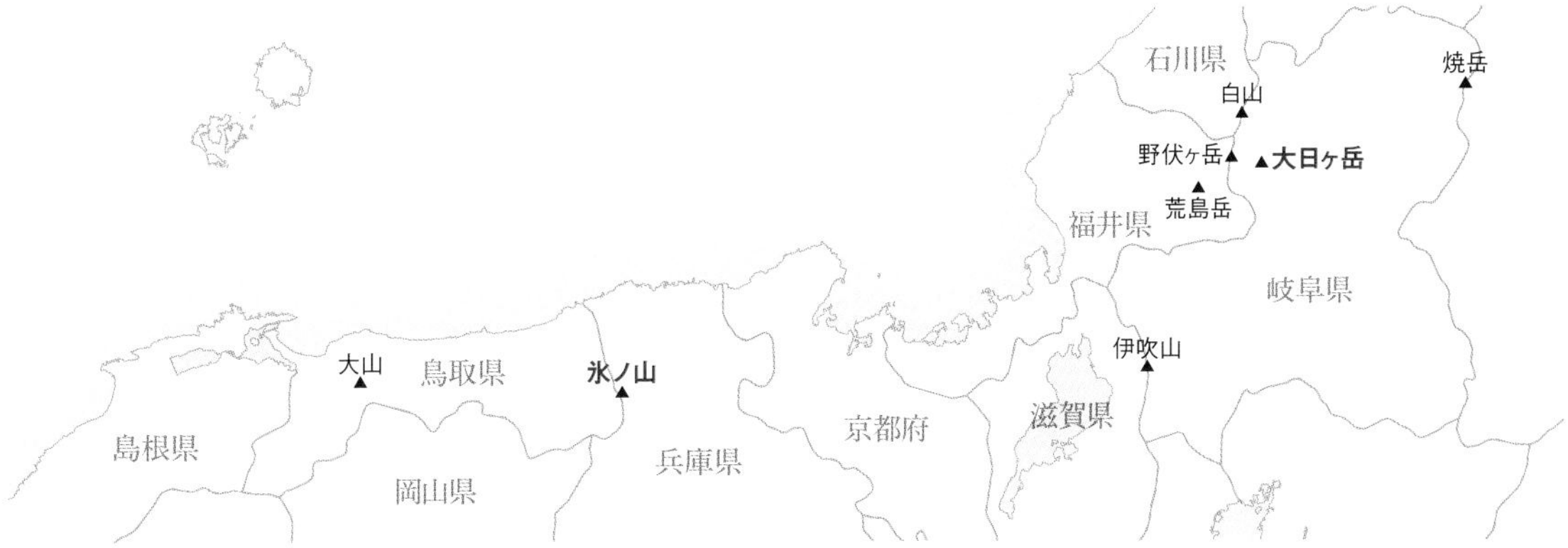

バックカントリーエリア　ローカルルール

バックカントリーが盛んな一部のエリアでは、事故を未然に防ぐため、アクセスに利用されるスキー場や地元の遭難事故防止関係機関などと連携して、独自のローカルルールを設けている。ほとんどのルールでは、ルール違反者に対してリフト券の没収やスキー場からの退場を課し、スキー場の管理エリア外での事故の捜索・救助活動については費用を当事者に請求することを定めている。

ルールに従うのはバックカントリー愛好者として当然であり、結果的にはリスクの回避にもつながる。入山前に、どんなルールが定められているのかをチェックして、必ずそれを守るようにしよう。

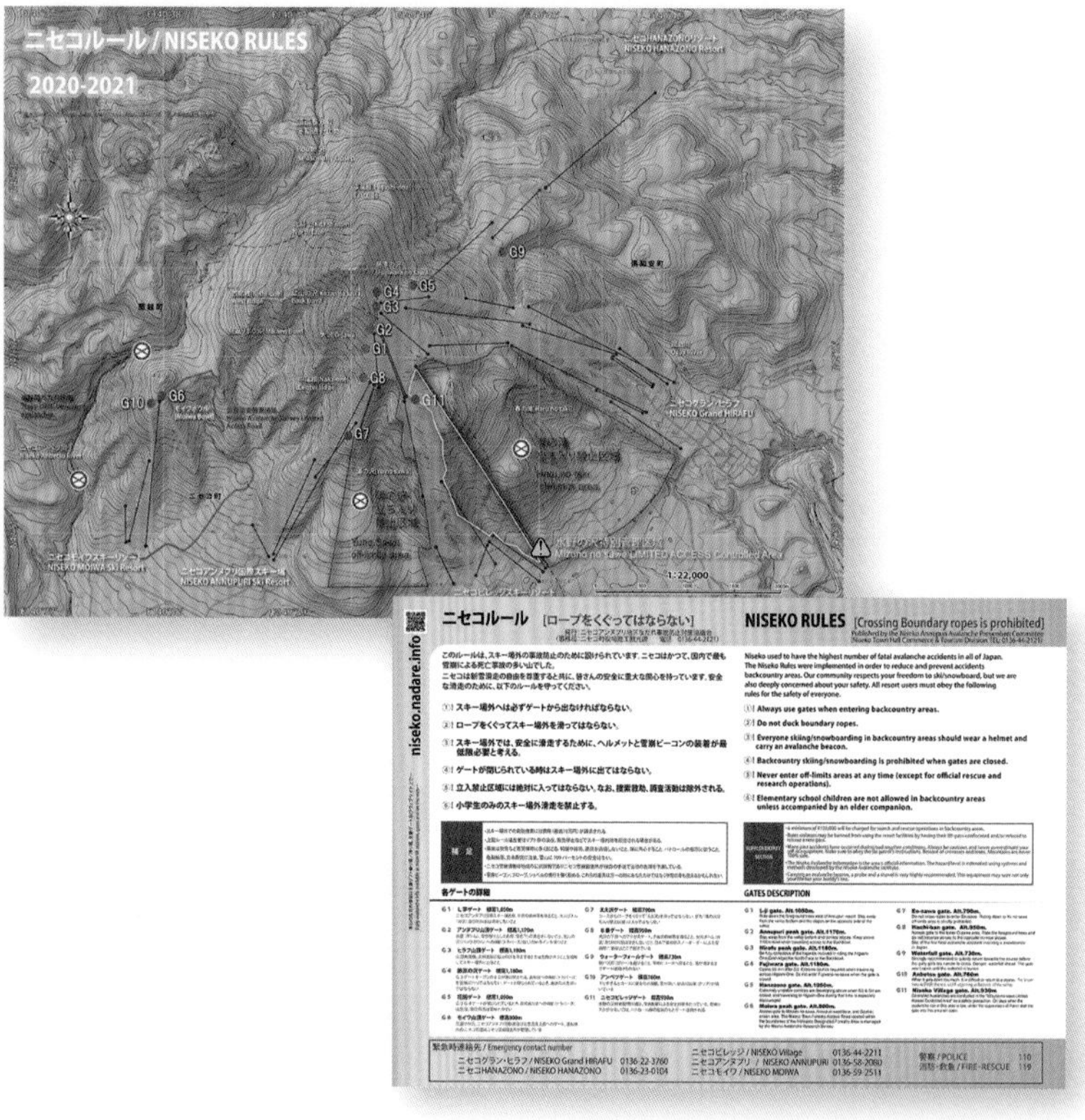

ニセコ（北海道）

ニセコ全山において、滑走の自由を尊重しつつ、最低限の規制を設けた、日本で初めてのコース外滑走に関わるローカルルールが、通称「ニセコルール」。「コース外へは必ずゲートから出なければならない」「ロープをくぐってコース外を滑ってはならない」「雪崩危険区域への立ち入り禁止」などの条項が定められている。2020～21シーズンからはコース外滑走時の雪崩ビーコンとヘルメットの着用義務化も加わった。

白馬（長野）

スキー場外エリアへの入山者およびスキー場利用者の安全を守るための、白馬エリアの5スキー場――「白馬岩岳」「白馬八方尾根」「Hakuba47」「白馬五竜」「白馬さのさか」――に共通する公式ルール。「スキー場内の滑走禁止エリアでの滑走禁止」「閉鎖されているコース・エリアには絶対に立ち入らない」「スキー場エリア内外を問わず、すべての利用者がスキー場パトロール及び関係機関の指示に従うこと」などを定める。

妙高（新潟）

ニセコ、白馬に次いで2010年に策定された、「妙高杉ノ原」「池ノ平温泉」「赤倉スキーエリア」「関温泉スキーエリア」を対象とする公式ルール。「立入禁止看板や立入禁止ロープより先への侵入を禁止する」「スキー場管理エリア内外を問わず、すべての利用者がスキー場パトロール、関係機関、関係者の指示に従うこと」などを求め、違反があった場合にはリフト券が没収され、スキー場から退場させられる。

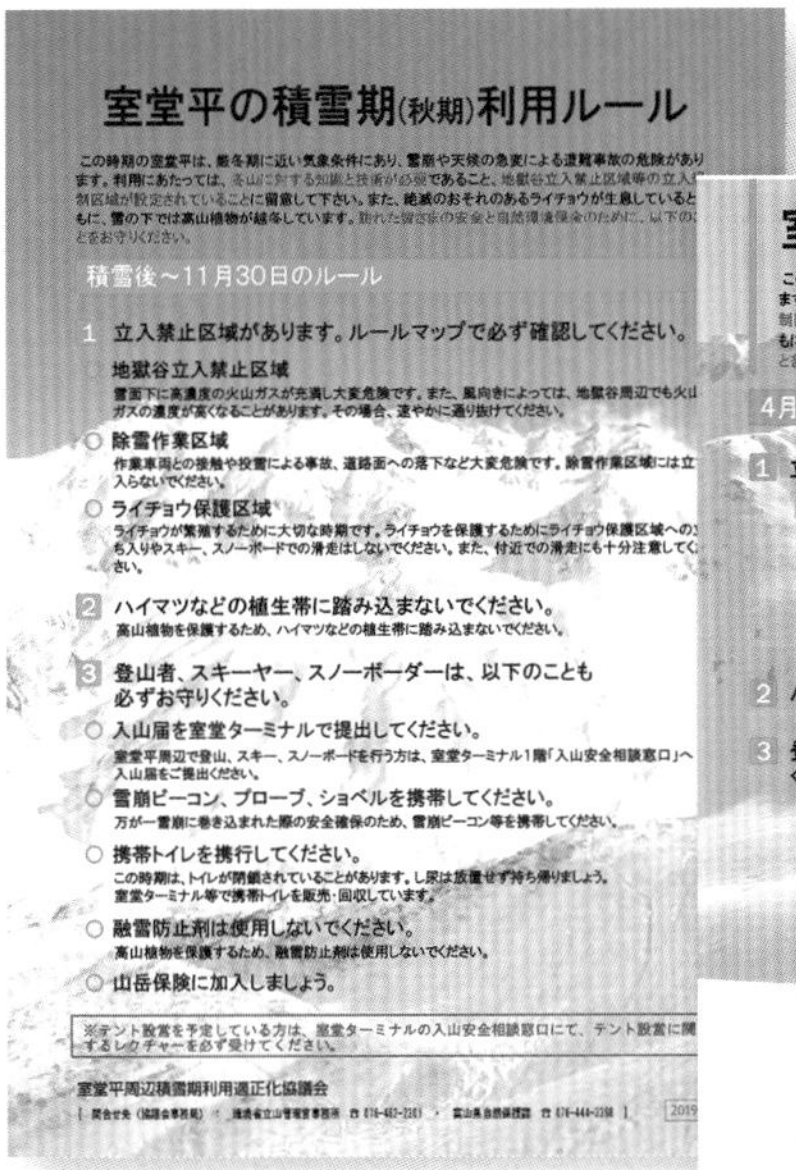

室堂平の積雪期(秋期)利用ルール

この時期の室堂平は、厳冬期に近い気象条件にあり、雪崩や天候の急変による遭難事故の危険があります。利用にあたっては、冬山に対する知識と技術が必要であること、地獄谷立入禁止区域等の立入規制区域が設定されていることに留意して下さい。また、絶滅のおそれのあるライチョウが生息しているともに、雪の下では高山植物が越冬しています。訪れた皆さまの安全と自然環境保全のために、以下のことをお守りください。

積雪後～11月30日のルール

1 立入禁止区域があります。ルールマップで必ず確認してください。

- 地獄谷立入禁止区域
  雪面下に高濃度の火山ガスが充満し大変危険です。また、風向きによっては、地獄谷周辺でも火山ガスの濃度が高くなることがあります。その場合、速やかに通り抜けてください。
- 除雪作業区域
  作業車両との接触や投雪による事故、道路面への落下など大変危険です。除雪作業区域には立ち入らないでください。
- ライチョウ保護区域
  ライチョウが繁殖するために大切な時期です。ライチョウを保護するためにライチョウ保護区域への立ち入りやスキー、スノーボードでの滑走はしないでください。また、付近での滑走にも十分注意してください。

2 ハイマツなどの植生帯に踏み込まないでください。
高山植物を保護するため、ハイマツなどの植生帯に踏み込まないでください。

3 登山者、スキーヤー、スノーボーダーは、以下のことも必ずお守りください。

- 入山届を室堂ターミナルで提出してください。
  室堂平周辺で登山、スキー、スノーボードを行う方は、室堂ターミナル1階「入山安全相談窓口」へ入山届をご提出ください。
- 雪崩ビーコン、プローブ、ショベルを携帯してください。
  万が一雪崩に巻き込まれた際の安全確保のため、雪崩ビーコン等を携帯してください。
- 携帯トイレを携行してください。
  この時期は、トイレが閉鎖されていることがあります。し尿は放置せず持ち帰りましょう。
  室堂ターミナル等で携帯トイレを販売・回収しています。
- 融雪防止剤は使用しないでください。
  高山植物を保護するため、融雪防止剤は使用しないでください。
- 山岳保険に加入しましょう。

※テント設営を予定している方は、室堂ターミナルの入山安全相談窓口にて、テント設営に関するレクチャーを必ず受けてください。

室堂平周辺積雪期利用適正化協議会
［ 問合せ先（協議会事務局）： 環境省立山管理官事務所 ☎ 076-462-2301 ・ 富山県自然保護課 ☎ 076-444-3398 ］
2019

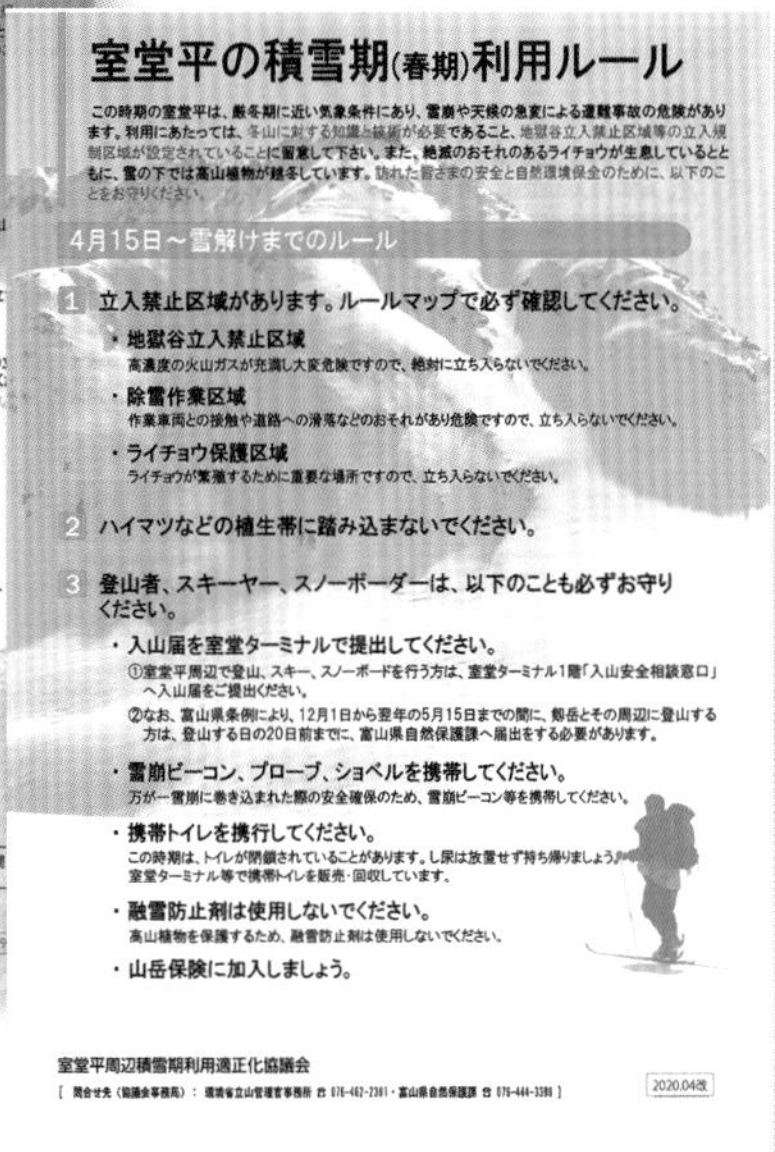

室堂平の積雪期(春期)利用ルール

この時期の室堂平は、厳冬期に近い気象条件にあり、雪崩や天候の急変による遭難事故の危険があります。利用にあたっては、冬山に対する知識と技術が必要であること、地獄谷立入禁止区域等の立入規制区域が設定されていることに留意して下さい。また、絶滅のおそれのあるライチョウが生息しているとともに、雪の下では高山植物が越冬しています。訪れた皆さまの安全と自然環境保全のために、以下のことをお守りください。

4月15日～雪解けまでのルール

1 立入禁止区域があります。ルールマップで必ず確認してください。

- 地獄谷立入禁止区域
  高濃度の火山ガスが充満し大変危険ですので、絶対に立ち入らないでください。
- 除雪作業区域
  作業車両との接触や道路への滑落などのおそれがあり危険ですので、立ち入らないでください。
- ライチョウ保護区域
  ライチョウが繁殖するために重要な場所ですので、立ち入らないでください。

2 ハイマツなどの植生帯に踏み込まないでください。

3 登山者、スキーヤー、スノーボーダーは、以下のことも必ずお守りください。

- 入山届を室堂ターミナルで提出してください。
  ①室堂平周辺で登山、スキー、スノーボードを行う方は、室堂ターミナル1階「入山安全相談窓口」へ入山届をご提出ください。
  ②なお、富山県条例により、12月1日から翌年の5月15日までの間に、剱岳とその周辺に登山する方は、登山する日の20日前までに、富山県自然保護課へ届出をする必要があります。
- 雪崩ビーコン、プローブ、ショベルを携帯してください。
  万が一雪崩に巻き込まれた際の安全確保のため、雪崩ビーコン等を携帯してください。
- 携帯トイレを携行してください。
  この時期は、トイレが閉鎖されていることがあります。し尿は放置せず持ち帰りましょう。
  室堂ターミナル等で携帯トイレを販売・回収しています。
- 融雪防止剤は使用しないでください。
  高山植物を保護するため、融雪防止剤は使用しないでください。
- 山岳保険に加入しましょう。

室堂平周辺積雪期利用適正化協議会
［ 問合せ先（協議会事務局）： 環境省立山管理官事務所 ☎ 076-462-2301 ・ 富山県自然保護課 ☎ 076-444-3398 ］
2020.04改

立山・室堂平（富山）

積雪期に室堂平周辺を訪れる利用者の安全確保と自然環境の保全を目的として策定されたのが「室堂平の積雪期利用ルール」。地獄谷やライチョウ保護区域への立ち入りを禁止するほか、バックカントリー愛好者や登山者に対しては「入山届の提出」「雪崩ビーコン、プローブ、ショベルの携行」「携帯トイレの携行」「山岳保険への加入」などを求めている。適用期間は積雪後～11月30日までの秋期と、4月15日～雪解けまでの2回。

スキー場のローカルルール

事故防止を目的としたローカルルールは、スキー場と地元が一体となったエリアとしての取り組みだけではなく、個々のスキー場でも独自のルールを設けるところが現われ始めている。たとえば上州武尊山の川場スキー場や日光白根山の丸沼高原スキー場では、スキー場を利用する入山者に「ココヘリ」の携行を義務づけるようになった（レンタルあり）。そのほか、登山届の提出、ゲートからの入山およびビーコンチェック、捜索救助費用の当事者負担、下山後の報告、バックカントリーからスキー場への進入の仕方などを定めているスキー場もある。

かぐらスキー場の入山ゲート

雪崩に関する講習会

日本雪崩ネットワーク
Japan Avalanche Network (JAN)

2000年設立。冬季アウトドア活動の雪崩安全に関わる非営利の専門団体。雪崩教育・雪崩情報・事故調査・リソースの提供を4つの柱に活動している。初心者から現場プロまで、各階層に対する教育を提供するとともに、ホームページで「雪崩情報」の発表を行なっている。

●安全セミナー「アバランチナイト」「ミニ・アバランチナイト」
雪崩の危険に気づく機会として開催。アバランチナイトは、雪崩の基礎知識や事故事例についてお話しする2時間の無料セミナー。姉妹版でより小規模なミニ・アバランチナイトも。
●雪上講習会「ベーシック・セイフティキャンプ(BSC)」+「AvSAR基礎コース」
フィールドで雪崩対策を学ぶ雪上講習会。BSC(2日間)とAvSAR基礎コース(1日)を受講することで、雪崩の安全対策に係る包括的かつ重要な骨子を学ぶことができる。
●雪上講習会「アドバンス・セイフティキャンプ(ASC)」
ASC(3日間)は経験者向きのコースで、事前にBSCとAvSAR基礎コースの受講が必要。フィールド実習が主体となり、普段のツアー形態に適応させた、より実践的な内容となる。

〈ホームページ〉 **nadare.jp**

雪崩事故防止研究会
AVALANCHE SAFETY SEMINAR IN HOKKAIDO(ASSH)

1991年設立。雪崩事故を防ぐための科学的知識と対策を啓発する、専門家と雪山実践者で構成されるボランティア団体。雪崩の科学、雪崩の気象、雪崩の医学などの、雪崩事故を防ぐための科学的知識と最先端の実践的対策、捜索救助法の啓発・教育活動をしている。

●講演会「雪崩から身を守るために」
雪崩事故を防ぐために必要な知識の普及・啓発を目的にした講演会。毎年、全国数ヶ所で開催。
●雪崩事故防止セミナー
初心者を対象とした、雪崩の危険から身を守るための基礎知識を習得するセミナー。雪崩に関する講義と雪の観察、雪崩トランシーバーを使った捜索方法を中心とした実技を行なう講習会。
●雪崩サーチ&レスキュー講習会(AvSAR)
雪崩捜索&救助の知識、技術を取得するための講習会。
●雪崩学校
全国各地に講師を派遣して行なう出張小規模講演会。

〈ホームページ〉 **assh1991.net**

全国主要ショップ

所在地	ショップ名	ホームページ	特徴
全国	石井スポーツ	ici-sports.com	全国20店舗でスキーを取り扱う。 BC用品販売のほか、全国各地で試乗会や展示予約販売会も実施
北海道	秀岳荘	shugakuso.com	札幌(白石・北大)・旭川の3店舗。BCスキーや登山用品を販売
北海道 愛知	パドルクラブ	paddleclub.net	札幌・名古屋に店舗あり。ニューモデルのほかアウトレット商品も取り扱う
東京	カラファテ	calafate.co.jp	BCスキー・クライミングの専門店。 「カラファテクラブ」でツアーや講習会も実施
東京 ほか	カモシカスポーツ	kamoshika.co.jp	東京・横浜・松本の3店舗。販売のほか登山イベント・講座も実施
東京	KANDAHAR	k-village.jp	BC関連はK-Village店。系列店では登山用品の取り扱いもある
東京	bottomline	bottom-line.jp	AT・テレマーク・ボード取り扱いあり。チューンナップなどメンテナンスも対応
千葉	ヨシキ&P2	yoshiki-p2.com	BCスキーのほか登山用品全般を取り扱う。講習会やイベントも実施
新潟	パーマーク	parrmark.co.jp/web	長岡市。初心者向けツアーや試乗会などイベントも行なう
長野	サンライズヒル	sunrisehill.co.jp	上田市。スノーボード・スプリットボードに詳しくメンテナンスも充実
長野	楽P(ラッピー)	shop.rapie.jp	白馬村。登山・BCスキー用品の販売のほか、 試乗スキーの貸し出しなども行なう
長野	白馬ヤマトヤ	hakubayamatoya.com	白馬村。BCスキーからクロカンまで取り扱う。チューンナップも対応
長野	山とスキー ブンリン	user1.matsumoto. ne.jp/~bunrin	松本市。オリジナル商品のスキークランポン3Dアセントが人気
富山	チロル	t-tyrol.com	登山用品と山スキーの専門店。ツアーやレッスンも実施
愛知	SIDECAR	sidecar.co.jp	BCスノーボードのプロショップ。ツアーやイベントなども開催している
大阪	テレマーク スキーショップSOU	ysou.sakura.ne.jp	テレマーク専門ショップ。ATスキーも可能な範囲で対応

*データは2021年9月時点

バックカントリー用語集

あ

アイスバーン	一度解けた雪が凍って ツルツルになった雪面
アバランチ	雪崩
アバランチパス	雪崩の通り道
アプローチ	登山開始地点（登山口）までの行程
エスケープルート	予定のルートで下山が 困難になった場合の別ルート
エッジング	スキーやスノーボード滑走時に エッジを立てること
オープンバーン	樹木などの障害物がない開けた斜面
オフピステ	雪が降ったままの自然な状態の斜面。 圧雪車（ピステン）が入っていない斜面

か

滑落	急斜面や崖下に誤って落ちてしまうこと
クトー	スキーアイゼンと同意
クラスト	雪の表面が風や日射などの影響で 硬くなったもの
クラック	積雪の表面に入る亀裂
クリフ	崖
行動食	休憩時、または歩きながらすぐに 食べることができる食料のこと
コル	ピークとピークの間の 最も低くなった場所。鞍部

さ

ザラメ雪	水分を含み、大きくなって ザラザラとした氷粒の雪。コーンスノー
斜登高	斜め上方向に登っていくこと
シュカブラ	風紋、雪紋。 風によってできる雪面の波模様
シュプール	スキーで滑ったあとにできた跡
スノーブリッジ	雪渓や氷河の下を水が流れて融雪し、 雪がアーチ状の橋となること
スプレー	ターンの際に巻き上がる雪のこと

た

直登	斜面の真上方向へ登ること
直滑降	斜面の真下方向へターンをせずに滑ること
ツアー	複数人でバックカントリーへ出かけること
つぼ足	スキーやボードを装着せず、 ブーツで歩くこと
ツリーホール	春になって樹木の周りにできる大きな穴
ツリーラン	樹林帯の滑走
デブリ	雪崩によって崩れ落ち、堆積した雪
トラバース	斜面をほぼ水平に横断すること。横切ること
トレース	人の踏み跡。主に雪山で使う登山用語
ドロップ	斜面に入り、滑走を始めること。 滑走開始地点を「ドロップポイント」などと呼ぶ

な

ノートラック	誰も滑っていない斜面。 滑走跡のない斜面

は

パーティ	行動を共にするグループのこと
バーン	斜面
ハイクアップ	山を登ること
パウダー	粉雪。降りたてのままフカフカの雪のこと
バックカントリー	スキー場などの管理区域外
バンク	カーブが傾斜している地形。 また、その傾斜部分
ピーク	山頂。また地形図で 等高線が円く閉じられた場所
ピットチェック	積雪に縦穴（ピット）を掘り、 積雪の内部を観察すること
ファーストトラック	誰も滑っていないノートラック斜面を いちばん先に滑ること
フォールライン	斜面の下方向。 物が重力に沿って落ちていく方向
ホワイトアウト	雪や霧などによって視界が真っ白になり、 方向や高度、地形の起伏が 識別できなくなること

ま

モナカ雪	表面の雪が凍って、中の層は軟らかい 雪質のこと。ブレーカブルクラストとも呼ぶ

ら

ライディング	滑走と同意。滑走者を「ライダー」とも呼ぶ
ライン	軌跡。バックカントリーでは登り、 滑りともに使う
ラッセル	深い雪をかき分けて進むこと
リーシュコード	スキーやスノーボードが斜面を 流れ落ちないように足とつないでおくヒモ
ルートファインディング	現在地や方角を確認して 進むべき方向を見つける作業
ルートロスト	正しいルートから外れること。 進むべき道を間違えること。ルートミス

ヤマケイ登山学校

バックカントリー スキー&スノーボード

藤川 健・旭 立太　監修

2021年12月20日　初版第1刷発行

発行人　川崎深雪

発行所　株式会社 山と溪谷社
〒101-0051
東京都千代田区神田神保町1丁目105番地
https://www.yamakei.co.jp/

印刷・製本　図書印刷株式会社

■乱丁・落丁のお問合せ先
山と溪谷社自動応答サービス ☎03-6837-5018
受付時間／10:00-12:00、13:00-17:30（土日、祝日を除く）

■内容に関するお問合せ先
山と溪谷社 ☎03-6744-1900（代表）

■書店・取次様からのご注文先
山と溪谷社受注センター
☎048-458-3455　FAX 048-421-0513

■書店・取次様からのご注文以外のお問合せ先
eigyo@yamakei.co.jp

ISBN 978-4-635-04427-1

編集	山と溪谷社 山岳図書出版部
編集・執筆	横尾絢子
	羽根田 治
写真	杉村 航
	小山幸彦（STUH）
写真協力	伊藤文博
	藤川 健
	松倉一夫
写真協力（メーカー）	アメア スポーツ ジャパン
	イワタニ・プリムス
	エス・エム・ジェイ
	MDVスポーツジャパン
	玉家プロダクツ
	小賀坂スキー販売
	カスタムプロデュース
	キャラバン
	K2ジャパン
	サムソナイト・ジャパン
	STRANDS
	テクニカグループジャパン
	バートンジャパン
	パタゴニア・インターナショナル・インク日本支社
	finetrack
	フルマークス
	VECTOR GLIDE CO., LTD.
	マムート・スポーツグループジャパン
	ミヤコ・スポーツ
	モチヅキ
	レクザム
	ロストアロー
カバーイラスト	東海林巨樹
本文イラスト	眞木孝輔（gaimgraphics）
ブック・デザイン	赤松由香里（MdN Design）
デザイン	吉田直人
本文DTP	ベイス
地図製作	アトリエ・プラン
校正	戸羽一郎

■参考文献

『ヤマケイ登山学校　山のリスクマネジメント』山と溪谷社編（山と溪谷社）
『ヤマケイ登山学校　雪山登山』天野和明（山と溪谷社）
『ヤマケイ入門&ガイド　バックカントリースキー&スノーボード』伊藤フミヒロ（山と溪谷社）
『山スキールート212』山とスキー編集部編（山と溪谷社）
『登山技術全書　バックカントリースキー&スノーボード』菊池哲男・北田啓郎・松澤幸靖・会田二郎・近藤謙司（山と溪谷社）
『雪崩リスク軽減の手引き』出川あずさ・池田慎二（東京新聞出版部）
『雪山100のリスク』近藤謙司（山と溪谷社）
『山岳気象大全』猪熊隆之（山と溪谷社）
『山とスキー 2016～2020』（山と溪谷社）
『WHITE MOUNTAIN 2021』（栅出版社）